MARIN MARAIS

NOTE DE L'ÉDITEUR

A Jérôme de La Gorce revient la partie consacrée aux tragédies en musique. A Sylvette Milliot celle relative aux œuvres instrumentales. Tous deux ont écrit en commun la partie biographique et établi la totalité des annexes.

Les exemples musicaux ont été réalisés par Nanon Bertrand.

Sylvette Milliot
Jérôme de La Gorce

MARIN MARAIS

Fayard

Avant-propos

Il y a peu d'années encore, on parlait de la « musique baroque » comme d'une curiosité ; de sa « renaissance » comme d'un phénomène nouveau, si profond était l'oubli qui l'avait écartée des concerts. De nos jours, tout ceci a disparu ; les pages des XVIIe et XVIIIe siècles ont retrouvé, dans notre patrimoine artistique, une faveur occultée depuis plus d'un siècle. Est-ce à dire qu'elles y occupent le rang qui leur revient ? Pas encore. Certes, Couperin ou Rameau ont bénéficié, dès 1905, de l'intérêt grandissant que suscitait le clavecin de Wanda Landowska, pour retrouver une célébrité qu'ils n'avaient jamais totalement perdue, car les pianistes les avaient annexés à leur répertoire. Du moins connaissent-ils maintenant un éclat nouveau car historiens, musicologues et artistes ont œuvré de concert ; les premiers pour nous les faire mieux connaître ; les seconds pour analyser et restituer leurs textes d'après des sources originales ; les troisièmes enfin pour les interpréter de manière plus authentique, grâce à des instruments d'époque ou à de fidèles copies.

Mais qu'en est-il de compositeurs moins célèbres et d'instruments anciens moins familiers ? de Marin Marais et de la viole de gambe ? Des violoncellistes, Jules Salmon, Marguerite Chaigneau, avaient, il est vrai, exploré ses œuvres et adapté quelques petites pièces pour leur instrument; mais seuls les initiés les appréciaient; le grand public continuait à les ignorer. C'est alors que, vers 1950, parurent quelques éditions fidèles qui, en s'adressant encore au violoncelle ou à l'alto, restituaient les partitions dans leur version originale, notant les ornements nécessaires à la ligne supérieure et réalisant les accompagnements dans le style voulu. Presque au même moment, des musicologues anglo-saxons et français s'intéressèrent de manière plus complète à l'œuvre instrumentale du compositeur et publièrent les premières découvertes d'archives concernant sa vie. L'essor était donné. Désormais se succédèrent thèses universitaires et articles parus dans des revues spécialisées. Des enregistrements plus soucieux de vérité historique fleurirent également, créant autour de la viole de gambe de nombreux adeptes, solistes et amateurs. Marin Marais n'était plus un inconnu. Il était temps de le révéler à un large public.

Une synthèse restait cependant à effectuer sur cette personnalité aux multiples facettes, dont on avait encore une vision trop fragmentaire. Dans sa vie, d'abord, subsistaient certaines lacunes : origines familiales, entrée et formation du jeune chantre à la maîtrise de Saint-Germain-l'Auxerrois, éveil de sa vocation de gambiste, ses débuts et son rôle à l'Académie royale de musique, relations expliquant la rapidité de son ascension. A l'autre pôle de son existence, on manquait d'informations précises sur la manière dont sa réussite professionnelle s'était traduite dans son existence quotidienne ou avait rejailli sur la carrière de ses enfants. En outre, on notait un déséquilibre dans la connaissance de son œuvre. Le violiste éclipsait le compositeur d'opéras.

Dès la fin du XIXe siècle, les musicologues n'avaient pourtant pas manqué dans leurs écrits de citer la tragédie en musique *Alcyone* et sa fameuse tempête. Il y eut aussi durant les années cinquante, au moment où l'on commençait à redécouvrir Marais, un enregistrement réunissant, autour de cette pièce descriptive, l'ouverture et plusieurs danses extraites de la partition. Mais comment juger, à travers une suite d'orchestre dont l'agencement n'a rien d'authentique, une œuvre aussi capitale ? De même, aucune analyse de cet opéra ni des trois autres qu'écrivit le compositeur n'avait jusqu'à présent été entreprise. Avec la remarquable intégrale d'*Alcyone* diffusée l'année dernière par le disque, tout un pan de l'activité créatrice du musicien est ici révélé, livrant des renseignements pour la plupart méconnus sur l'accueil du public lors des créations et des différentes reprises, le répertoire lyrique de l'époque, les auteurs des livrets, les interprètes, sans oublier la mise en scène évoquée par des dessins reproduits pour la première fois.

Les auteurs de ce livre ont donc puisé à diverses sources d'information. Ils ont repris toutes les pistes de recherche, s'efforçant de les mener aussi loin que possible, sans en négliger aucune, sans rien laisser au hasard. Ils ont confronté leurs trouvailles avec les témoignages contemporains, avec les connaissances approfondies que l'on a maintenant sur les institutions officielles de la musique où Marais exerça ses talents. Sans prétendre offrir ici un ouvrage définitif, ils ont souhaité donner une synthèse de toute une documentation en partie inédite, et de cette démarche a jailli la vie. Alors est apparu un être, avec tout ce qui l'a formé, avec ce qui a guidé son évolution, favorisé son ascension sociale, expliqué sa fascinante réussite.

REMERCIEMENTS

Nous tenons à exprimer notre gratitude à Marc Minkowski, qui dirige les Musiciens du Louvre, aux conservateurs d'archives et de bibliothèques, monsieur Bardet, conservateur au département de la Musique à la Bibliothèque nationale, madame Éveline Bartlitz de la Deutsche Staatsbibliothek de Berlin, monsieur Brunterc'h, conservateur aux Archives nationales, monsieur Vidal, conservateur au département de la Musique à la Bibliothèque nationale, mademoiselle Wild, conservateur à la bibliothèque de l'Opéra. Enfin, nos amis et collègues : Catherine Cessac, Denise Launay, Anne-Marie Joly, Catherine Kintzler, François Moureau, Paul Prévost, Patricia Ranum, Herbert Schneider et Rodolphe Trouilleux.

PREMIÈRE PARTIE

La vie

Jeunesse et formation

Marin Marais vit le jour à Paris. C'est sur la rive gauche qu'il fut baptisé, à Saint-Médard, le 31 mai 1656, peut-être le jour même de sa naissance, comme l'a affirmé plus tard son biographe, Évrard Titon du Tillet. Le certificat retrouvé rendant compte de la cérémonie n'a malheureusement pas livré le nom de son parrain et de sa marraine, toujours présents à cette occasion. Il était issu d'un milieu modeste : son père, Vincent Marais, exerçait déjà le métier de cordonnier sans avoir encore acquis la maîtrise qu'il ne devait obtenir qu'après 1666. A cette époque, cette profession était considérée comme « médiocre » mais ne déparait pas dans ce quartier populaire, de la rue Mouffetard et du faubourg Saint-Marceau. En effet, parmi les nombreux artisans œuvrant côte à côte, se trouvaient des tanneurs, connus pour « tirer beaucoup de commodités » de la Bièvre qui traversait cette partie de Paris. On ignore depuis quand Vincent Marais y était établi. Le contrat de mariage de son cousin Simon, « apprenti couvreur », laisse supposer des origines provinciales en mentionnant pour le futur époux qu'il était « fils de deffunt François Marest », laboureur demeurant lors de son décès « en la paroisse St Martin de Crulay en Normandye ». Le village de Crulai se trouve dans l'Orne, près de L'Aigle.

Marin Marais, parisien de naissance, serait donc,

selon toute vraisemblance, un peu normand. Il n'était pas l'aîné des trois enfants qu'avait eus Vincent Marais de sa première femme, Catherine Bellanger. On remarque en effet, à côté d'une sœur cadette, Catherine, un frère né avant Marin, Louis, qui deviendra comme son père « maître cordonnier à Paris ». Une profession qu'embrassèrent d'autres membres de la famille : leur oncle René Marais puis, à la génération suivante, Michel-Benoît Lecesne, époux de Marie-Madeleine Marais, une fille qu'avait eue Vincent en secondes noces avec Madeleine Foubert. Et parmi les descendants de ce dernier couple ou parmi leurs alliances, d'autres exerceront encore ce métier ou celui tout aussi humble de maître boutonnier.

Seul, dans ce milieu familial, un personnage était parvenu avant Marin Marais à s'élever sur le plan social : son oncle Louis Marais. Ce prêtre pouvait se flatter de porter le titre de « docteur en théologie de la faculté de Paris » et se distingua par les « discours » qu'il prononça dans plusieurs églises parisiennes. Deux d'entre eux furent même imprimés : l'un sur la hiérarchie et les mœurs de l'Église, donné le 8 octobre 1664 à Saint-Louis-en-l'Isle, « en présence de Monsieur le Recteur et des quatre facultés assemblées processionnellement », l'autre sur la défense de la vérité, destiné deux ans plus tard à la même assistance réunie cette fois à Saint-Jacques-la-Boucherie. Prédicateur brillant, Louis Marais fut de 1662 à 1668 vicaire à Saint-Germain-l'Auxerrois, une paroisse riche de la capitale, devenue celle des rois de France depuis l'installation des Valois au palais du Louvre.

Les fonctions qu'il occupait dans cette église prestigieuse ne l'empêchèrent pas de continuer à entretenir des relations étroites avec sa proche famille. On sait qu'il fera don plus tard, en 1681, de tous ses biens à sa sœur Catherine restée célibataire. Il semble aussi avoir été particulièrement lié à son frère Vincent. Ne fut-il pas appelé à signer avec lui, le 19 mai 1667, le contrat de mariage de leur cousin Simon pour représenter la famille Marais ? A cette époque, il chercha à veiller à l'éducation d'un de ses neveux devenu orphelin de mère qui devait manifester des qualités vocales et probablement déjà quelques talents pour la musique. C'est ainsi qu'en 1667, le 15 avril, Marin Marais fut reçu enfant de chœur à Saint-Germain-l'Auxerrois « pour servir autant de temps qu'il conserverait sa voix puérile ». Il avait plus de dix ans, un âge relativement tardif, puisqu'on acceptait les jeunes garçons dès sept ou huit ans.

Entrer dans la maîtrise offrait de multiples avantages. D'ordre matériel d'abord : on y était logé, nourri, blanchi. Le linge fourni comprenait des serviettes, des nappes, des draps, et des inspections étaient prévues pour qu'il ne manquât ni matelas, ni « autres meubles nécessaires ». Les enfants de chœur devaient néanmoins mener une existence austère, sévèrement réglée, laissant peu de place aux récréations. Vêtus de « soutanelles » sombres éclairées d'un collet blanc et leur tombant « jusques à moitié jambe », ou bien pour les cérémonies de « robes de couleur rouge », ils passaient de longues heures à étudier. Ils apprenaient en premier lieu le latin, langue qu'ils chantaient à l'église.

Ils trouvaient aussi des avantages professionnels en acquérant une excellente formation de choriste. Pour les offices, ils ne se contentaient pas du plain-chant et interprétaient des œuvres polyphoniques avec plusieurs vicaires dont les noms sont parfois associés aux parties qui leur étaient confiées : Pierre Jardinet, haute-contre, Jean Vaisse, haute-taille, Antoine Marquedel, basse-contre. Des « chantres extérieurs » venaient également apporter leur concours à des cérémonies exceptionnelles, comme ce fut le cas en 1669 pour « le service de la défunte reine mère », Anne d'Autriche. A cette occasion, le *Requiem* d'Eustache

Du Caurroy ou la *Missa pro defunctis* de Charles d'Helfer aurait pu résonner sous les voûtes de l'église, ces œuvres étant souvent choisies pour les offices organisés à la mémoire des personnalités princières et royales. L'exécution des pièces sacrées à Saint-Germain-l'Auxerrois ne réclamait qu'un faible concours instrumental : en 1669 et 1671, un joueur de serpent fut engagé pour renforcer certaines voix du chœur et l'on sait qu'en 1667, le jour où Marin Marais fut retenu par le chapitre, Charles Damour succéda officiellement à son père François Damour pour tenir des orgues, dont on ne trouve aujourd'hui plus trace.

Pour permettre aux enfants de chœur de maîtriser leur voix et la lecture des partitions, un enseignement leur était dispensé par un maître de musique également vicaire, François Chapperon, chargé depuis le premier octobre 1660 d'exercer cet emploi à Saint-Germain-l'Auxerrois. Bien plus tard, au milieu du XVIIIe siècle, on ne devait pas manquer de rappeler qu'il avait formé Marais, tout en le qualifiant de « maître de la Sainte-Chapelle ». Un poste qu'il allait effectivement occuper de 1679 à son décès en 1698, mais qui suscita une regrettable erreur d'interprétation. Plusieurs historiens affirmèrent en effet, à propos de Marais, qu'il avait été « enfant de chœur à la Sainte-Chapelle ». Personnage à présent bien oublié, Chapperon était réputé sous l'Ancien Régime pour avoir également instruit les meilleurs musiciens de son temps.

On nouait ainsi à la maîtrise des relations qui pouvaient par la suite s'avérer fort utiles : parmi les enfants de chœur appelés à côtoyer Marais, Michel-Richard de Lalande, considéré aujourd'hui comme l'une des plus grandes figures de la musique religieuse en France, et parmi les élèves de Chapperon, Jean-François Lallouette, un compositeur de moindre envergure, mais dont le rôle fut, semble-t-il, beaucoup plus important pour la carrière du jeune musicien.

Lallouette fut admis dès le mois d'avril 1671 à faire partie des vicaires et des chantres de Saint-Germain-l'Auxerrois et dut probablement seconder son maître autorisé, le 19 août 1672, à prendre un mois de congé « en diverses fois pour vaquer à ses affaires ». Fut-il également conduit à parfaire l'éducation musicale de Marais, tout en étant seulement son aîné de cinq ans ? La question mérite d'être posée, car on sait qu'avant de quitter définitivement Saint-Germain-l'Auxerrois, le 9 septembre 1672, soit deux mois avant Lalande, Marais avait, selon le document officiel, « perdu sa voix puérile depuis longtemps ». Or qu'eût-il pu faire dans ces conditions à la maîtrise, si ce n'est se perfectionner dans la connaissance de la musique ? Dans cette église d'obédience royale, la formation des enfants de chœur appelés bien souvent à exercer plus tard leurs talents à la Cour n'était certainement pas limitée à l'étude du latin, de la grammaire, du solfège. Elle devait être complétée par celle de la composition, du moins dans ses premières notions, et par celle d'un instrument, clavecin, orgue, luth ou viole, indispensable si l'on ne pouvait tirer parti de sa voix après la mue.

Après avoir reçu un tel enseignement, Marais âgé de seize ans demanda de son plein gré son congé au chapitre de Saint-Germain-l'Auxerrois. On ignore la raison exacte de son départ. Étant entré assez tard dans la maîtrise et n'y chantant plus, il ne lui fut accordé, au lieu de la « récompense ordinaire » de 150 livres, que 60 livres « pour acheter un habit » et abandonner celui d'enfant de chœur. Il emportait avec lui une solide connaissance de la musique et probablement une vocation déjà affirmée pour la basse de viole. Aussi voulut-il se perfectionner auprès du meilleur gambiste de l'heure, monsieur de Sainte Colombe.

Monsieur de Sainte Colombe est sans doute, parmi tous les personnages que nous faisons revivre ici, le plus mystérieux, le plus fascinant. Pour notre époque, le plus mystérieux, car on n'a pratiquement rien retrouvé sur sa vie : pas la moindre pièce d'archives qui puisse révéler au moins un prénom, une date de naissance, de mariage ou de mort. On en est réduit aux approximations, aux recoupements pour finalement situer son existence dans une période comprise entre 1640 et 1692. Il est en effet mentionné, dans le *Livre commode contenant les adresses de la Ville de Paris* d'Abraham du Pradel, parmi les « maîtres pour la viole » exerçant leur profession en 1692. Malheureusement, l'adresse est remplacée par une énigmatique ligne de points de suspension ! Plus tard, en 1701, Marin Marais publie dans son second recueil de pièces de viole un *Tombeau de Monsieur de Sainte Colombe.* Serait-ce l'année de sa disparition ? On ne peut l'affirmer car l'auteur écrit dans son « Avertissement » qu'« il y a bien longtemps que ce nouveau livre devrait être au jour ». C'est tout au moins une date limite.

De l'homme, on connaît seulement, par des notes bien plus tardives, le père de famille nombreuse. En 1732, Titon du Tillet dans son *Parnasse françois* évoque les concerts « qu'il donnait chez lui, où deux de ses filles jouaient l'une du dessus de viole, l'autre de la basse, et formoient avec leur père un concert à trois violes ». Dix ans plus tard, Rémond de Saint Mard dans ses *Réflexions sur l'Opéra* assure avoir connu un fils naturel de l'artiste. Il semble avoir été musicien et s'être installé à Londres. En effet, le *Daily Courant* annonce au mois de mai 1718 qu'un concert va être donné à son profit. Par ailleurs, parmi quelques pièces d'un manuscrit anglais sans date ni nom d'auteur, figure un *Tombeau de Monsieur de Sainte Colombe le Père.*

Mystérieux pour nous, Sainte Colombe est aussi fascinant pour ses contemporains, auprès desquels il s'impose sous les trois facettes de sa personnalité : l'artiste, le pédagogue, le compositeur.

Comme tous les interprètes de son temps, il a reçu une bonne formation de luthiste. Il étudie ensuite la basse de viole. A l'école d'Hotman, il s'attache à développer sa virtuosité et, de l'avis général, il en vient à « beaucoup surpasser son maître ». Puis, il cherche à développer la puissance de la gambe. Pour cela, il s'adresse aux luthiers, recourt à des cordes filées en argent et leur demande d'en adjoindre une septième à l'extrême grave, « pour ajouter une plus grande perfection à cet instrument s'il est possible ». Il a acquis ainsi un jeu varié qui utilise toutes les possibilités de la viole, sans négliger certains effets propres au luth comme le « pincé ». Il jouit désormais du respect unanime qu'on porte à un soliste. Le fait est d'autant plus remarquable qu'il n'appartient à aucune des phalanges officielles renommées de l'Opéra ou de la Cour, et que son rayonnement s'exerce seulement dans le milieu des amateurs aristocratiques et bourgeois.

Quand cette renommée commence-t-elle à s'étendre ? On l'ignore avec exactitude. En février 1678, le *Mercure galant* se contente de mentionner sa présence à la représentation privée d'une œuvre scénique de Marc-Antoine Charpentier. Mais deux ans plus tard, Sainte-Colombe fait autorité parmi les violistes et a déjà formé des disciples enthousiastes.

L'interprète se double d'un pédagogue non moins remarquable. Se réclamer de son enseignement est une preuve de qualité, un honneur. Les meilleurs violistes de la génération montante ont pris ses conseils : les Meliton, Desfontaines, Rousseau. « Tous les maîtres de l'Art qui suivent fidèlement les traces que vous avez si heureusement marquées reconnaissent combien nous vous sommes obligés », lui écrit Jean Rousseau dans l'*Épître* de son traité. Le témoignage de Danoville est plus personnel encore : « Son mérite et sa science l'ont fait assez connaître, et s'il a fait quelques élèves qui surpassent le commun, ils en ont l'obligation à sa bonté singulière et aux soins particuliers qu'il a pris de les enseigner. » Aussi trouvent-ils tout naturel de lui dédier les premières méthodes qu'ils commencent à rédiger. Selon leur poétique expression, ils considèrent leur ouvrage « comme un ruisseau qui retourne à sa source ».

A cette époque, Sainte Colombe a le jugement prompt et l'autorité d'un maître expérimenté, ce qui n'exclut pas une évidente conscience de sa valeur. Rousseau raconte à ce propos une anecdote amusante : De Machy lui ayant mené son fils pour le lui faire entendre, notre pédagogue, après l'avoir écouté, dit « qu'il le trouvait joli garçon, qu'il avait assez de dispositions, que c'était dommage qu'il n'était pas entre ses mains et qu'il croyait qu'il en ferait quelque chose de bon ».

Cependant, la carrière artistique et ses difficultés lui donnent aussi une certaine prudence devant ses disciples les plus doués. Marin Marais devait en faire la cruelle expérience. Titon du Tillet la raconte en ces termes :

> Sainte Colombe fut le maître de Marais; mais, s'étant aperçu au bout de six mois que son élève pouvait le surpasser, il lui dit qu'il n'avait plus rien à lui montrer. Marais qui aimait passionnément la viole voulut cependant profiter encore du savoir de son maître pour se perfectionner dans cet instrument; et comme il avait quelque accès dans sa maison, il prenait le temps en été que Sainte Colombe était dans son jardin, enfermé dans un petit cabinet de planches qu'il avait pratiqué sur les branches d'un mûrier afin d'y jouer plus tranquillement et délicieusement de la viole. Marais se glissait sous ce cabinet; il y entendait son maître et profitait de quelques passages et de quelques coups d'archet particuliers que les maîtres de l'art aiment à se conserver; mais cela ne dura pas longtemps, Sainte Colombe s'en étant aperçu et s'étant mis sur ses gardes pour n'être plus entendu de son élève.

La fin du passage donne l'explication de ce brusque revirement :

Cependant, il lui rendait toujours justice sur le progrès étonnant qu'il avait fait sur la viole. Et étant un jour dans une compagnie où Marais jouait de la viole, ayant été interrogé, par des personnes de distinction, sur ce qu'il pensait de sa manière de jouer, il leur répondit qu'il y avait des élèves qui pouvaient surpasser leur maître, mais que le jeune Marais n'en trouverait jamais qui le surpassât.

Soliste, pédagogue, Sainte Colombe compose enfin de nombreuses pièces pour son instrument que ses disciples finissent par mettre en ordre, recopier et réunir sous le titre de *Concerts à deux violes égales*. L'ensemble est important puisqu'il en compte soixante-sept, mais il ne fut jamais publié. Il connut donc une audience restreinte au seul milieu professionnel et allait susciter des réactions diverses. Pour les violistes, c'était une véritable manne. En un temps où le répertoire était si peu abondant, il présentait un choix d'œuvres de difficultés variées, donc accessibles à tous les niveaux. Les compositeurs, quant à eux, se montrèrent plus réservés. Ils examinèrent les thèmes, les procédés de composition, la qualité de l'harmonie et ne manifestèrent point le même enthousiasme.

Plus tard, D'Aquin de Chateau-Lyon, dans son *Siècle littéraire de Louis XV*, n'hésitait pas à écrire que « Sainte Colombe avait, dans son temps, quelque réputation, mais qu'il n'était pas compositeur. » Il relatait le trait suivant : « Un fils naturel de Sainte Colombe a conté que son père, ayant joué une sarabande de sa façon à un homme qui était venu pour l'entendre, cet homme en fut tellement bouleversé qu'il tomba en faiblesse. » Et d'ajouter aussitôt ce commentaire quelque peu acide : « Il était un musicien médiocre, incapable de faire tomber qui que ce soit en faiblesse ; c'est à Lully et à Rameau à opérer de tels prodiges ! »

Il est impossible de se prononcer à l'heure actuelle. Mais ne vaut-il pas mieux rester sur l'image du charmeur évoquée par son fils ? Elle correspond en effet au titre que lui décernaient ses disciples avec admiration : « l'Orphée de notre temps ».

L'enseignement donné par Sainte Colombe au jeune Marais est donc de courte durée. C'est une étape dans sa vie musicale, une étape décisive puisqu'il y acquiert les qualités d'un virtuose.

Le musicien de l'Opéra et de la Chambre du roi

Après avoir été formé à la maîtrise de Saint-Germain-l'Auxerrois, puis par Sainte Colombe, Marais chercha à gagner sa vie et entreprit une carrière de musicien.

Ce fut dans un orchestre qu'il débuta, celui de l'Académie royale de musique. L'institution était de création récente. Louis XIV l'avait fondée en 1669 avec, pour objectif principal, celui de diffuser l'opéra français par des représentations publiques, non seulement à Paris où elle devait s'établir, mais aussi dans les autres villes du royaume. Nommé par le souverain, son directeur était détenteur d'un privilège qu'avait cependant été incapable d'exploiter le poète Pierre Perrin, le premier désigné à la suite du succès de ses ouvrages mis en musique. Aussi dès 1672, emprisonné pour dettes, s'était-il séparé, entre deux guichets de la Conciergerie, de ce droit prestigieux en le vendant au fameux Jean-Baptiste Lully.

Compositeur d'origine florentine, violoniste de talent, Lully avait déjà à cette date connu une belle carrière à la cour de France : après s'être distingué dès 1653 comme danseur dans les ballets aux côtés du jeune Louis XIV, il devint rapidement le musicien favori du souverain, franchissant avec une incroyable facilité tous les obstacles qui s'offraient à lui. « Compositeur de la musique instrumentale de la Chambre du roi » en 1653, n'obtint-il pas en 1661, dès l'avènement du règne personnel du monarque, la charge de surintendant, la plus haute qu'il pût briguer ? Pour les divertissements organisés dans les résidences royales, il allait dans les années suivantes collaborer avec Molière à d'exquises comédies-ballets, véritables chefs-d'œuvre où s'exprime toute sa veine imaginative. La musique y joue du reste un rôle grandissant. Rien d'étonnant alors qu'il fût tenté plus tard par l'opéra et qu'il désirât parvenir à la tête de cette jeune académie qui n'était en somme qu'un théâtre lyrique avec son administration et sa troupe.

Lorsqu'il reçut en mars 1672 des lettres patentes de Louis XIV pour le confirmer officiellement dans ses nouvelles fonctions, on ne manqua pas de rappeler qu'il « était à propos » de confier « la conduite » d'une telle entreprise « à une personne dont l'expérience et la capacité fussent connues et qui eût assez de suffisance pour former des élèves, tant pour bien chanter et actionner sur le théâtre qu'à dresser des bandes de violons, flûtes et autres instruments ». Ces responsabilités, mais aussi les avantages qu'on pouvait en tirer, incitèrent Lully à exercer son privilège d'une manière draconienne. Redoutant la concurrence des autres théâtres où la musique était également appelée à intervenir dans les représentations, il fit limiter dès 1672 le nombre des voix et des instruments pour les autres troupes.

Contrairement aux Comédiens français et italiens, l'Académie royale de musique ne touchait, il est vrai, aucune pension du monarque et n'avait pour seule ressource financière que les recettes. Pour monter des spectacles aussi onéreux qu'étaient alors les opéras, Lully sut habilement tirer parti de la protection dont il jouissait auprès de Louis XIV. Il lui demanda d'abord en 1673, après la mort de Molière, l'autorisation de s'installer dans la salle du Palais-Royal qu'avaient occupée l'illustre comédien et sa troupe – une faveur qui lui fut accordée. Elle lui permettait de bénéficier gratuitement d'un théâtre situé rue Saint-Honoré, dans l'un des quartiers les plus riches de Paris. Puis, dès 1675, Lully parvint à faire représenter ses opéras à la Cour avant de les redonner à l'académie qu'il dirigeait. Les répétitions étaient ainsi financées par le trésor royal et les décors, les machines, et probablement aussi les habits gracieusement offerts par le souverain après les représentations pour être réutilisés à la ville.

Louis XIV, toujours passionné par la musique de son surintendant, raffolait alors des grands ouvrages lyriques dont il avait désormais la primeur à Saint-Germain-en-Laye. Pour les tragédies en musique de Lully, il dépensait des sommes considérables : le spectacle d'une seule pouvait excéder 150 000 livres ! Le roi se plaisait à en chanter les airs, improvisant parfois d'autres paroles que celles des livrets et ne se lassait pas de voir, trois fois par semaine pendant plus d'un mois, le même opéra, allant jusqu'à faire bisser à chaque représentation les plus beaux endroits de la partition. Formidable engouement partagé à Paris par toute une population désireuse de retrouver sur la scène du Palais-Royal l'univers féerique qu'avait connu leur souverain. Une vogue dont La Fontaine se fit l'écho dans son *Épître à Monsieur de Nyert* :

Le Français, pour lui seul contraignant sa nature,
N'a que pour l'opéra de passion qui dure.
Les jours de l'opéra, de l'un à l'autre bout,
Saint-Honoré, rempli de carrosses partout,
Voit, malgré la misère à tous états commune
Que l'opéra tout seul fait leur bonne fortune.
Il a l'or de l'abbé, du brave, du commis;
La coquette s'y fait mener par ses amis;
L'officier, le marchand, tout son rôti retranche
Pour y pouvoir porter tout son gain le dimanche;
On ne va plus au bal, on ne va plus au cours :
Hiver, été, printemps, bref opéra toujours.

C'est pendant cette période où l'Académie royale de musique prenait son essor que Marais fut engagé. On le trouve mentionné pour la première fois dans le livret d'*Atys*, lors de la création de cet opéra de Lully à Saint-Germain-en-Laye, le 10 janvier 1676. N'étant pas à cette date attaché à la musique de la Chambre du roi, il ne pouvait être qu'un des membres de la troupe parisienne chargés de participer à l'interprétation des ouvrages du Florentin donnés à la Cour. Il avait dû même entrer dans l'orchestre du théâtre lyrique quelque temps auparavant, au plus tard en 1675. Comment y fut-il admis ? Sans doute son talent avait-il été apprécié lors de l'examen sévère que tout instrumentiste était tenu de subir devant Lully. Mais il y avait sur la place de Paris bien d'autres violistes et l'Académie royale n'en réclamait, semble-t-il, guère plus de deux pour l'exécution de son répertoire. Un personnage influent intervint-il alors auprès du très puissant Lully ? Un musicien qu'avait certainement connu Marais à Saint-Germain-l'Auxerrois pouvait le recommander : Jean-François Lallouette.

En 1675, Lallouette occupait en effet un poste de la plus haute importance dans l'entreprise dirigée par le surintendant de la musique du roi : il y était « batteur de mesure », c'est-à-dire chef d'orchestre, un rôle qu'il assumait pendant les répétitions et les représentations. Il était en outre secrétaire de Lully et se vit confier la tâche délicate de compléter les œuvres de son maître en écrivant les parties intermédiaires des cordes, nécessaires à une bonne exécution, soit celles de hautes-contre, de tailles et de quintes de violon. D'après Lecerf de La Viéville, il s'en acquitta « avec beaucoup de distinction et d'agréments que son intelligence et son habileté lui avaient attirés ». Mais en 1677, « il revint à Lully qu'il s'était vanté d'avoir composé les meilleurs morceaux » de sa tragédie en musique *Isis*. Il fut alors aussitôt congédié et remplacé par Pascal Collasse.

Durant les années précédentes, Marais entra donc dans un orchestre placé sous la direction de

Lallouette. Il fut néanmoins certainement choisi par Lully, soucieux de recruter de jeunes interprètes qu'il pourrait former. Depuis l'ordonnance du 14 avril 1672, le directeur de l'académie leur défendait d'exercer leurs talents pour d'autres troupes, une interdiction s'étendant même à ceux qui auraient joué seulement deux fois dans son théâtre. Un arrêt du 14 août 1673 tempère cependant la rigueur de cette règle et leur permet de participer « aux bals, noces, sérénades et autres réjouissances publiques où ils seront mandés et de prendre ce qui leur sera donné pour leurs salaires ». Pour leur garantir cette liberté, il est fait également « défense aux maîtres joueurs de violon et autres instruments de leur donner aucun trouble ni empêchement à peine de trois mille livres d'amende ».

Quels gages recevait Marais de Lully ? Aucun document ne le précise, mais on peut supposer qu'il devait déjà toucher 600 livres par an, comme gagneront plus tard généralement les violistes de l'Opéra. Ce salaire figurait parmi les plus élevés de l'orchestre, car ces exécutants étaient appelés à remplir le rôle capital de doubler presque constamment la basse continue.

Combien de musiciens furent recrutés pour former cet ensemble instrumental et comment celui-ci était-il composé ? À l'époque de Lully, les renseignements manquent à cet égard pour la troupe qu'il dirigeait à Paris. Il est en revanche possible de se faire une idée assez précise des représentations données à la Cour, même si les effectifs étaient plus importants que ceux auxquels on devait recourir à la Ville. La spacieuse salle des ballets du vieux château de Saint-Germain-en-Laye où avaient lieu la plupart des spectacles pouvait en effet accueillir quelque cent cinquante interprètes dont près de soixante-dix-sept pour l'orchestre. Les musiciens du roi, il est vrai, se joignaient en ces occasions à ceux de l'académie, lorsqu'ils n'exerçaient pas leur activité pour les deux institutions. Mais un tel nombre s'explique également par le caractère qu'avait voulu apporter Lully à ses opéras pour satisfaire le goût d'un souverain toujours préoccupé de gloire. La Fontaine n'a-t-il pas écrit à propos de Louis XIV et des grandes tragédies en musique de son surintendant :

Il veut sur le théâtre, ainsi qu'à la campagne,
La foule qui le suit, l'éclat qui l'accompagne.
Grand en tout, il veut mettre en tout de la grandeur
La guerre fait sa joie et sa plus forte ardeur;
Ses divertissements ressentent tous la guerre :
Ses concerts d'instruments ont le bruit du tonnerre,
Et ses concerts de voix ressemblent aux éclats
Qu'en un jour de combat font les cris des soldats.
Les danseurs par leur nombre éblouissent la vue,
Et le ballet paraît exercice, revue,
Jeu de gladiateurs, et tel qu'au Champ de Mars
En leurs jours de triomphe en donnaient les Césars.

Et plus loin, La Fontaine ajoute au sujet de l'orchestre :

Il faut vingt clavecins, cent violons pour plaire.

Remarque malicieuse, pleine d'humour, révélatrice des préoccupations de Lully, tout en étant bien inexacte sur le plan historique. À cette époque, on distingue en effet dans l'orchestre deux ensembles d'importance inégale : un petit et un grand chœur. Le premier regroupe les instruments du continuo, chargés essentiellement d'accompagner les airs et les très nombreux récitatifs appelés à expliquer et à faire progresser l'action de la tragédie. À Saint-Germain-en-Laye, ils sont une dizaine : deux clavecins renforcés par quatre luths et théorbes, deux basses de viole et une à deux basses de violon. Ce groupe a une fonction capitale : par sa variété et sa densité, il est apte à souligner les moindres inflexions du texte et à créer l'atmosphère psychologique que celui-ci suggère. Le grand chœur se voit confier un rôle différent : il intervient pour l'exécution de l'ouverture, des danses, des préludes, des ritournelles et apporte son soutien aux voix des choristes. Beaucoup plus fourni, il comprend à la Cour en 1681 vingt et un musiciens capables de passer pendant un même spectacle de la flûte au hautbois ou au basson, et, d'autre part, les deux fameuses bandes, les « vingt-quatre grands violons », alors vingt-cinq, et les « petits violons du Cabinet », soit en tout quarante-sept cordes. Ces soixante-huit exécutants dépendent tous de la Musique du roi.

C'est au petit chœur qu'appartient Marais. À Paris, mais aussi parfois à la Cour, il a comme compagnon violiste Jean Theobaldo de Gatti, dit « monsieur Théobalde », appelé à jouer aussi de la basse de violon. Comme lui, ce Florentin recruté de bonne heure par Lully fera une belle carrière à l'Académie royale de musique. Il y donnera notamment deux opéras, la pastorale héroïque *Coronis* en 1691 et la tragédie en musique *Scylla*, dix ans plus tard. Parmi les autres instrumentistes qu'a certainement côtoyés Marais dans le petit chœur à Saint-Germain, on trouve un autre violiste, Salomon, les luthistes et théorbistes Grenerin, Léonard Ithier, Laurent Dupré, Étienne Lemoyne, Pierre Chabanceau de La Barre, et les clavecinistes Jean-Henry d'Anglebert et son fils Jean-Baptiste-Henry. Musiciens pour la plupart réputés et qui s'illustrent parfois comme compositeurs, ils sont avec Marais les plus sollicités de l'orchestre, étant chargés de la basse continue. Aussi participent-ils à presque toutes les répétitions.

A Saint-Germain, celles-ci se succèdent pendant plus d'un mois, presque tous les jours. Certaines ont lieu en petit comité chez Lully où l'on fait travailler les chanteurs solistes, d'autres sont prévues ailleurs pour les ballets, d'autres encore pour les chœurs et l'ensemble de l'orchestre. Impatient, le dauphin, aussi féru d'opéra que son père, parvient à en faire organiser une dans son appartement. Bientôt, tous les interprètes, à qui on distribue du pain et du vin pour leur donner plus de cœur à l'ouvrage, sont réunis dans la salle de spectacles où les acteurs peuvent enfin se produire sur scène. Louis XIV vient en personne assister à plusieurs de ces dernières séances. A part le roi, Lully n'y tolère que son beau-père Michel Lambert, dont le rôle est de veiller à la justesse des voix, mais aussi l'auteur des livrets, Philippe Quinault, et Charles Vigarani, chargé des décors et des machines. L'atmosphère, il est vrai, peut être tendue, tant sont grandes les exigences du surintendant, si l'on en croit Lecerf de La Viéville :

> Pour son orchestre, vous aurez peut-être ouï dire qu'il avait l'oreille si fine que du fond du théâtre il démêlait un violon qui jouait faux; il accourait et lui disait : c'est toi, il n'y a pas cela dans ta partie. On le connaissait, ainsi on ne se négligeait pas, on tâchait d'aller droit en besogne, et surtout les instruments ne s'avisaient guère de rien broder. Il ne leur aurait pas plus souffert, qu'il ne le souffrait aux chanteuses. Il ne trouvait point bon qu'ils prétendissent en savoir plus que lui, et ajouter des notes d'agrément à leur tablature. C'était alors qu'il s'échauffait, faisant des corrections brusques et vives. Il est vrai que plus d'une fois en sa vie, il a rompu un violon sur le dos de celui qui ne le conduisait pas à son gré. La répétition finie, Lully l'appelait, lui payait son violon au triple et le menait dîner avec lui.

Des scènes aussi houleuses étaient heureusement rares et devaient plutôt se dérouler à Paris qu'à la Cour. Lully avait soin en effet « de ne mettre dans son orchestre que des instruments d'une habileté connue », comme l'était Marais. D'après Titon du Tillet, il l'estimait beaucoup et s'en serait même servi souvent à d'autres fins « pour battre la mesure dans l'exécution de ses opéras et de ses autres ouvrages de musique ». Marais aurait-il ainsi partagé avec Collasse la succession de Lallouette ? Rien n'a permis jusqu'à présent de l'attester, mais il est sûr qu'il compta parmi les instrumentistes les plus remarqués de la troupe de Lully.

Avec les Hotteterre, les Philidor, célèbres dynasties de flûtistes et de hautboïstes de la Musique du roi, il est en effet choisi pour jouer sur la scène pendant les représentations et incarner l'un des personnages de tragédies en musique, vêtus de somptueux costumes dessinés par Jean Berain. Dès 1676, il paraît ainsi dans *Atys*, environné de nuages, lors de l'intervention merveilleuse du Sommeil, où il figure sous les traits d'un Songe aux côtés de Théobalde, faisant vibrer avec lui les cordes de sa viole. Il y est alors qualifié de « petit Marais » en raison de sa taille, mais cette particularité ne l'empêche pas de s'acquitter parfaitement de son rôle, puisqu'il est appelé à l'assurer encore en 1682, lors de la reprise de l'opéra à Saint-Germain-en-Laye.

En 1676, au moment des premières représentations d'*Atys*, Marais est à peine âgé de vingt ans. Il habite près de Saint-Germain-l'Auxerrois, rue de la Monnaie, où il loge probablement depuis qu'il a quitté la maîtrise. Il vient d'entrer dans l'orchestre de l'Opéra et commence tout juste à gagner sa vie. Or, dès le mois de septembre, il épouse la jeune Catherine Damicourt.

Parisienne, baptisée à Saint-Germain-l'Auxerrois le 15 février 1658, elle a pour père un maître bourrelier, Nicolas Damicourt, et pour mère Catherine Maugis, fille d'un marchand fripier du quartier de Saint-Étienne-du-Mont, Simon Maugis. Ses parents et son grand-père possédaient des maisons rue de l'Oursine où demeurait précisément Vincent Marais et où il continuait à exercer son métier près de Saint-Médard. Marin Marais rencontra-t-il sa future épouse dans ce lieu de passage qu'il avait dû souvent fréquenter depuis son enfance ?

Lors de son contrat de mariage passé le 21 septembre 1676, les père et mère de la jeune fille aidèrent de leur mieux le très jeune couple uni sous le régime de la communauté des biens. Ils constituèrent à Catherine une dot de 1 600 livres, soit 1 000 livres en deniers comptants et un confortable trousseau comprenant, selon les habitudes de l'époque, « draps, nappes, serviettes, chemises et autres linges, habits, accompagnés de mouchoirs, tabliers, tours de col, coiffes et cottes de jour, avec ses habits de noces », le tout d'une valeur de 400 livres. Quelques meubles estimés à 200 livres complétaient le tout. En outre, ils s'engageaient à « nourrir et loger les futurs époux et les enfants qui naîtront d'eux pendant une année à compter du jour de la bénédiction nuptiale ». Cet avantage fut évalué à 600 livres, une somme correspondant au douaire apporté par Marais et probablement aussi au salaire annuel qu'il percevait alors à l'Opéra.

Aucun musicien, aucun protecteur important ne fut sollicité pour témoigner. Le contrat fut conclu dans le strict milieu familial. Du côté de Marin Marais, son père Vincent et sa seconde femme, Madeleine Foubert, son frère Louis, son oncle René, et deux autres oncles du côté maternel, Guillaume et Louis Bellanger, tous deux paveurs à Paris. La famille de Catherine était représentée par ses parents, son grand-père Simon Maugis, ses oncles Jean Maugis et Simon Thierry, tous trois marchands, son cousin germain Simon Le Roux, accompagné de son père, le maître écrivain Pierre Le Roux, dont l'élégante signature s'étale avec panache sur l'acte notarié.

Marais y est qualifié de « musicqcien du Roy » (et non de « musicqueur », comme cela a été mal retranscrit). Un titre qu'il se targue déjà de porter en raison de sa participation aux spectacles de la Cour et de son appartenance à une académie royale où le choix de Lully pour les instrumentistes doit être « arrêté » par le souverain. Ce n'est qu'en 1679, soit trois ans plus tard, que Marais obtiendra une charge dans la Musique du roi.

« Officier de la Chambre » ou de « la Chapelle ». Tout instrumentiste de l'époque rêve de porter un tel titre, car il lui apporte à la fois stabilité matérielle et consécration honorifique. N'entre pas qui veut dans la Maison du souverain. On doit d'abord appartenir à une famille honorable, être soi-même « de bonne vie et mœurs », enfin professer la religion catholique, apostolique et romaine. Enquête approfondie est menée sur ces trois points afin de ne pas laisser introduire auprès du roi quelque brebis galeuse. Il faut ensuite être connu pour sa valeur professionnelle. Mieux vaut donc être en bons termes avec les surintendants de la musique : Lully, puis Lalande.

Les qualités morales et artistiques ne font pas tout. Il faut enfin jouir d'une certaine aisance. Une charge de « symphoniste » à la Cour coûte jusqu'à 6 000 livres, sans compter les frais d'enregistrement à la Chambre des comptes et ceux occasionnés par la petite fête qu'on est tenu d'offrir aux collègues déjà en place lors de son intronisation. Il arrive alors à l'instrumentiste d'emprunter. Mais, parfois, Louis XIV fait don de la charge et Marais, issu d'un milieu modeste, semble bien avoir bénéficié d'une telle faveur.

Ces conditions remplies, l'impétrant, après avoir prêté serment devant le premier gentilhomme de la Chambre, est déclaré « officier pourvu, reçu en sa charge, irrévocable et inamovible, sauf en cas de forfaiture et de remboursement par le Roi ». Il possède alors le droit de survivance, c'est-à-dire celui de désigner son successeur soit en revendant sa charge, soit en la transmettant à ses enfants, et après vingt-cinq années de bons et loyaux services sans interruption, il jouira de la « pension de vétérance », de sa retraite.

Ses journées vont être bien occupées, car la musique joue un rôle important dans les activités royales. Elle est présente à certaines fêtes marquantes : le jour des Rois, la Saint-Louis, ainsi que pour toutes les réceptions officielles d'un hôte de marque, ambassadeur ou légat pontifical. En dehors de ces occasions exceptionnelles, elle fait bien plus profondément partie de la vie quotidienne du souverain. Les instrumentistes de la Chambre jouent chaque soir au souper. C'est une musique d'ambiance que l'on n'écoute guère. Mais il y a des concerts plus intéressants. Ils suivent le rythme des saisons. L'été, ce sont les intermèdes champêtres dans le parc de Versailles; l'automne, les soirées au retour de la chasse trois fois par semaine, à Marly ou plus souvent à Fontainebleau, dans la galerie des cerfs; l'hiver et le printemps, les divertissements que le roi offre à ses courtisans, notamment pendant le carnaval, à Saint-Germain-en-Laye puis, après 1682, à Versailles. Diverses activités s'y entrecroisent : bals, jeux de cartes et de billard. Un salon est réservé aux artistes qu'on écoute en silence. Se succèdent fragments de ballets et d'opéras avec un orchestre parfois important, mais aussi musique de chambre à effectifs restreints. Louis XIV s'intéresse de près aux programmes qu'il établit le matin avec les surintendants de la musique.

Tel était le cadre qui allait régir les activités de Marin Marais, lorsqu'il obtint, le 1er août 1679, le brevet de « joueur de viole de la musique de la Chambre », un document signé de Louis XIV et de Colbert, conçu en ces termes :

> Aujourd'hui, premier jour du mois d'août 1679, le roi étant à Saint-Germain-en-Laye, bien informé de l'expérience que Marin Marais s'est acquise à jouer de la viole et de sa bonne conduite, fidélité et affection à son service, Sa Majesté lui a accordé et fait don de la charge vacante à son service par le décès de Gabriel Caignet, dernier titulaire et paisible possesseur d'icelle, pour par lui l'exercer, en jouir et user aux honneurs, autorités, prérogatives, etc. et ce tant qu'il plaira à Sa Majesté, laquelle mande et ordonne aux trésoriers généraux de Sa Maison et des Menus, affaires de Sa Chambre de lui payer lesd. gages et droits sans aucune difficulté en vertu des états et ordonnances qui seront expédiés à cet effet et du présent brevet.

En fait, ce service royal est intermittent. Rien n'empêche par conséquent un musicien actif et courageux de le cumuler avec d'autres activités, celles de l'Opéra notamment, dirigées elles aussi pendant un temps par un surintendant : Lully.

Pendant plus de quarante ans, Marais va exercer cette double fonction. A la Chambre, il succède à Gabriel Caignet qui occupait ce poste depuis 1664 au moins et dont la vie demeure encore obscure. Il fait son service chaque premier semestre de l'année, de janvier à juillet, le partageant successivement avec Gabriel Expilly, Étienne Lemoyne, Léonard Ithier, qui sont aussi luthistes à leurs heures, puis avec Pierre Danican Philidor et Antoine Forqueray. Son salaire s'élevait à 600 livres, ce qui devait faire, avec celui de l'Académie royale, un total annuel de 1 200 livres. S'y ajoutaient des indemnités diverses dénommées « gages, nourritures, entretennements ». Elles étaient destinées à couvrir les frais de déplacements, logement et subsistance dans les différentes demeures royales. Calculées en général sur la base de 50 sols par jour, elles fournissaient un complément de 450 livres environ.

Marais avait grand besoin de ce salaire, car depuis deux ans déjà, des enfants étaient apparus à son foyer et se succédaient d'année en année. L'aîné, Vincent, était né vers 1677, puis Marie-Catherine, en 1678. Un deuxième fils, Anne-Marc, vint au monde trois mois après la nomination à la Chambre, en novembre 1679.

Aisance, sécurité matérielle furent certainement les avantages que notre père de famille apprécia le plus vite. Ils n'étaient pas les seuls. Ce nouveau poste constituait aussi une promotion sociale. On imagine de quels yeux émerveillés cet homme de vingt-trois ans dut regarder la Cour, avec son luxe, ses bals, ses banquets! Lui qui avait connu dans son enfance l'échoppe paternelle et l'austère vie cléricale de la maîtrise.

Mais, sans le percevoir immédiatement peut-être, le don le plus important pour lui venait de sa promotion professionnelle. Son titre le parait d'une auréole flatteuse, tout en étant un aiguillon : il fallait en rester digne quand le roi l'appelait à jouer auprès de lui. Les comptes de la Maison du souverain en ont gardé la trace en 1682, lorsqu'ils lui allouent un supplément de 35 livres pour « avoir été deux fois extraordinairement, par ordre de Sa Majesté, à Saint-Germain-en-Laye ». Un concert parmi bien d'autres!

Et puis, notre gambiste fait partie d'un petit cercle d'élite comprenant une quinzaine d'instrumentistes : Élisabeth-Claude Jacquet de La Guerre, Jean-Baptiste Henry d'Anglebert, puis François Couperin au clavecin; les violonistes Jacques Le Quièze et Jean-Féry Rebel, les flûtistes René Descoteaux, Philibert Rebillé et les frères Pièche, le luthiste Germain Pinel, le guitariste Robert de Visée. Tous sont connus pour leur talent d'interprète, certains pour leur valeur de compositeur.

Le compositeur

Composer. Cette nouvelle perspective s'ouvre maintenant devant Marais qui se met à écrire quelques pièces pour viole vers 1685. Le fait est courant à l'époque, car le répertoire des instruments solistes est encore limité. Il a l'occasion de les faire entendre chez des amateurs, friands, comme ses élèves, de nouveautés.

A cette époque en effet, Marais enseigne déjà : une activité que ses titres lui permettent d'exercer et qui lui procure un appréciable complément de ressources. C'est même pour répondre à la demande de ses disciples et parce que ses œuvres sont un peu jouées à tort et à travers qu'il se décide à les publier. Il les réunit dans un premier livre paru en 1686, et auquel d'autres succéderont. Le ton de l'*Avertissement* qu'il place en tête de ce recueil est celui d'un jeune pédagogue de trente ans. Il prend position sur des points techniques encore controversés, donne des explications détaillées et écrit des suites de niveaux différents : certaines s'adressent à des débutants, d'autres à des exécutants confirmés. Un peu plus tard, il considérera même ses livres un peu comme des méthodes en recommandant « pour bien jouer d'exercer chaque quinzaine toutes ses pièces ».

Cependant, Marais n'entend pas se limiter au répertoire de son instrument. Très vite, il forge des projets plus ambitieux en composant des œuvres d'une autre envergure. Dès 1686, il se fait en effet connaître comme auteur de musique dramatique.

Après avoir interprété presque tous les opéras de Lully et dirigé sans doute certains d'entre eux, n'était-il pas tentant de s'illustrer dans ce genre si prisé dans les résidences royales, à Paris et même déjà en province ? Certes, Lully détenait toujours son privilège et il eût été impensable d'espérer faire représenter une œuvre de sa composition à la Ville. Mais depuis quelque temps à la Cour, le Florentin ne jouissait plus de la meilleure réputation, sa vie privée continuant à choquer le monarque et son entourage, de plus en plus préoccupés de morale et de religion. Aussi, en 1686, sa tragédie en musique *Armide*, dont le roi avait pourtant choisi le sujet, n'eut-elle jamais l'honneur d'être donnée de son vivant, même en concert, en présence de Louis XIV. A cette date, on préféra monter à Versailles *Le Ballet de la Jeunesse* de Lalande, puis, à Fontainebleau, un opéra de Claude-Jean-Baptiste Boesset, *Alphée et Aréthuse*.

Le dauphin et son épouse, tous deux grands amateurs d'art lyrique, profitèrent également de la disgrâce de Lully pour encourager d'autres compositeurs à s'essayer dans des ouvrages qu'ils pouvaient faire chanter sans mise en scène dans leurs appartements ou dans ceux du souverain. Après l'audition en 1685 d'un « petit opéra » d'Élisabeth-Claude Jacquet de La Guerre, probablement *Les Jeux à l'honneur de la Victoire*, on interpréta, l'année suivante, au mois de février, *Endymion* d'Henry Desmarest, puis en avril une *Idylle dramatique*, de Marin Marais.

Ce dernier concert, relaté dans le *Mercure galant*, eut lieu à Versailles « en présence de toute la Cour » et suscita un commentaire enthousiaste :

Il y arriva une chose extraordinaire et qui fait connaître son grand succès. Madame la Dauphine en fut si contente qu'elle le fit recommencer sur l'heure. Tous ceux qui l'avaient déjà ouï l'entendirent une seconde fois et témoignèrent y prendre un nouveau plaisir. Il fut encore chanté le jour d'appartement suivant.

Le *Mercure galant* se proposait même de publier « quelques endroits notés » de l'*Idylle*. Malheureusement, ce projet ne fut pas réalisé et, aujourd'hui, l'œuvre n'est connue qu'à travers les paroles qu'avait pris soin de reproduire le périodique mondain lors de son compte rendu chaleureux.

A la lecture de ce poème mis en musique par Marais, on remarque qu'il ne s'agit pas d'un véritable opéra. Ce petit ouvrage ne comporte en effet aucune intrigue et apparaît plutôt comme un hymne à la monarchie écrit d'une manière galante et héroïque. Des allégories, la France et la Victoire, y célèbrent avec un « grand chœur » Louis XIV qualifié de « héros », capable d'apporter la paix et le bonheur au monde personnifié par des bergers amoureux, auxquels se mêlent des Plaisirs et des Jeux. D'après les quelques indications laissées par le *Mercure galant*, se succédaient des airs, un tendre duo, de plus amples ensembles vocaux, plusieurs danses dont une passacaille et d'autres pièces instrumentales rehaussées parfois de l'éclat des trompettes avec le concours des timbales. En dépit de ses dimensions restreintes, cette *Idylle*, on le voit, pouvait séduire tout un auditoire sensible à la beauté des voix et d'un orchestre chatoyant.

Après un tel succès susceptible d'éveiller la jalousie de Lully, Marais s'empressa de lui dédier son premier livre de *Pièces à une et à deux violes* dont l'impression fut achevée le 20 août 1686. Mieux valait en effet ménager cet « illustre protecteur » qu'il continuait à fréquenter pratiquement tous les jours, notamment à l'Opéra. Voici comment débute l'hommage qu'il lui adressa :

Monsieur,

Je ferais une faute inexcusable si, ayant l'honneur d'être un de vos élèves et vous étant attaché par d'autres obligations qui me sont particulières, je ne vous offrais les essais de ce que j'ai appris en exécutant vos savantes et admirables compositions. Je vous présente donc ce recueil et comme à mon Surintendant, et comme à mon Bienfaiteur. Je vous le présente aussi comme au premier homme qui ait jamais été dans tous les divers caractères de musique. Personne ne vous conteste ce titre. Les plus beaux génies confessent qu'ils n'ont point de route plus sûre et plus facile, pour réussir dans cette profession, que l'étude de vos ouvrages. Tous les Princes de l'Europe, qui veulent faire fleurir cet art dans leurs États n'en connaissent plus d'autre voie.

Cette habile précaution ne fut pas longtemps utile, car quelques mois plus tard, le 22 mars 1687, Lully mourut à la suite d'une blessure qu'il s'était faite au pied en dirigeant de sa canne son *Te Deum* à l'église des Feuillants de la rue Saint-Honoré. Après ce décès, les portes du théâtre lyrique parisien s'ouvrirent à d'autres compositeurs désireux d'y faire représenter leurs opéras et, dès 1693, Marais eut la possibilité d'assister à sa première tragédie en musique, *Alcide*, écrite en collaboration avec Louis Lully. Avec ce fils aîné du Florentin, il aurait également composé une *Pantomime des Pages*, dont le manuscrit, autrefois conservé à la Bibliothèque du château royal de Berlin, semble avoir été perdu pendant la Deuxième Guerre mondiale.

Le succès d'*Alcide* confirme la position brillante qu'occupe désormais Marais dans le monde musical de son temps. Elle se traduit certainement déjà par la constitution d'une fortune personnelle. En 1694, Marais va en outre hériter de sa tante, Catherine Marais, une somme de trois cents livres et l'état de sa fortune lui permet d'acquérir rapidement, dès la fin de cette année, une maison située au milieu de la rue de l'Oursine, ayant appartenu à Simon Maugis avant son décès survenu en 1687 ou 1688. Pour récupérer ce bien familial, vendu à un maçon parisien, Pierre Castel, le 24 juillet 1694, Marais doit avec son épouse intenter contre lui une « action en retrait lignage » et, le

12 octobre, il accepte de régler à l'amiable cette affaire : il dédommage Castel des 831 livres déboursées pour l'achat de la demeure.

Cette propriété consistait d'abord en un bâtiment de quatre étages de chambres, avec en bas une boutique où pendait pour enseigne « le chef Saint-Denis ». Il y avait ensuite une cour où se trouvaient un puits, un petit corps de logis couvert de tuiles, un appentis, un cabinet d'aisances et derrière un jardin clos de murs. Des lieux qu'aurait pu connaître Marais dans son enfance lorsqu'il habitait avec son père. De 1700 à 1720, il allait les louer à un caporal, Jean Ferrouillet dit Chasteauneuf, et sa femme, Jeanne Dupont, marchande fruitière à Paris, moyennant la modique somme de 150 puis de 200 livres par an. Plus tard, en 1728, le bâtiment du fond sera occupé pour 130 livres par Geneviève Devaloix, veuve d'un des comédiens du roi, Marc-Antoine Le Grand.

L'apogée

Devenu à Paris propriétaire et auteur de musique dramatique, Marais poursuit également avec succès sa carrière à la Cour. Là, toute une élite professionnelle le stimule, l'incite par ses exigences à développer ses capacités d'interprète et de compositeur. Dans le tournant du XVIIe au XVIIIe siècle, ses diverses activités de violiste à la Chambre, de symphoniste à l'Opéra et de créateur vont prendre une ampleur insoupçonnée et se conjuguer si heureusement qu'elles marquent l'apogée de sa carrière.

Pour un instrumentiste de sa valeur d'abord, les occasions de se produire ne manquent pas. Si Louis XIV est un connaisseur avisé, voire critique, il tient aussi à jouer le rôle d'instigateur, de mécène. Il crée à la Cour un climat musical qu'il étend autour de lui, n'hésitant pas à prêter ses musiciens aux membres de sa famille. Après le dauphin, son petit-fils, le duc de Bourgogne, ses favorites et ses bâtards sont eux aussi des mélomanes souvent passionnés. Déjà, madame de Montespan, au plus fort de son succès, entre 1670 et 1679, avait pris l'habitude de lui offrir de fréquents concerts dans l'appartement privé qu'elle occupait à Versailles. Madame de Maintenon respectera cette tradition après son mariage secret avec le roi. Quant aux enfants légitimés, la princesse de Conti, le duc du Maine, le comte de Toulouse et la seconde mademoiselle de Blois, future épouse du Régent, ils sauront à leur tour solliciter les meilleurs interprètes et compositeurs.

Marais évolue dans tout ce beau monde, anonymement souvent, à titre de musicien du roi, mais de temps en temps cité en personne, lorsqu'il est appelé à exercer ses talents pour quelque grand seigneur de la Cour. Ainsi en est-il dans une lettre que madame de Sévigné envoie à sa fille en 1696 pour lui décrire le mariage du duc d'Albret avec mademoiselle de la Trémoïlle :

> Les jeunes gens, pour s'amuser, dansèrent aux chansons, ce qui est présentement fort en usage à la Cour. Joua qui voulut, et qui voulut aussi prêta l'oreille au joli concert de Vizé, Marais, Descoteaux et Philibert. Avec cela on attrappa minuit et le mariage fut célébré dans la chapelle de l'hôtel de Créquy.

Notre gambiste profita-t-il de l'occasion pour faire entendre ses *Pièces en trio pour les flûtes, violons et dessus de viole*, composées quatre ans auparavant ? La présence des deux flûtistes et hautboïstes lui en donnait la possibilité, et sa musique de chambre commençait à être connue et appréciée non seulement à Paris mais aussi hors des frontières du royaume. L'*Avertissement* placé au début de son livre en 1689 ne fait-il pas déjà état de pièces particulières, insérées dans le volume « pour satisfaire à l'empressement de quelques étrangers qui souhaitent beaucoup » en avoir « de cette manière » ? Aussi, l'annonce parue en 1696 dans la *Gazette d'Amsterdam* sur l'ensemble de ses œuvres prend-elle valeur de confirmation :

> Le Sieur Marais, ordinaire de la Musique de la Chambre du Roi, a fait imprimer la tragédie d'*Ariane et Bacchus*, représentée depuis peu dans la salle du Palais-Royal, dont il a composé la musique. Ses ouvrages qui sont assez connus et qui consistent principalement en plusieurs livres qu'il a fait graver pour la basse de viole, en trios pour les violons et les flûtes allemandes, en diverses pièces de sa façon qu'un savant maître a mises pour être jouées sur le clavecin etc. se vendent chez lui à Paris, rue Quincampoix.

Déjà, on le voit, plusieurs de ses œuvres se prêtent à des transcriptions. Au reste, il prend d'autres initiatives et sait flatter les personnalités susceptibles de favoriser sa carrière. C'est ainsi qu'en 1701, quelques mois après la mort de Monsieur, frère unique du roi, il dédie au nouveau duc d'Orléans, Philippe, son second livre de pièces de viole. Le futur Régent n'était-il pas compositeur à ses heures et n'allait-il pas signer plusieurs motets et opéras ?

Marais ne négligeait rien pour favoriser la vente de ses œuvres. Les gains qu'il tirait de ce commerce, mais aussi les autres revenus qu'il continuait à percevoir par ailleurs l'incitèrent à placer son argent dans des rentes constituées par la Ville de Paris. De 1695 à 1702, il en acheta au moins tous les deux ans moyennant des sommes importantes, notamment en 1700 où, pour l'acquisition de plusieurs d'entre elles, il dépensa quelque 9 000 livres.

A cette date, il jouait toujours de la viole au théâtre lyrique parisien, comme le prouve l'ancien matériel d'orchestre du *Triomphe des arts*, opéra-ballet de Michel de La Barre. Son nom figure en effet sur une partie destinée à la basse continue. Parmi les autres exécutants mentionnés dans ces précieux documents copiés en 1700 pour les représentations, on remarque, à côté de Théobalde, le violoniste Jean-Féry Rebel et le claveciniste Garnier, probalement Gabriel Garnier connu pour avoir été organiste à la Chapelle royale.

L'année suivante, le 27 avril, Marais eut l'honneur d'être choisi pour diriger deux cent cinquante instrumentistes et chanteurs lors d'une somptueuse cérémonie organisée par l'Académie royale de musique à l'église de l'Oratoire, rue Saint-Honoré, pour célébrer la guérison du dauphin. Toute la troupe du théâtre lyrique participait à cet hommage rendu à son plus fidèle protecteur, réputé pour assister avec assiduité aux spectacles qu'elle proposait au public. Le décorateur Jean Berain veilla notamment à rendre le sanctuaire magnifique avec de riches tapisseries et une multitude de girandoles. Il fit même exécuter à partir de ses dessins, par un peintre de l'Opéra, Jacques Vigoureux Duplessis, un grand tableau représentant l'héritier du trône entouré de la France et de saint Michel, patron du royaume.

Pour cet office solennel célébré par Bossuet en habits pontificaux, en présence d'une assemblée nombreuse composée de prélats, d'ambassadeurs et de ministres étrangers, Marais ne se contenta pas de faire interpréter le *Benedictus* et le *Te Deum* de Lully. Il dirigea, avec encore « tout le succès imaginable », deux motets de sa composition : un *Domine salvum fac regem* et un autre, dont les paroles du Père jésuite Le Jay ont été reproduites par le *Mercure galant*. D'après ce texte rédigé pour la circonstance et inspiré de l'Écriture sainte, l'œuvre devait offrir un bel effet de contraste avec des mots chargés d'exprimer d'abord la douleur, la tristesse, puis l'espérance et la joie. Selon Titon du Tillet, un *Te Deum* de Marais fut également exécuté pour fêter le même événement dans cette église et dans celle des Feuillants. Mais la musique, comme celle des autres motets du compositeur, semble malheureusement définitivement perdue, nous privant aujourd'hui d'une des facettes de sa création.

Chef d'orchestre pour une cérémonie prestigieuse, Marais ne tarda pas à le devenir d'une manière permanente à l'Opéra, lorsque, en 1704 ou au début de l'année suivante, le nouveau directeur, Pierre Guyenet, le désigna pour succéder à André Campra comme « batteur de mesure ». Une décision approuvée par Louis XIV dans une dépêche envoyée de Versailles à Guyenet, le 12 janvier 1705 :

Le Roy est bien aise d'apprendre que l'attention que vous avez à rétablir l'Opéra ait un bon succès. Continuez à vous y attacher et comptez que Sa Majesté vous protégera en toutes occasions. A l'égard de Marais, elle trouve bon qu'il y batte la mesure à l'ordinaire et vous ne pouvez mieux faire que de vous servir aussi de Beauchamps pour les danses.

L'orchestre, dont la direction revint à Marais, est aujourd'hui connu par un état de la troupe de l'Opéra, dressé quelques mois auparavant, le 24 septembre 1704. Il comportait toujours à cette époque un petit et un grand chœur d'instruments. Le premier d'entre eux regroupait un clavecin joué alors par Jean-Féry Rebel, deux théorbes, deux basses de viole et deux basses de violon, auxquels étaient adjoints deux dessus de violon, choisis parmi les meilleurs pour interpréter seuls certaines parties. Tous n'étaient donc pas appelés à doubler ou à réaliser la basse continue. En revanche, comme à la Cour du temps de Lully, il y avait dans le grand chœur les flûtes, les hautbois et les bassons, confiés en 1704 à huit musiciens. Plusieurs d'entre eux étaient réputés, notamment Colin Hotteterre et Michel de La Barre, lequel rend un bel hommage à Marais dans la préface de son recueil de *Pièces pour la flûte traversière*, publié en 1703. Il y cite en effet ce confrère « qui s'est donné tant de peines et de soins pour la perfection de la viole et qui y a si heureusement réussi ». Dans le grand chœur où jouait La Barre, il ne faudrait pas enfin oublier un ensemble imposant de cordes appartenant toutes à la famille des violons, avec dix dessus, trois hautes-contre, trois tailles, deux quintes et huit basses.

Marais se trouvait ainsi à la tête de quarante-trois exécutants et devait avec une canne ou un bâton veiller également à la précision de la mesure auprès de ceux qui paraissaient sur scène, chanteurs solistes, choristes et danseurs. Cette tâche qu'il était chargé d'assurer désormais régulièrement lui permettait d'espérer l'un des meilleurs salaires de l'Académie royale de musique. Toucha-t-il, comme son prédécesseur Campra, celui très confortable de 2 400 livres par an ?

Avec un poste aussi avantageux et honorifique, Marais pouvait envisager d'établir plusieurs de ses filles. D'après Titon du Tillet, il aurait eu en effet de sa femme, Catherine Damicourt, non moins de dix-neuf enfants. Aujourd'hui, on trouve la trace de douze – et même d'un treizième selon l'interprétation qu'on donne à un acte de notoriété daté du 8 janvier 1717. Dans ce document, le compositeur et un autre Marin Marais demeurant à la même adresse signent en effet le certificat de décès d'un bourgeois de Paris, Louis Manichet du Mesnil. S'agit-il d'un fils qui serait mort quelques années plus tard avant ses parents, dont on connaît bien les héritiers ? Il est certain qu'étant donné la mortalité de l'époque, plusieurs enfants du musicien durent disparaître peu de temps après leur naissance ou dans leur jeunesse.

Des six filles connues de Marais, Radegonde-Angélique fut la première à se marier. Elle épousa à Saint-Germain-l'Auxerrois, le vendredi 16 janvier 1705, un « commissaire d'artillerie et ingénieur du roi » de trente-trois ans, Charles Le Clercq, sieur de Rebrenne. Quelques jours auparavant, le 12 janvier, un contrat fut signé par devant notaires pour fixer, selon les habitudes du temps, les conditions financières de cette union. Le Clercq offrait à sa future compagne un douaire consistant en une rente de 200 livres, tandis qu'une dot de 6 600 livres provenait de la famille Marais. La part du père demeurait cependant modeste : 600 livres à prendre sur sa succession et sur celle de sa femme. Les 6 000 livres restant étaient en effet données par une tante généreuse, Marguerite Bellanger. Parmi les témoins, on remarque deux personnages importants, « conseillers du Roi en ses conseils », Roland et Pierre Gruyn, un prêtre docteur en Sorbonne, Augustin Le Pileur, un des plus fameux « faiseurs d'instruments pour la Musique du Roi », Jean Hurel, appelé dès 1686 à diffuser et à vendre les partitions de Marais, un musicien de la Chambre également violoniste dans l'orchestre de l'Opéra, Nicolas Baudy, et le nouveau « maître de musique du Roi en la Sainte-Chapelle du Palais à Paris », Nicolas Bernier.

Compositeur célèbre, Bernier, sollicité également pour la cérémonie religieuse, avait été maître de musique à Saint-Germain-l'Auxerrois. En avril 1701, pour le rétablissement de la santé du dauphin, il y dirigea son *Te Deum*, s'attirant du *Mercure galant* le compliment suivant :

> La réputation de monsieur Bernier est si bien établie et tout ce qu'il fit chanter à Fontainebleau pendant l'automne dernier reçut de si grands applaudissements de toute la Cour et de Monseigneur le Dauphin que je ne dois rien dire davantage pour vous le faire connaître.

Apprécié pour ses motets, mais aussi pour ses cantates – il fut l'un des premiers à en écrire en France –, Bernier devint de bonne heure un ami de Marais, ayant été choisi pour être le parrain d'une de ses filles, Marguerite-Pélagie. Il allait néanmoins éprouver pour l'aînée, Marie-Catherine, une affection plus vive qu'il ne cessera de lui montrer. En 1700, il acquiert sous le nom de cette demoiselle 400 livres de rente sur les aides et gabelles de la ville de Paris, en versant la coquette somme de 4 000 livres. Cinq ans plus tard, il lui offre un témoignage nouveau et sans équivoque de ses sentiments. Le 17 avril 1705, « pour l'amitié et considération particulière qu'il a pour le sieur Marais et sa famille, et l'estime qu'il fait de damoiselle Marie-Catherine Marais, majeure, usant et jouissant de ses droits », il lui donne tous ses biens « en pleine propriété à compter du jour de son décès, jusqu'auquel jour, il s'en est réservé la jouissance par usufruit seulement ».

Il ne pouvait alors lui apporter d'autre preuve d'amour et l'épouser, car le poste qu'il occupait à la Sainte-Chapelle le lui interdisait, étant réservé, selon Titon du Tillet, à « un homme dans le célibat avec l'habit ecclésiastique ». Néanmoins, son protecteur, le duc d'Orléans, allait lui permettre de s'unir à Marie-Catherine tout en conservant sa place, à condition qu'elle « n'habiterait pas dans la maison destinée au maître de musique ». Une faveur exceptionnelle qu'il leur fallut attendre sept ans. Ce n'est qu'en 1712 qu'eurent lieu les noces. Bernier avait alors quarante-sept ans et son épouse trente-quatre ! L'événement dut se passer dans l'intimité, car le contrat conclu à cette occasion, le 20 juin, ne fut signé, en dehors des notaires et des intéressés, qu'en présence de Marais et de Catherine Damicourt. Ce nouveau document annulait l'acte du 17 avril 1705, mais les futurs époux se firent « donation mutuelle » de tous les biens « qui se trouveront appartenir au premier mourant d'eux lors de son décès ». En outre, Bernier accordait un douaire conséquent de 4 000 livres à celle qu'il avait été contraint d'attendre si longtemps. Leur union dura quinze ans. Le 4 août 1727, sans lui laisser d'enfant, Marie-Catherine s'éteignait à Versailles où son époux exerçait alors à la Cour sa charge de maître de musique de la Chapelle du roi. Ce mariage, mais aussi les liens étroits qui l'avaient précédé permirent à Marais d'entretenir des rapports privilégiés avec Bernier, l'un des compositeurs les plus talentueux de son temps.

On ne saurait évoquer cette période faste pour Marais sans mentionner la plus grande réussite de sa carrière, le triomphe de sa tragédie en musique *Alcyone*, dont il dut diriger en 1706 à l'Opéra les premières représentations. Désormais, il égalait les meilleurs compositeurs aux yeux de ses contemporains.

Les revenus qu'il tira de ce succès stimulèrent ses placements financiers : de 1705 à 1707, il acheta pour plus de 10 000 livres de rentes viagères, faisant parfois annexer à l'acte de constitution des billets de loterie. Aimait-il le jeu ? Il est certain qu'à cette époque, il parvint à s'enrichir et à avancer en 1708 la somme nécessaire pour acheter à son fils Anne-Marc un office de procureur en la Chambre des comptes.

Cet enfant, dont la marraine, Marie-Anne Rolland,

était la fameuse danseuse à laquelle Marais dédiera ses pièces en trio, ne s'orienta pas en effet vers un métier artistique. En 1705, son mariage avec la fille d'un bourgeois de Paris, Marie-Charlotte Delacroix, avait été bien discret. D'après le contrat signé le 18 novembre, aucune dot ne fut accordée à la future épouse et ses parents se contentèrent de proposer au nouveau couple de les loger et nourrir chez eux pendant six mois consécutifs. Anne-Marc n'apporta de son côté qu'une rente viagère de 75 livres. Il est surprenant qu'il n'eut, en dehors de ses père et mère, qu'un seul témoin de sa famille : sa sœur aînée, Marie-Catherine. Grâce à l'argent du compositeur, au succès d'*Alcyone*, il allait néanmoins faire une brillante carrière et devenir même « écuyer, conseiller secrétaire du Roi, maison, couronne de France, près le parlement de Grenoble ». Des huit enfants qu'il eut, l'un fut à Paris avocat au Parlement et se nommait Jean-Baptiste-François Marais de Beauchamps. Deux autres fils, Louis et Alphonse, furent gardes du corps du roi.

Rien n'exprime mieux ces années de réussite que le portrait de Marin Marais peint, à l'apogée de sa carrière, par André Bouys et dont il ne reste plus aujourd'hui qu'une réplique. Il fut exposé, accompagné de sa gravure, au salon de 1704.

L'homme semble de petite taille, trapu et d'une certaine corpulence. La cinquantaine approchante empâte déjà ses traits et dessine un double menton. Les traits de son caractère que nous avons relevés – la vitalité, la jovialité, le sens artistique mais aussi l'énergie de la volonté – se retrouvent dans ce visage au front haut et bombé, aux sourcils épais, au nez fort et busqué. Ce musicien n'est pas un rêveur, mais un homme d'action ; la bouche charnue est celle du bon vivant. Mais ce qui frappe le plus ce sont les yeux à fleur de tête, largement ouverts, songeurs ici, mais certainement vifs dans la vie courante. Ils trahissent un être curieux, avide de connaissances, de nouveautés.

La viole qu'il tient en travers de ses genoux, posée sur l'éclisse, est un bel instrument par ses proportions harmonieuses. Sept cordes, dont les plus graves sont filées, montrent les derniers perfectionnements techniques réalisés à la demande de Sainte Colombe. Les chevilles à boutons d'ivoire, la tête sculptée lui donnent la note de raffinement inhérente à la facture de ce temps que ne dément pas l'archet à fine baguette convexe, hausse et bouton d'ivoire. La position de la main gauche est le meilleur exemple du « beau port de main » hérité de Sainte Colombe.

Enfin, la plume blanche, les feuillets de musique sont ceux du compositeur. Des nettoyages intempestifs empêchent malheureusement de les identifier.

Les années difficiles

Aux premières années du XVIIIe siècle, si favorables à l'ascension sociale de Marais, devaient en succéder d'autres plus sombres. Ce fut d'abord en avril 1709 l'échec de *Sémélé*, qui met un terme à sa production lyrique. D'autres difficultés se lèvent ensuite devant l'interprète. En effet, il n'est plus seul maintenant à être un gambiste exceptionnel. La génération qui lui succède immédiatement est fort brillante et risque de lui porter ombrage. Deux noms viennent désormais sous la plume des contemporains : Louis de Caix d'Hervelois et Antoine Forqueray. Avec eux, Marais forme, selon l'expression pittoresque d'Hubert Le Blanc, les trois piliers de « l'empire de la viole ».

Marais connaît bien Caix d'Hervelois, un des derniers disciples de Sainte Colombe qui est venu, semble-t-il, se perfectionner sous sa propre direction. De vingt ans son cadet – il est né entre 1675 et 1680 –, il se fait apprécier par son jeu fin, délicat, par la qualité de sa sonorité. Cependant, il n'est pas un rival dangereux, car il n'occupe aucun poste dans les orchestres officiels et travaille pour quelques mécènes qui le soutiennent musicalement et financièrement.

Les relations avec Antoine Forqueray sont certainement toutes différentes en raison de sa position dans le monde professionnel et de son caractère. Né en 1672, il est de seize ans son cadet, mais sa vie musicale a commencé très tôt : il a été un enfant prodige. Au mois d'avril 1682, le *Mercure galant* rapporte :

Ayant eu dès l'âge de cinq ans l'honneur de jouer devant le roi de la basse de violon, Sa Majesté en fut si contente qu'elle ordonna qu'on lui fît apprendre à jouer de la basse de viole. C'est un instrument très difficile. Cependant, il a si bien profité des leçons qu'il a reçues qu'à présent qu'il est âgé de sept à huit ans, il trouve peu de personnes qui le puissent égaler. Toutes les fois qu'il s'est présenté au dîner du roi, depuis quelque temps, il a joué pendant les repas avec beaucoup d'applaudissements de leurs Majestés. Rien n'est plus extraordinaire dans un âge si peu avancé.

Au reste, sa science musicale est devenue fort complète puisqu'il fait ses études avec les pages de la Chapelle. C'est dire qu'il reçoit une formation comparable à celle de Marais, suit le même parcours, entre à la Chambre dix ans après lui, le 31 décembre 1689, et, grâce à son royal protecteur, bénéficie d'un lancement immédiat dans la plus haute aristocratie. Il devient le maître de violistes amateurs de noble souche comme le duc de Bourgogne ou le duc d'Orléans.

Ce jeune homme de dix-huit ans aux dons exceptionnels s'avère donc un redoutable rival pour le soliste affirmé qu'est Marais. Un être bien difficile à vivre aussi, « quinteux, fantasque et bisare [sic] », pour reprendre l'expression d'Hubert Le Blanc. Son orgueil se manifeste jusque dans son métier. Soliste, improvisateur remarquable, il étouffe ses partenaires. Selon Ancelet, il n'hésite pas à ajouter « mille traits brillants » aux basses d'accompagnement, « luttant pour ainsi dire avec celui qui joue le dessus; et souvent le compositeur de l'ouvrage est aussi mécontent que le violon qui l'exécute ».

François Couperin ne contredira pas ces constatations quand il tracera, en 1727, dans son troisième livre de clavecin, un portrait sonore au titre ambigu : *la Superbe ou la Forqueray...*

Nous n'avons aucun témoignage sur les relations

que purent avoir les deux gambistes, mais les réactions de leurs auditeurs sont éloquentes. Pendant plusieurs années, ils effectuent des carrières parallèles, chacun se produisant avec son accompagnateur : monsieur de Saint Félix pour Marais, monsieur de Bellemont pour Forqueray. Le public suit et compare leurs performances. Forqueray règne sans rival chez le duc d'Orléans; Marais reste le violiste du roi. C'est lui qui joue devant l'Électeur de Bavière lorsque celui-ci est reçu à la Cour; et le marquis de Sourches rapporte le 14 novembre 1709 : « Le soir, on lui fit entendre ce célèbre joueur de viole et il y prit un plaisir extrême; car, comme il en jouait fort bien lui-même, il connut mieux qu'un autre toute la science et la délicatesse du jeu de Marais, ce qui lui donna envie de l'entendre encore après souper. »

Fasciné par les personnalités si différentes des deux artistes, les contemporains finissent par déclarer que « l'un joue comme un ange et l'autre comme un diable ». L'évolution des goûts allait bientôt les départager. Dans la querelle entre la France et l'Italie, chacun s'engagea selon son âge et son tempérament. Formé au XVIIe siècle, Marais avait pour idéal de donner leurs expressions les plus hautes à la musique française et à la douce viole. Plus jeune, plus audacieux, Forqueray se tourna au contraire résolument vers ce qui pouvait être considéré à l'époque comme de la musique d'avant-garde. Séduit par les performances nouvelles des violonistes d'outre-monts, il se jura de les égaler à la viole en développant une technique de pointe. Il n'était pas le seul à adopter ces idées nouvelles. Il gravitait dans un cercle de jeunes artistes qui désiraient tous relever le défi lancé par les Italiens : François Couperin, Nicolas Bernier, les violonistes Anet ou Sénaillé.

Dès lors, le fossé ne pouvait que se creuser entre les deux gambistes. Marais reste fidèle à la tradition royale et lullyste; son rayonnement comme pédagogue est très important, tant en France qu'à l'étranger. A l'inverse, Forqueray est plus solitaire. Il refuse de donner des leçons; son fils sera son seul élève; il méprise cordialement les amateurs et n'écrit que des pièces pour son usage personnel, donc injouables pour le commun des mortels. En revanche, malgré ces outrances, il fait preuve d'intuition et pressent les richesses de l'esthétique italienne et le renouvellement salutaire qu'elle peut apporter à son pays.

Les soucis professionnels ne sont pas les seuls que notre gambiste ait à résoudre en cette période. S'y ajoutent en effet ceux qui sont inhérents à tout père de famille. En 1708, Marais a dépassé la cinquantaine et commencé à établir ses enfants. Parmi les aînés, deux sont mariés : Radegonde et Anne-Marc. Seul reste Vincent qui a fait preuve de dons musicaux évidents et suivi l'exemple paternel. Il sera violiste et, comme c'est la coutume dans le milieu des musiciens du roi, le soliste va demander qu'à sa retraite il lui succède. Répondant à sa requête, le 20 février de cette année 1708, « le roi, ayant égard aux services que Marin Marais, joueur de viole de la musique de sa Chambre, lui rend en ladite qualité depuis l'année 1679, Sa Majesté a bien voulu, à sa très humble prière, accorder à Vincent Marais son fils aîné la survivance de sa charge, sur les assurances qu'il lui a données de sa capacité et de sa bonne conduite ».

A trente-deux ans, le jeune violiste se voit donc pourvu d'une situation fort enviable, sans avoir eu à passer le moindre examen. De semblables faveurs sont le privilège de tous les aînés sous l'Ancien Régime; les cadets doivent faire preuve d'imagination et d'habileté pour réussir... Le père de famille qui, lui, a dû lutter pour s'imposer est conscient de l'injustice de cette situation. Il réfléchit et, un an après, le 8 juin 1709, dépose chez son notaire le testament olographe suivant qui rétablit l'équité entre ses héritiers :

Je soussigné ayant fait attention sur l'état de ma famille et considérant que le roi a accordé à Vincent Marais mon fils aîné, en ma considération et par mon crédit, la survivance de la charge d'ordinaire de la musique de la Chambre du roi dont je suis pourvu, et qui est, par cette grâce que Sa Majesté m'a bien voulu faire et à lui aussi, dans une situation beaucoup plus avantageuse que ses frères et sœurs, je crois qu'il est de la prudence paternelle de pourvoir à l'établissement et au bien du reste de ma famille.

Suit cette remarque qu'approuveront tous les pères placés dans la même situation :

Ce bien ne sera pas aussi avantageux que je souhaiterais à cause que son grand nombre m'a obligé à de continuelles dépenses et m'a empêché d'augmenter ma fortune autant que je l'aurais désiré.

Et de poursuivre en conséquence :

Je réduis mon fils aîné Vincent Marais à sa légitime dans ma succession, et à l'égard de tous mes autres biens, je les donne et lègue à tous mes autres enfants qui me survivront, que je fais et institue mes légataires universels.

Il agit de même envers son second fils, Anne-Marc, qui a bénéficié lui aussi de l'aide paternelle quand il a acheté sa charge de procureur à la Cour des comptes :

J'entends qu'il prendra pour sa part au legs universel les sommes que j'aurai payées pour lui sur le prix de ses offices, et si sa part ne consomme pas tout ce que j'aurai payé, il ne pourra être obligé de rapporter les principaux, mais seulement de continuer les ventes.

Avec sagesse, délicatesse et prévoyance, il prend soin d'expliquer ses volontés pour éviter tous ressentiments familiaux après sa mort :

Je crois que mon fils aîné ne trouvera pas mauvais que j'aie fait la présente disposition, ne l'ayant point faite pour un motif d'indifférence, ayant au contraire pour lui des sentiments bien opposés, mais l'ayant fait par esprit d'équité et de justice.

Ce testament, confirmé en 1711 par celui de Catherine Damicourt, ne devait jamais être exécuté, car son auteur le révoqua plus tard, le 25 janvier 1724, au moment où sa fortune et celle de ses enfants avaient pris une expansion suffisante pour lever ces restrictions.

Si les deux aînés sont pourvus de fonctions stables et lucratives, qu'en est-il des autres ?

Vincent n'est pas le seul à faire de la musique. Quatre de ses frères et sœurs montrent pareils dons : deux garçons et une fille, entre autres, jouent de la viole et, comme ils se succèdent à un âge très rapproché, il y eut sans doute une période où le foyer de notre artiste dut être tout bruissant d'harmonies. Chacun s'exerçait en particulier, puis, à certaines heures, rejoignait le groupe. On déchiffrait alors ensemble duos et trios, formation pour laquelle le père fut obligé de composer quelques œuvres puisqu'il en existait peu au répertoire... Mais cela n'était pas pour l'embarrasser !

Nos jeunes gambistes firent de tels progrès que Marais se décida, en 1709, à les présenter à Sa Majesté. Titon du Tillet nous raconte cette entrevue mémorable qui dut entraîner de multiples répétitions pour sa préparation et susciter bien des émotions en famille :

> En 1709, il présenta quatre de ses fils à Louis le Grand et donna à Sa Majesté un concert de ses pièces de viole, exécuté par lui et par trois de ses fils. Le quatrième qui portait pour lors le petit-collet, avait soin de ranger les livres sur les pupitres et d'en tourner les feuillets. Le roi entendit ensuite ses trois fils séparément et lui dit : Je suis bien content de vos enfants, mais vous êtes toujours Marais et leur père. Monsieur et madame la duchesse de Bourgogne eurent le lendemain le même concert.

Qui sont les jeunes interprètes ? Vincent suivi de Roland et probablement de Nicolas. Quant au jeune régisseur et tourneur de pages, le terme de « petit-collet » qui le désigne indique qu'il fait encore partie d'une maîtrise. Il est donc chantre et porte la soutane, comme jadis son père à Saint-Germain-l'Auxerrois. Ce pourrait être Jean-Louis.

En revanche, on note l'absence de la jeune fille. Or Titon du Tillet avait eu un mot gentil à son égard : « Mademoiselle Marais, personne d'un esprit aimable et d'un mérite distingué, peut bien tenir son rang parmi ses frères par la manière brillante et délicate dont elle exécute sur la viole. » Ces indications, jointes à celles que contiennent des archives postérieures, nous font penser que cette jeune gambiste pourrait être Radegonde. En effet, après la mort de son père, elle réclamera « une viole dans son étui de sapin comme lui appartenant », parmi celles qui se trouvent dans l'appartement où Marais donnait ses leçons. Après son mariage en 1705, elle est partie vivre avec son époux, Charles Le Clercq, à Dunkerque.

Mais revenons à notre intermède musical. Il était original et de nature à piquer la curiosité du roi. Connaissant bien les réactions du monarque, le père de famille ne le provoqua certainement pas sans arrière-pensées. A cette époque en effet, seul Vincent a une situation stable. Ses frères ont aussi besoin d'être aidés. Le souverain n'y consentirait-il pas ? On n'a pas gardé la trace d'un geste de sa part, mais ces gambistes ne semblent pas en avoir eu besoin, puisque le même Titon du Tillet poursuit à leur propos (et son texte est écrit en 1732, donc vingt ans plus tard) : « Les trois fils de Monsieur Marais font encore aujourd'hui l'admiration des personnes qui les entendent jouer de la viole et ont un grand talent pour montrer l'art d'en jouer. »

Que devinrent nos trois musiciens ? Existe-t-il des témoignages à leur égard ? De Nicolas, les contemporains ne font jamais mention. De fait, il semble avoir abandonné la carrière musicale car, six ans après, en 1715, il se présente au mariage de son jeune frère Roland comme marchand. Tous les actes notariés postérieurs lui donnent le titre très courant mais aussi très vague de « bourgeois de Paris ». On sait seulement que, majeur et proche de la trentaine, il épouse à Dijon en 1714 Marguerite Nicolas et qu'il meurt, le 12 août 1739, aux alentours de cinquante-cinq ans. Veuf et sans enfants, il vivait à Picpus dans un intérieur aisé décoré de bibelots et de tapisseries. Il possédait quelques pièces de collection : tabatières, médailles et bijoux d'or ainsi que des peintures. Certaines nous intéressent car ce sont des portraits de famille : « ledit défunt en aquarelle; une estampe représentant le feu sieur Marin Marais »; enfin un tableau aujourd'hui perdu montrant son frère Roland « en grand et en pied, dans son cadre de bois doré sculpté, peint par le sieur Oudry, peintre de l'Académie, en l'année 1715 ». Cette toile reviendra au modèle lors du règlement de sa succession. Mais on est surtout frappé par le nombre de ses instruments : « Deux basses de viole, l'une anglaise, l'autre française, sans archet, prisées 8 livres; une basse de viole et trois autres, prisées 24 livres. » Enfin Roland lui a confié une gambe « anglaise de Jean Roze, de bois de racine avec son étui couvert de cuir sans clef, avec des livres de musique tant vocale qu'instrumentale », et en demande la restitution.

Une intéressante bibliothèque complète le tout : sonates de Sénallié, cantates de Bernier, deux opéras, huit recueils de musique gravée et deux imprimés de plusieurs auteurs, enfin « cinq livres de pièces de viole reliés en veau ainsi que quelques petits manuscrits ». Il est donc possible qu'il ait continué à enseigner comme le suggère Titon du Tillet, sans pour autant faire à proprement parler une carrière.

Sa mort ne dut pas être brutale car, trois mois auparavant, il avait pris soin de déposer chez son notaire un testament olographe. Il léguait à son frère Jean-Louis trois de ses instruments, à sa sœur cadette Marie-Anne six cents livres, et partageait ses meubles entre ses neveux.

Si Nicolas a complètement disparu de notre souvenir, les noms de ses trois frères : Vincent, Roland et Jean-Louis sont parvenus jusqu'à nous.

Sur Vincent, les contemporains portent un jugement nuancé. Lisons Boucher d'Argis : après avoir rappelé que Marin Marais « a poussé son instrument presque aussi loin qu'il pouvait aller », il poursuit : « Son fils aîné l'aurait cependant surpassé s'il avait eu plus de goût et de conduite ; il était supérieur à son père pour l'exécution, mais peu musicien. »

Sans doute faut-il entendre que le gambiste possède plus de technique que de sens de l'interprétation, et qu'il est en outre totalement dépourvu du talent de compositeur dont son père avait fait preuve. Quant à sa conduite, elle suscite une certaine partie des difficultés que Marais traverse à cette période. Toute sa vie, Vincent a besoin d'argent et signe des reconnaissances de dettes qu'il n'honore que contraint et forcé. A sa majorité, en 1703, donc bien avant l'obtention de sa survivance à la chambre, il doit déjà 760 livres à son père qui règle aussi pour lui certains de ses créanciers. En 1718, il emprunte douze livres à sa mère et, dans les papiers recueillis à la mort de cette dernière, en 1730, figurent quelques billets nous rapportant les échos de vives discussions financières.

Après la disparition de ses parents, les événements semblent se précipiter. On retrouve Vincent établi rue de Seine. Il demande des prêts à son frère Roland, à son beau-frère Pierre Viger ; mais comme il ne rembourse rien et que les liens sont moins cordiaux avec une belle-famille qu'avec père et mère, exploits d'huissier et sentences du Châtelet se succèdent. A cinquante-six ans, toujours célibataire et sans enfant, Vincent songe à établir sa survivance. Bien négociée, sa charge pourrait être source de profit. Le contrat est passé devant notaire, le 15 mai 1733. Pour le prix de 2 000 livres, Alexandre Sallentin la rachète, « de manière à ce que le dit sieur Marais en jouisse jusqu'à son décès ». Le règlement convient tout à fait à un homme à court d'argent : il se fera par versements annuels de 600 livres pendant trois ans, jusqu'à paiement total du prix. De plus, le sieur Sallentin s'engage à « fournir et donner audit sieur Marais à première demande une épée à garde et poignée d'argent blanc à son usage ». Mais trois ans plus tard, une quittance nous apprend comment se termina la transaction : ce n'est pas à lui, mais à ses créanciers que Sallentin versa la somme de 1 400 livres, pour satisfaire à « une sentence contradictoire rendue au Châtelet le 17 décembre 1734 », qui condamnait Vincent à payer ce montant. En définitive, celui-ci n'avait donc touché que les six cents livres versées au moment de la signature du contrat et, au terme, seule lui restait l'épée à pommeau d'argent blanc que lui remit son collègue !... Un an plus tard, en 1735, il désira verser une rente de 35 livres à une amie de sa famille, une certaine Marie-Françoise Marchegay, femme d'un perruquier, dont le jeune frère était son filleul. Ce fut son dernier acte. Deux ans plus tard, il disparaissait sans avoir réussi à rétablir l'équilibre de ses finances. Ses frères et sœurs en effet durent renoncer à sa succession « comme étant plus onéreuse que profitable ». Ils liquidèrent au plus vite ses dettes, – dont la rente ci-dessus –, « par honneur pour sa mémoire ».

Si Vincent était pour son père source de colère et d'angoisse, faille dans sa réussite, ses deux autres fils, Roland et Jean-Louis, troisième et quatrième comparses de la fameuse entrevue devant le roi, allaient au contraire, par leur compétence et leur sérieux, lui donner de nombreuses satisfactions.

Sur Jean-Louis, on a fort peu de renseignements. On sait seulement qu'il est né le 19 juillet 1692, baptisé le même jour à Saint-Germain-l'Auxerrois, et qu'il a pour parrain à cette occasion « Jean Dieu de Saint Jean, peintre du roi ». Il a dix-sept ans lors de la fameuse entrevue avec Louis XIV, et suit la route tracée par sa formation à la maîtrise. Il devient chantre. Il met cependant longtemps à acquérir un titre officiel. En effet, à la mort de son père en 1728, à celle de sa mère en 1730, il est toujours désigné comme « bourgeois de Paris, y demeurant rue de La Harpe, paroisse Saint-Séverin », et époux d'Anne-Élisabeth Helme, fille d'un maître horloger. Le 25 octobre 1733, à quarante et un ans, il pourra enfin acheter la charge de « chantre ordinaire de la musique de la Chambre », qu'il transmettra à son fils, en 1747. Ce dernier allait perpétuer le souvenir du fondateur de la famille, à la fois par son prénom de Nestor-Marin, et par son talent de gambiste. D'Aquin de Chateau-Lyon, dans son *Siècle littéraire de Louis XV*, en 1753, n'hésitait pas à le comparer au fils d'Antoine Forqueray.

Roland nous est mieux connu grâce au témoignage de ses contemporains. Dès ses débuts, ils l'accueillent avec sympathie. Certes, il bénéficie de l'« aura » paternelle, mais il la mérite aussi. Les mélomanes apprécient ses talents de gambiste, de professeur, de compositeur, trois domaines d'activité qui montrent à l'évidence qu'il est, parmi ses frères, le descendant spirituel le plus direct de son père.

Mais il a sa personnalité et vit avec son temps. Dès 1711, âgé d'environ vingt-cinq ans, il publie une *Nouvelle Méthode de musique pour servir d'introduction aux auteurs modernes,* aujourd'hui perdue, qui témoigne de son ouverture à la musique contemporaine et de son désir d'aider les violistes à l'aborder. L'année suivante, on remarque quelques airs de lui dans un recueil d'airs sérieux et à boire paru chez Ballard.

Les archives permettent de mieux connaître l'homme. Vers la trentaine, on le trouve installé rue Mazarine lorsque, le 3 mars 1715, il épouse Marie-Catherine Godelard, majeure comme lui. Elle est issue d'une famille de marchands, mais son père a accédé à la magistrature. De son vivant, il occupait la fonction de « greffier à peau des requêtes du Palais », titre qui indique qu'il transcrit des actes sur parchemin. Il a acquis cette charge pour la somme de 20 000 livres qu'il a réglée, vu son importance, par versements annuels. Ses héritiers en gardent la propriété à son décès. C'est dire qu'ils peuvent l'exercer ou la vendre. Marie-Catherine, sa fille unique, n'a pas d'autre solution que la seconde. C'est pourquoi l'estimation de cette charge est comptabilisée dans ses biens personnels, au même titre que sa part dans une maison familiale située à Paris, ou son confortable trousseau de 600 livres en « meubles, linges et hardes ». De son côté, Roland fait bien les choses en lui constituant un douaire de 400 livres de rente. La noce dut avoir lieu avec un certain éclat, la famille Marais ayant fait appel, pour témoins au contrat, à ses membres et amis les plus représentatifs. Parmi eux, l'ingénieur du roi Charles Leclercq, son beau-frère, Anne-Marc, déjà procureur à la Chambre des comptes, ainsi que Roland et Pierre Gruyn, « maître de la chambre aux deniers de Sa Majesté ».

Cette période est la plus brillante pour notre jeune héros : celle pendant laquelle Oudry fait son portrait. Quantz, de passage à Paris, louera bientôt « la précision et l'agrément » de son jeu. La vie quotidienne du couple semble aisée : l'intérieur est cossu, les maîtres de céans sont élégants. On a l'argent facile et de nombreuses dettes envers les fournisseurs, la cuisinière ou le laquais qui est aussi cocher à ses heures; car on possède une voiture et un cheval pour la tirer. Couronnement de cette réussite, un fils naît, le 12 septembre 1722, et reçoit le prénom d'Alexandre-Félix.

La vie professionnelle est intense. En témoignent les nombreux instruments : « cinq violes dont quatre grandes et l'autre petite, prisé le tout 220 livres », comme sa bibliothèque contenant vingt recueils de musique « tant cantates, sonates et pièces de viole ».

Hélas, cette existence facile va s'interrompre brusquement, tragiquement. Pour notre personnage, 1728 est l'année terrible avec les décès successifs de son père, le 15 août, de sa femme, le 19 octobre. Et son fils va disparaître moins de deux ans après. Le choc dut être rude pour cet homme qui vient de dépasser la quarantaine. Il quitta cette demeure où il avait été heureux pour s'installer un peu plus loin, rue Dauphine, et se lança à corps perdu dans le travail. Il donnait de nombreuses leçons, s'absorbait dans la composition. Paraîtra bientôt, en 1735, un livre de *Pièces de viole avec la basse chiffrée en partition*, suivi d'un second en 1738. Tous deux contiennent beaucoup de petits portraits à la manière de Couperin qui indiquent la présence autour de lui de nombreux amis et protecteurs. En outre un manuscrit anonyme, les *Règles d'accompagnement pour la basse de viole*, se trouve au musée de La Haye, ce qui signale le rayonnement qu'il avait acquis à l'étranger.

La cinquantaine venant lui révélait maintenant la philosophie de son métier : la richesse à la fois technique et humaine qui peut naître d'un authentique dialogue entre maître et disciple. Il tient à la reconnaître en dédiant un de ses recueils à son premier élève, le duc de Béthune Charost : « J'ai eu l'honneur de vous avoir, Monseigneur, pour la première personne à qui j'ai enseigné mon art. Souvent on apprend soi-même en montrant. Je l'ai ressenti par le goût qui se trouve en vous; et c'est celui que j'ai acquis en vous montrant qui m'a toujours inspiré. » Et il termine en lui adressant « l'hommage de sa juste reconnaissance et de sa sensibilité ». Les compliments d'usage ne voilent pas ici l'accent de la sincérité.

Les difficultés familiales rencontrées par Marais avec ses enfants ne furent pas les seules. Dès 1709, Catherine Damicourt en avait connu elle aussi lors de la succession de ses parents, dont la fortune était loin d'être négligeable. Outre des biens immobiliers, ils possédaient des couverts en argent, de la vaisselle d'étain fin, une fontaine et d'autres objets de cuivre rouge. Effets révélateurs d'une certaine aisance bourgeoise, qu'ils destinaient, par donation du 29 septembre 1703, non pas à la femme de Marais, mais à sa sœur Geneviève, une « fille non encore mariée » qui demeurait chez eux. Ils entendaient ainsi la récompenser après leur mort des services qu'elle leur avait rendus et de son « assiduité auprès d'eux ». Étant privée d'une bonne partie de son héritage, Catherine Damicourt renonça, le 19 août 1709, à la succession de son père. Mais, à la suite d'une sentence du Châtelet rendue le 6 septembre suivant, elle obtint le partage équitable des biens de sa mère, Catherine Maugis : elle reçut l'équivalent de plus de 2 900 livres en plusieurs rentes, 200 livres en vaisselle d'argent et 1 500 livres pour le quart d'une maison avec un jardin, située rue de l'Oursine et où pendait pour enseigne « le gros chapelet ».

Tirer parti de cette demeure voisine de celle qu'avait déjà Marais ne fut pas chose aisée. Plusieurs héritiers de Simon Maugis en étaient également propriétaires et ne réussissaient pas à s'entendre sur les réparations à entreprendre, le choix des locataires, le prix, « la perception et le partage des loyers ». Pour sortir de cette impasse, il fallait qu'un des possesseurs achetât les autres parts et gérât la totalité du capital. Le 31 août 1710, Marais et sa femme commencèrent par acquérir le quart revenu à Geneviève Damicourt, avec laquelle ils avaient certainement entretenu des rapports difficiles. Mais de leur côté, Jean-Baptiste Walferdin, marchand pelletier à Paris, et son épouse, Marguerite Le Roux, parvinrent à obtenir l'autre moitié, le 9 juillet 1712. Aussi, quelques jours plus tard, le 22, la licitation de la maison ne put-elle être évitée. Les enchères passèrent de 5 500 à 6 200 livres. Marais et Catherine Damicourt avaient heureusement avancé dès 1701 plusieurs sommes à Marguerite Le Roux et devinrent ainsi, sans débourser trop d'argent, les seuls détenteurs de ce bien familial. Pour y arriver, ils durent cependant attendre près de trois ans et engager plusieurs procédures.

Après 1712, leur situation ne semble pas s'être améliorée de sitôt. En 1715, Marais augmenta le loyer de Jean Ferrouillet de 50 livres et se fit rembourser les 250 livres qu'il avait prêtées à son frère Louis pour l'achat d'une rente. A la mort de Louis XIV, alors qu'il allait sur la soixantaine, craignait-il de manquer ?

La retraite

Avec la disparition d'un roi aussi mélomane s'évanouissait tout espoir de retourner jouer souvent à la Cour. De même, depuis 1713 au moins, Marais ne se rendait plus régulièrement à l'Opéra pour y diriger l'orchestre, privé ainsi d'un bon salaire. Bientôt, il décida de quitter la rive droite, où il avait habité pendant de nombreuses années, non loin du théâtre lyrique, rue Plâtrière, rue Quincampoix, rue du Jour et rue Bertin-Poirée. En 1718, il s'installa de l'autre côté de la Seine, rue de la Harpe, près de Saint-Séverin.

Désormais, il retrouva, semble-t-il, une plus grande aisance matérielle. Après la publication en 1717 de son quatrième livre de pièces de viole, ne recommence-t-il pas à acheter des rentes ? Comme il l'avait fait en 1690 pour Marie-Catherine, il en constitua, le 29 novembre 1718, pour ses deux autres filles, Marie-Anne et Marguerite-Pélagie. L'année suivante, après la reprise d'*Alcyone* à l'Académie royale de musique, il put acquérir, pour la somme importante de 32 000 livres qu'il versa aussitôt, une maison sise à Paris au cimetière Saint-Jean « ayant une sortie rue des Mauvais-Garçons ». Lors du contrat de vente, il s'engageait à entretenir le bail passé avec un marchand de vin, Pierre Beau, qu'il devait en 1722 conserver comme locataire, moyennant 1 200 livres et un « demi-muid de vin » par an. En 1725, ce commerçant étant décédé, il fut remplacé par

Dominique Sergent qui exerçait la même profession et accepta de semblables conditions financières.

Pendant cette période favorable, une fille de Marais, Marguerite-Pélagie, se maria avec un député de la ville de Lille au conseil de commerce, Roger Van Hove. Ce Flamand fit stipuler dans le contrat signé le 9 avril 1722 qu'il renonçait « expressément à la coutume de Paris » et qu'il n'y aurait par conséquent « aucune communauté de biens » avec sa conjointe. Est-ce la raison pour laquelle Marguerite-Pélagie fut privée de dot ? Elle reçut néanmoins de son futur époux un douaire conséquent de 4 000 livres.

D'après Titon du Tillet, Van Hove était un « ami » de Bernier. Plus tard, en 1733, le compositeur léguera à Marguerite-Pélagie, sa filleule, les planches de cuivre ou d'étain sur lesquelles il avait fait graver ses cantates, avec « un coffret couvert de tapisserie de point d'Hongrie » et « un coffre garni de petites bandes de fer ». Un dernier objet et non des moindres lui était également destiné : le clavecin du maître. La viole qu'il possédait ne devait toutefois par revenir à la famille Marais, Bernier préférant la laisser à « Monsieur Forcray le père ».

A la fin de sa vie, Marais retourna dans un quartier qui devait évoquer en lui bien des souvenirs. « Trois ou quatre ans avant sa mort, il s'étoit retiré dans une maison rue de l'Oursine, faubourg Saint-Marceau, où il cultivoit les plantes et les fleurs de son jardin », écrit en effet Titon du Tillet.

L'artère existe toujours, sous le nom de rue Broca et l'on y rencontre encore quelques vieux immeubles. La rue de l'Oursine reliait le centre de Paris à ce qui n'était alors qu'un faubourg. Marais habitait au voisinage de l'église Saint-Hippolyte, sa paroisse, dont une petite voie perpétue encore le souvenir. Il se trouvait ainsi proche de la Bièvre et de la manufacture des Gobelins qu'avait achetée Colbert à ses propriétaires en 1666. Certes, les ouvriers de cet établissement étaient actifs, mais ils avaient aussi la jouissance de jardinets particuliers qu'il pouvaient cultiver à leur guise. Grâce à eux, le quartier était verdoyant et agréable, au point que certains grands personnages commençaient à y faire construire des pavillons champêtres.

En 1725, selon un inventaire dressé le 2 octobre, au cours duquel il donne son avis pour l'expertise de partitions, Marais quitte la rue de la Harpe, pour venir couler en ces lieux des jours paisibles. Sa demeure est vaste. On y accède en traversant un jardin bordé de caisses de lauriers roses. Au rez-de-chaussée, un salon accueille le visiteur; chaises et fauteuils en confessionnaux, bureau, table de marbre sur son pied de bois doré, hautes glaces : l'ensemble est d'une certaine recherche et prend un air de majesté quand on découvre, pendu aux murs tapissés de calemandre rayée, un grand portrait de Louis XIV, entouré de douze autres plus petits, représentant les membres de la famille royale. La grande salle voisine est beaucoup plus simple; ses meubles et tentures ont déjà fait un long usage. Tout près, la cuisine, où brillent des ustensiles de cuivre rouge et de la vaisselle d'étain, s'ouvre sur le jardin et son petit lavoir. L'escalier mène au premier étage qui comporte six chambres. Celle des maîtres de maison, au-dessus du salon, a bon air : murs tendus de tapisserie de verdure auvergne, grand lit « à bas piliers de noyer à dossier chantourné, impériale à la duchesse et tour de serge verte bordé et chamarré de rubans de soie blanche ». On remarque un joli « cabinet d'écaille à plusieurs tiroirs et petit guichet fermant à clef » ainsi qu'une armoire de noyer qui contient la bibliothèque musicale de Marin Marais. Les autres chambres ont un mobilier plus sommaire, mais leurs nombreuses « couchettes » témoignent qu'à l'occasion on est prêt à accueillir une grande famille. Parmi elles, la pièce « où couchait le sieur Marais l'aîné », c'est-à-dire Vincent.

Dans cet intérieur, Marais et sa femme mènent une vie aisée mais simple. Aucun signe de richesse particulier. Peu de bibelots; peu de bijoux; en revanche l'argenterie est très importante et comprend des pièces de valeur. La garde-robe des maîtres de céans est de bonne qualité, mais discrète. Pour notre musicien, des vêtements de drap canelle. Seuls un « habit de serge de soie, une épée à poignée d'argent avec un ceinturon de maroquin, une montre à double boîte avec sa chaîne, évoquent des soirées plus mondaines. Les robes de madame Marais mettent une note plus vive, mais sobre : jupons de ratine violette, de satin feuille morte doublé de bleu et, pour les jours élégants, robe de damas à fleurs ou jupe écarlate bordée d'un galon d'or.

Marin Marais se plaît à cultiver son jardin, renouant ainsi avec les occupations de son ancêtre François, jadis laboureur en Normandie. Il accueille aussi enfants et amis. Mais l'art garde encore tous ses droits. Certes, il a cessé de composer, ayant signé en 1725 son dernier recueil, mais le gambiste est toujours au travail. Il n'est que de monter au second étage pour découvrir la grande pièce qui lui sert de salle de musique. On y voit « un pupitre à deux faces, garni de ses quatre bobèches de cuivre jaune » et surtout ses instruments : « une épinette sans pied » voisine avec « trois violes dont une anglaise, une autre de Barbet et une de Paris ». Ce sont de beaux modèles prisés ensemble 250 livres. Mais la précieuse compagne des concerts est gardée dans un petit cabinet attenant : c'est une « viole anglaise faite par Robert Grille en 1616, et estimée à 600 livres » !

On remarque aussi de nombreuses partitions posées çà et là : « 26 livres de recueils de musique composée tant par le défunt qu'autres auteurs, dont partie reliée, 34 livres qui sont pièces en trio pour les flûtes, violons et dessus de viole, composées par ledit défunt, le tout non relié, et 56 livres de musique ». Il faut y ajouter le contenu de la bibliothèque de sa chambre où l'on découvre, en recueils reliés ou brochés, les pièces de clavecin de François Couperin et d'Anglebert, des motets de Bernier, ses cantates, ainsi que celles de Clérambault; enfin cinq opéras de Lully.

Ici, Marais continue à faire résonner ses violes, découvrir quelque nouveau doigté, feuilleter ses partitions, et à rêver peut-être aux succès d'antan. Mais cet homme actif ne peut rester aussi solitaire. Il ne se lasse pas d'enseigner à un rythme plus raisonnable toutefois. « Il avait loué », dit Titon du Tillet, « une salle rue du Batoir, quartier Saint-André-des-Arcs, où il donnait, deux ou trois fois la semaine, des leçons aux personnes qui voulaient se perfectionner dans la viole ». La salle est en réalité un petit appartement situé dans une maison de l'actuelle rue Gît-le-Cœur. Pénétrons au premier étage dans la pièce qui sert à l'étude. Les murs y sont couverts de tapisseries et décorés par de grands portraits dont un de Lully et un de l'artiste au pastel. Une petite chambre, à côté, contient les instruments nécessaires; quatre basses de viole, dont une anglaise, prisées ensemble 600 livres. Quant à la cuisine où l'on prend parfois quelques repas (on y trouve nappes et serviettes), elle sert surtout de réserve à un premier lot d'œuvres de notre gambiste : ses cinq volumes de pièces et ses trios, en nombreux exemplaires. Le reste se trouve dans les deux caisses de bois de sapin au grenier. Il est plus encombrant car il contient les partitions de certains opéras. Le fond musical est très important si l'on en juge d'après sa valeur; il est en effet estimé à 4 291 livres.

La retraite de Marin Marais devait être de courte durée. Deux ans le séparent encore de sa disparition; ils lui apportent leur tribut de joies et de peines : satisfaction, fierté légitime, ce jour de septembre 1727 où sa petite-fille, Élisabeth, se marie avec Claude Chauvry, marchand établi rue Saint-Denis, en présence des nombreux amis et collègues que son père – Anne-Marc, le procureur –, dénombre dans la haute bourgeoisie de robe. Joie encore lorsque sa fille, Marie-Madeleine, épouse, le 9 mars 1728, un riche marchand de la rue Saint-Honoré, Pierre Viger. Mais tristesse, peut-être même amertume, lorsque sa fille aînée, Marie-Catherine, femme de Nicolas Bernier, s'éteint à Versailles, le 4 août 1727. Ce décès avait-il valeur d'avertissement ? On pourrait le croire, car un an après, presque jour pour jour, âgé de plus de soixante-douze ans, Marin Marais quittait cette terre. La mort dut le surprendre car, au mois de juillet, un acte nous le présente, réglant un dernier détail de sa succession, « en bonne santé de corps et aussi sain d'esprit, mémoire et entendement, [...] allant et venant par la ville pour vaquer à ses affaires ». Le 15 août, fête de l'Assomption, il n'était plus. Le lendemain, il était inhumé en l'église Saint-Hippolyte, « en présence de Vincent, Anne-Marc, Nicolas, Roland-Pierre et Jean-Louis Marais ses enfants ».

Le mois suivant, le *Mercure de France* lui rendait un dernier hommage :

« La mort nous a enlevé depuis peu un musicien très célèbre que tous les joueurs de viole regrettent infiniment. C'est monsieur Marets *(sic)*. Il avait porté cet instrument à un haut degré de perfection. Outre son mérite particulier pour la viole, il avait un grand talent pour la composition, ayant fait plusieurs opéras où, entre autres beaux morceaux de symphonie, la Tempête d'*Alcyone* est regardée comme une chose admirable. Il est mort dans un âge très avancé, laissant deux fils dignes héritiers de tous ses talents. »

En évoquant l'activité du compositeur, le rédacteur du *Mercure de France* savait-il qu'une partie de son œuvre n'avait pas été gravée et risquait d'être à jamais oubliée ? Il ne pouvait connaître l'existence d'un grand « coffre couvert de cuir noir fermant à clefs et à cadenas » où se trouvaient encore des manuscrits, des « projets de musique ». Quelque vingt ans plus tard, les héritiers ne l'avaient, semble-t-il, toujours pas ouvert. Que contenait-il ? Un *Te Deum*, des motets, des concerts de violon et de viole pour monsieur l'Électeur de Bavière ? Il est permis d'en rêver...

DEUXIÈME PARTIE

Les œuvres instrumentales

L'ŒUVRE DE MARIN MARAIS

DATES	BIOGRAPHIE	ŒUVRE INSTRUMENTALE	ŒUVRE VOCALE
v. 1675	Musicien de l'Académie royale de musique		
1679	« Joueur de viole de la Chambre du Roy »		
1686		Pièces à une et à deux violes (Premier livre)	*Idylle dramatique*
1689		Basses continues des pièces à une et à deux violes, avec une augmentation de plusieurs pièces particulières en partition à la fin desdites basses continues	
1692		Pièces en trio pour les flûtes, violons et dessus de viole avec basse continue	
1693			*Alcide*
1696			*Ariane et Bacchus*
1701		Pièces de viole (Deuxième livre)	Motets
1705	Chef d'orchestre à l'Académie royale		
1706			*Alcyone*
1709			*Sémélé*
1711		Pièces de viole (Troisième livre)	
1717		Pièces à une et à trois violes (Quatrième livre)	
1723		La Gamme et autres morceaux de symphonie pour le violon, la viole et le clavecin	
1725		Pièces de viole (Cinquième livre)	
1728	Mort		

Ce tableau appelle quelques remarques. Sept livres s'étagent sur une quarantaine d'années, de 1686 à 1725. L'auteur a trente ans à la publication du premier. Il est en pleine possession de sa technique et déjà connu, comme l'atteste le début de son « Avertissement ». Il en a soixante-neuf lorsque paraît le dernier, trois ans avant sa mort. Ils paraissent à un rythme assez régulier, tous les six ou huit ans environ. Ils jalonnent sa vie et encadrent ses opéras, à deux exceptions toutefois : le livre de 1689 n'est pas une nouveauté, mais un complément du précédent; il n'est d'ailleurs pas numéroté; et celui de 1723 contient des pièces variées.

Sur cet ensemble important, deux s'adressent à un petit groupe instrumental : les *Pièces en trio* de 1692 (en réalité pour quatuor puisqu'elles prévoient une partie de basse d'accompagnement), et, vingt ans plus tard, le recueil de 1723, dédié plus particulièrement au violon, mais avec une partie de viole importante, soutenue par le clavecin. Les cinq autres livres concernent la viole de gambe.

On prendra conscience de la fécondité du compositeur en constatant qu'au terme de ces publications, il aura écrit un total de cinq cent quatre-vingt-seize pièces, réunies en trente-neuf suites !... La richesse de ce catalogue appelle une étude détaillée. Cependant, il est nécessaire, auparavant, de répondre à certaines questions générales qui viennent tout naturellement à l'esprit. Un premier groupe concerne l'instrument, la viole. Quelles sont ses caractéristiques ? Peut-on la comparer à un instrument de notre époque ? Viole de gambe, basse de viole sont-ils termes équivalents ? Un second groupe se pose à propos de l'auteur. Quelle place Marin Marais occupe-t-il parmi ses contemporains ? A-t-il eu des devanciers ? Existe-t-il une école de viole française au XVIIe siècle ?

Nous nous devons de répondre à ces interrogations préalables. Essayons d'abord de clarifier nos connaissances sur l'instrument.

La viole de gambe

« La viole de gambe est l'ancêtre du violoncelle. » Que de fois n'entend-on cette phrase ? Que de fois ne la lit-on dans des ouvrages qui font autorité ? Certes, plusieurs éléments semblent la confirmer : la simple ressemblance visuelle d'abord ; puis l'emploi de la viole dans des concerts de « musique ancienne », où l'on essaie de restituer le répertoire des XVIIe et XVIIIe siècles avec le plus de fidélité possible.

Pourtant cette affirmation est erronée, et ce, pour deux raisons. La première tient à la facture même des instruments : viole et violoncelle présentent d'importantes différences de construction. La seconde vient de leur histoire : ils ont coexisté pendant près de trois cents ans, du XVIe au XVIIIe siècle. Il ne s'agit donc pas d'un ancêtre et d'un descendant.

Comparons une viole et un violoncelle présentés côte à côte. La viole jouée par un gentilhomme, dans une gravure de Bonnart *, a un corps dont le haut s'affine vers le manche. La partie médiane, courbe et étroite, est encadrée par des coins droits. La table est collée au ras des côtés de la caisse, les éclisses ; les deux orifices que l'on distingue à sa surface, les ouïes, dessinent deux C inversés.

Le violoncelle, tel que Pieter de Hooch * le représente dans un tableau de l'école hollandaise, possède

* Voir cahier d'illustrations hors-texte.

un corps à carrure large, épaulée, qui contraste avec celle de la viole, étroite et tombante. Ses coins sont relevés et pointus, ses ouïes, en forme d'F affrontés. La table dépasse légèrement les éclisses, formant un rebord en saillie.

Fines, peu tendues, les sept cordes de la viole – il n'y en eut d'abord que cinq, puis six – passent sur un chevalet dont la tête, peu courbée, met les cordes sur un plan très voisin. Puis elles surplombent une touche large, jalonnée par des frettes (des « touches », comme on disait alors). Ces dernières sont faites de cordes de boyau enroulées en anneaux, et délimitent les intervalles des demi-tons. A la partie supérieure se trouve le cheviller qui présente une décoration variée, personnalisée : tête de femme ici, d'animal ou encore motifs floraux ailleurs. Plus épaisses, plus tendues, les quatre cordes du violoncelle passent au-dessus d'un chevalet étroit, haut, à tête arrondie qui sépare nettement leurs plans, puis d'une touche sans frettes. Quant au cheviller, il est loin de présenter le même raffinement et se termine par une volute stéréotypée que nous connaissons bien. Il s'orne parfois, mais pas toujours, de motifs discrets, dessins gravés au poinçon sur les côtés, ou coquille à la partie postérieure.

Tels sont les éléments extérieurs, immédiatement perceptibles sur les deux peintures. Ce ne sont pas les plus importants. Ceux que nous allons détailler maintenant ont un effet beaucoup plus direct sur la sonorité réelle, mais ils ne peuvent se voir que sur les instruments eux-mêmes, ou dans l'atelier d'un luthier.

Le corps de la viole est fait d'une table de sapin peu voûtée. A l'arrière, le dos, de bois d'érable, est plat et présente, en général, à la partie supérieure, un pan coupé qui rejoint le bas du manche. La finesse du dos est confortée par deux ou trois larges barres transversales, parfois aussi des lanières de grosse toile, posées à l'intérieur; celle de la table, par une barre d'harmonie courte et étroite, collée à gauche, sous les cordes graves, et d'une âme mince, sous les aiguës. Les éclisses fermant la caisse sur les côtés sont hautes; celle-ci est donc large, profonde et légère. Les tables du violoncelle sont de même bois mais plus épaisses et bombées. Aucun barrage dans le dos que sa voussure rend résistant mais, devant, une barre d'harmonie, une âme plus épaisses. La caisse est moins profonde, mais plus résistante. Tout est fait pour donner à la viole finesse de sonorité et résonance, au violoncelle puissance et plénitude. Leurs timbres sont donc divers : grêle, légèrement nasal et rêveur pour la première; mâle, rond pour le second. Enfin les accords sont différents. A l'origine, la viole comptait cinq puis six cordes, accordées par quartes, avec une tierce intermédiaire. A la fin du XVIIe siècle, on lui en ajoute une septième en grave. Le violoncelle possède quatre cordes – il put en avoir cinq au début – accordées par quintes.

Tels sont les principes généraux de la construction des deux instruments. Ils n'excluent pas certaines variantes dans un temps où l'on ignorait les normes de construction. On pourra donc trouver des modèles hybrides : la viole aura par exemple des ouïes en F et non en C, le haut de sa caisse arrondi et non pas effilé, parfois même des tables nettement voûtées. L'aspect général, mais surtout le nombre de cordes et l'accord par quartes ou par quintes restent en définitive les éléments les plus déterminants.

Il reste à parler de l'archet. A cette époque et jusque vers le milieu du XVIIIe siècle, il est le même pour les deux instruments. Sa baguette, légèrement convexe, rappelle la forme de l'arc qui fut à son origine. Il se termine par une longue pointe, dite « en tête de brochet », et, à l'autre extrémité, sa large hausse ne connaît pas encore de bouton à vis pour tendre sa mèche. Ce modèle est diamétralement opposé à celui que nous connaissons actuellement, avec sa pointe petite et sa baguette cambrée de forme concave.

Il faut maintenant préciser le sens des deux termes utilisés tour à tour : violes de gambe, basses de violes. Aux XVIe et XVIIe siècles, le premier désigne une famille entière qui comporte plusieurs modèles de grandeurs croissantes, correspondant aux différentes tessitures. Ce sont, de l'aigu au grave, un dessus, une haute-contre, une taille, une quinte, une basse, une contrebasse. La basse de viole n'est donc qu'un membre parmi d'autres. Ce groupe voisine avec celui des violes de bras, ancêtres des violons actuels, qui possède des modèles identiques. Ils nous sont devenus familiers sous les noms de violon, alto, violoncelle. Notons toutefois que, s'il exista bien une contrebasse de viole de bras, elle était de proportions si importantes, si encombrantes, qu'on lui préféra son homologue de la famille des violes, plus aisée à jouer. Les contrebasses de nos orchestres actuels sont donc restées proches des contrebasses de viole et non de violon.

Les noms donnés à ces deux familles ne viennent pas du hasard, mais de leurs tenues respectives. Les gambes étaient serrées entre les jambes, les plus petites posées sur les genoux. Les violes de bras étaient appuyées contre l'épaule ou le haut de la poitrine, sauf les basses, dont les dimensions interdisaient pareille position.

Ces familles correspondent parfaitement à la musique polyphonique du XVIe siècle qu'elles interprètent en formation constituée, mais avec des emplois différents, en raison de leurs sonorités spécifiques. Les « bandes de violons » font merveille dans les réjouissances bruyantes, données souvent en plein air, telles que fêtes et bals champêtres, aristocratiques et plébéiens, ou encore processions religieuses et défilés militaires. Les textes musicaux qu'elles interprètent sont simples et privilégient le rythme. Au contraire, on faisait silence dans les salons pour écouter la douce sonorité des violes. De ce fait, leur répertoire gagnait en qualité, en raffinement. On les employait donc pour la musique savante.

Dans le courant du XVIIe siècle, cependant, la situation change profondément. C'est à cette période que la polyphonie s'efface devant la monodie, la multiplicité des partenaires devant le dialogue d'un dessus et d'une basse, entraînant la vogue de formes nouvelles : la cantate et la suite instrumentale. Ce dialogue se fait entre partenaires égaux, car le chant nécessite un soutien harmonique de qualité. La basse de viole se voit alors confier le soin de renforcer, seule, ou avec le clavecin, la ligne grave. D'où son importance, bientôt sa prééminence au sein de son groupe, ses progrès techniques, l'intérêt des auditeurs et interprètes à son endroit. Tour à tour accompagnatrice et soliste, elle devient vite l'indispensable actrice dans tous les concerts, le représentant le plus illustre de sa famille. La fin du XVIIe siècle consacre son apogée avec l'apparition de nombreux artistes de qualité. Parallèlement, un effet similaire se produit dans le groupe des violes de bras. Là, ce n'est pas la basse, mais le dessus – le violon – qui attire l'attention grâce aux Italiens. A dire vrai, ceux-ci n'ont jamais manifesté un grand intérêt pour les gambes. On connaît peu de grands violistes outremonts, hormis Alfonso Ferrabosco qui, né en Italie, s'établit à Londres en 1543 et y fonde la très brillante école de viole anglaise. Par contre, très tôt dans le XVIIe siècle, artistes et luthiers unissent leurs efforts pour transformer le dessus de viole de bras en un instrument sonore, aux multiples possibilités techniques exploitées par des interprètes de premier plan. Leurs noms ont traversé les siècles : de Vitali et Torelli à Corelli.

En France, le violon doit son essor à Lully. Celui-ci réussit non sans peine à rénover l'orchestre de l'Académie royale de musique, puis à constituer et perfectionner une phalange brillante, « les petits violons du Roi », qui vont servir de modèle à l'Europe entière. Pourtant, comme il est très jaloux de son autorité, de ses prérogatives, il n'accueille que les interprètes italiens qui voudront bien se soumettre à sa discipline, et rejette toute influence de son pays d'origine. Après sa mort, Paris va vivre avec plus de liberté et découvrir avec stupeur et ravissement ces virtuoses de premier ordre que sont les violonistes italiens. Au XVIIIe siècle, notre première association symphonique, le Concert spirituel, dès sa fondation en 1725, leur fait fête. A leur imitation se crée dans notre pays une brillante école française, celle d'Anet, Sénaillié, Leclair, Guillemain, Cassanéa de Mondonville.

Il faut insister un peu sur la création du Concert spirituel, importante à plus d'un titre. Elle constitue d'abord un fait de société. Pour la première fois, la musique de chambre échappe au monde clos des salons aristocratiques et princiers pour atteindre un public plus large, plus mêlé, dans la vaste salle des Suisses aux Tuileries. Elle implique aussi une modification de la psychologie esthétique. Jusqu'alors, la sensibilité s'exprimait avec beaucoup de pudeur, se voilant de tendresse, de réserve. Elle exige maintenant de se faire entendre librement, avec autorité, avec panache. Elle entraîne enfin un bouleversement dans les moyens d'expression en provoquant un choix parmi les instruments. Les violes aux résonances discrètes se trouvent désarmées devant l'intensité sonore du violon : la facture de leurs tables très fines et légères ne peut être renforcée pour produire plus de son, sans risquer de dénaturer leur timbre, voire de provoquer des cassures. Au contraire, les tables plus épaisses et voûtées du violoncelle peuvent être confortées par des barres plus longues, plus épaisses, collées « en forçage » pour accroître leur tension, donc leur volume sonore. Certes, la lutte est chaude (les choix esthétiques ne sont-ils pas toujours douloureux ?), mais la « *Querelle de la basse de viole contre les entreprises du violon et les prétentions du violoncelle* », pour reprendre le titre du pamphlet le plus célèbre du temps, celui d'Hubert Le Blanc, écrit en 1740, est une bataille perdue d'avance car elle va à contre-courant : le XVIIIe siècle, qui a su donner au classicisme son expression la plus brillante, la plus raffinée, porte aussi en gestation la Révolution et le romantisme. Quand le violoncelle, à la fin de cette période, aura acquis ses derniers perfectionnements de facture, trouvé des interprètes capables de développer ses possiblités techniques, de rejoindre le haut niveau de leurs confrères les violonistes, la viole de gambe disparaîtra avec l'Ancien Régime dont elle était l'incarnation...

Les prédécesseurs de Marin Marais

Après avoir approfondi nos connaissances sur la basse de viole, il convient de situer Marin Marais en son temps. Une œuvre aussi importante, aussi élaborée, ne surgit pas de génération spontanée. Elle est nécessairement préparée par des précurseurs. Les connaît-on ? Sont-ils nombreux ? Il existe en effet une véritable école de violistes français qui fleurit dès le début du XVIIe siècle. On connaît mal certains de ses membres, car peu de textes littéraires et musicaux subsistent à leur propos. Mais, en réunissant les témoignages contemporains, les rares manuscrits qui nous sont parvenus, on peut arriver à s'en faire une idée. Approximative au début, elle va se précisant au cours du siècle et permet même de dégager certains caractères généraux et de dresser le tableau chronologique de la page suivante.

L'ÉCOLE DE VIOLE ANGLAISE DES XVIe et XVIIe SIÈCLES

C'est en Grande-Bretagne que les premiers violistes français sont allés puiser les principes de leur art. On le sait déjà, Alfonso Ferrabosco s'expatria dans le courant du XVIe siècle pour venir, à l'invitation du roi Henri VIII, s'installer à Londres en 1543, y faire carrière et y donner naissance à un fils, Alfonso II, violiste

L'ÉCOLE DE VIOLE FRANÇAISE

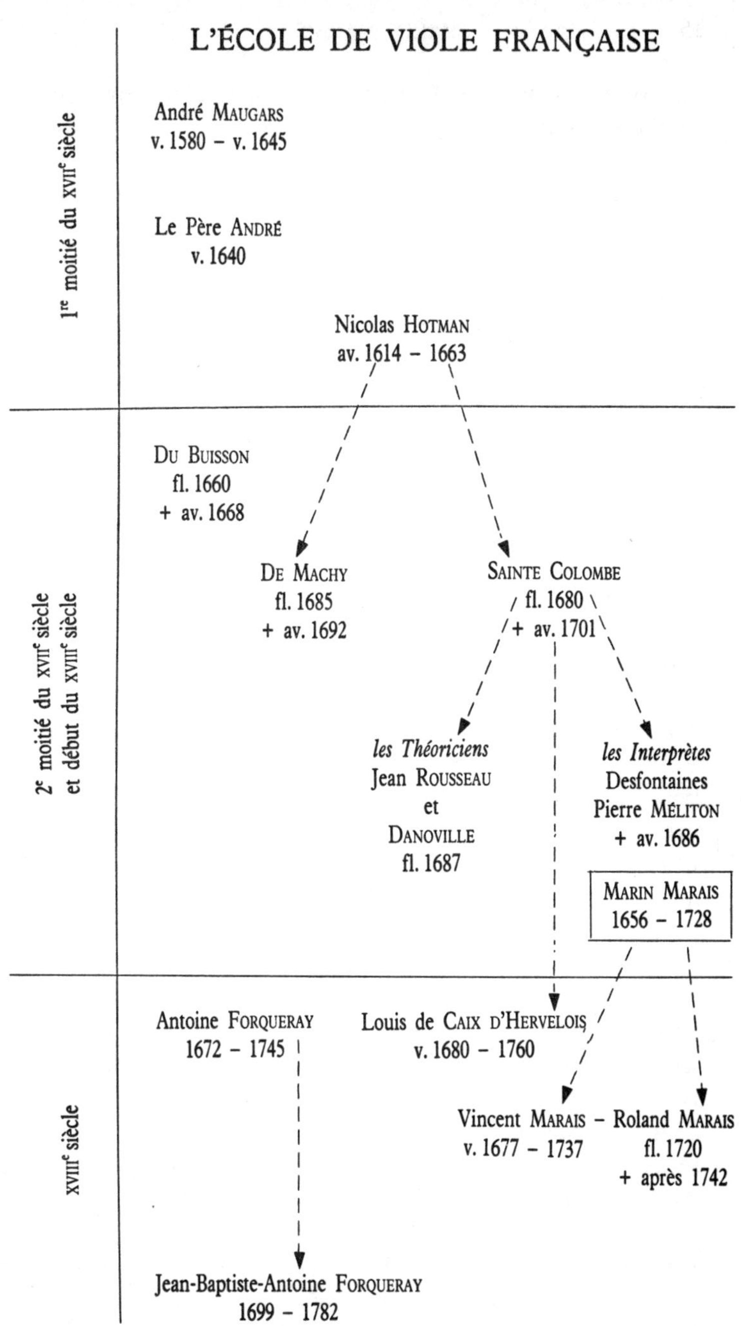

Fl : *floruit* ; date d'activité attestée.

comme son père. Les Ferrabosco ne sont d'ailleurs pas les premiers Italiens à s'établir près de ce roi mélomane et compositeur, puisque son « Audit office » révèle, en 1540, qu'« Alberto da Venetia, Vincenzo da Venetia, Alessandro Ambroso Romano da Milano et Joan da Cremona furent engagés comme joueurs de viole pour le plaisir du Roi ».

La reine Elizabeth Ire, qui accède au trône en 1558, poursuit, elle aussi, une intense politique de développement culturel. A son initiative, à celle de ses successeurs, ce pays va connaître pendant un siècle et demi environ – jusqu'au début du XVIIIe siècle – un âge d'or musical qui n'a d'égal que son âge d'or littéraire. C'est la période où fleurissent les ensembles vocaux et instrumentaux, celle où les luthistes s'initient à la viole, ce qu'ils font sans difficulté car le manche des deux instruments est identique (seule la main droite passe du « pincé » à l'archet); celle enfin où fleurissent les « *consorts of viols* » qui comprennent de deux à six représentants de cette famille. Ils sont stimulés par la présence de luthiers remarquables – Henry Jaye et la dynastie des Lewis entre autres – et de compositeurs de classe : Orlando Gibbons, William Byrd ou Thomas Morlay, champion de la technique ultramontaine, auteur de la musique de scène de deux pièces de Shakespeare : *La nuit des rois* et *Comme il vous plaira.*

Dans le domaine de la viole, Ferrabosco apporte la grande tradition du madrigal italien et la brillante virtuosité de son pays. Il fait école. Aucun document ne précise le nom de ses élèves, mais l'Angleterre connaît une telle éclosion de gambistes dans la deuxième moitié du XVIe siècle et au début du XVIIe que, de toute évidence, il devait s'en trouver parmi des personnalités comme Tobias Robinson, Tobias Hume (plus connu sous le nom de « Captain Hume » en raison de ses fonctions militaires »), William Brade, John Cooper (qui, pour d'évidentes raisons publicitaires, modifia son nom en Coperario après avoir fait un voyage en Italie), ou John Jenkins.

Les textes pour viole sont encore bien peu nombreux; ces interprètes sont donc amenés à composer eux-mêmes. Sous leur plume et leurs doigts fleurissent partitions et méthodes :

1603 : *The Schoole of Musicke : The Perfect Method of True Fingering The Lute, Pandora, Orpharion and Viol da Gamba* de Tobias Robinson;

1607 : *Captain Humes Poeticall Musicke principally made for two Bass-Viols*;

1609 : quatre livres de pièces de viole à cinq et six parties de William Brade, qui contiennent de nombreux airs populaires anglais, suivis, en 1614, 1617 et 1621 de recueils au titre allemand, car il s'est établi à Hambourg : *Newe aufserlesene Paduanen, Galliarden, Canzonen, Allmand und Coranten, (...) auffallen Musicalischen Instrumenten und insonderheit, auff Violen.*

Dans la seconde moitié du XVIIe siècle, leur succèdent les œuvres pour ensemble de violes de Christopher Simpson, mais surtout deux de ses traités qui firent tout de suite autorité et s'adressent à la viole soliste : 1659 : *The Division Violist*, réédité de nombreuses fois jusqu'en 1730; et 1660 : *A brief Introduction to the Skill of Music*, en deux volumes, dont le second concerne l'art de jouer de la viole, et, pour la première fois en Angleterre, le dessus de violon.

En raison de leurs voyages répétés sur le continent, l'existence de ces gambistes y était bien connue. On savait dans toute l'Europe qu'il fallait franchir la Manche pour acquérir les bons principes du jeu de la viole. C'est pourquoi le Français André Maugars décida, un jour de l'année 1620, d'aller s'installer à Londres pour quelque temps. Il devait y rester quatre ans en tant que membre de la musique du roi Jacques Ier.

LES VIOLISTES FRANÇAIS

La première génération : André Maugars, le Père André, Nicolas Hotman

On aurait peu d'informations sur André Maugars, s'il n'avait eu le bon esprit de publier quelques textes, précédés de dédicaces plus loquaces sur leur auteur, et s'il n'avait été cité plusieurs fois dans les *Historiettes pour servir à l'histoire du XVIIe siècle* de Tallemant des Réaux. Pour critiques, voire partiales, que soient ces dernières, elles rapportent certains témoignages pris sur le vif, donc irremplaçables.

Quand naquit André Maugars ? Vers 1580. Où ? On ne sait, car nos premiers renseignements concernent son voyage en Angleterre, aux alentours de ses quarante ans. Qui rencontra-t-il à Londres ? Certainement les grands virtuoses qui y brillent alors, comme le Capitaine Hume, mais surtout John Coperario qui est son contemporain à peu près exact (1575-1626). Ce dernier est le maître des enfants de Jacques Ier, et compte aussi parmi ses élèves le jeune Prince de Galles, le futur Charles Ier, violiste amateur distingué.

Cependant André Maugars n'est pas qu'un musicien professionnel, même s'il en a le talent. Il s'intéresse également à la vie intellectuelle de la Grande-Bretagne et, lorsqu'il rentre à Paris quatre ans plus tard, il publie en 1624 la traduction du traité de Francis Bacon : *Les Progrez et avancements aux sciences divines et humaines.* Il le dédie à Henri Loménie de Brienne qui est conseiller du roi. Le voici désormais connu des milieux gouvernementaux et engagé, peu après, par Richelieu comme « secrétaire-interprète de la langue anglaise ». Sans doute dut-il à ses talents linguistiques et musicaux d'accompagner la princesse Henriette-Marie, sœur de Louis XIII, lorsqu'elle se rendit à Londres, en 1625, pour épouser le roi Charles Ier d'Angleterre. Il effectue encore pour le ministre une mission en Espagne, est nommé prieur de Saint-Pierre-Eynac en 1630 et, quatre ans après, publie une nouvelle traduction de Francis Bacon : *Considérations politiques pour entreprendre la guerre contre l'Espagne*, dédiée cette fois-ci directement au Cardinal.

Ces activités littéraires et administratives ne l'empêchent point de continuer à travailler sa viole, de se produire en haut lieu, et d'avoir conscience de sa valeur. Tallemant des Réaux raconte sur lui l'anecdote suivante :

> Un jour, Monsieur le Cardinal lui ayant ordonné de jouer avec les voix en un lieu où était le roi, le roi envoya dire que la viole emportait les voix [jouait plus fort que les voix].
> – Maugré bien de l'ignorant! dit Maugars; je ne jouerai jamais devant lui. De Nièvre (un courtisan de l'assistance) qui le sut en fit bien rire le Roi [Louis XIII]. Le Cardinal n'en rit et n'y prit nullement plaisir.

Son « maître de chambre », l'abbé de Beaumont, qui avait peu de sympathie pour l'artiste, exploita l'incident et « s'en prévalut pour le faire chasser ». Richelieu l'envoya en Italie, ce qui était une demi-disgrâce, et lui dit en le payant : « Dites de moi tout ce que vous voudrez, je ne m'en soucie point; mais si vous parlez du roi, je vous ferai mourir sous le cotret » [sous les coups de bâton]. Maugars fit contre mauvaise fortune bon cœur, ne cacha pas qu'il devait ce congédiement aux « calomnies élevées contre sa franchise », et qualifia spirituellement son voyage forcé de « fugue discordante »!

Voilà notre artiste outre-monts, avec sa viole. Il en profite : il voyage, prend contact avec les musiciens italiens (les meilleurs d'Europe à l'époque) écoute les œuvres nouvelles et se produit lui-même en public. Tout cela est si passionnant, si enrichissant pour lui, qu'il tient journal et résume ses conclusions, douze ou quinze mois après, dans une grande lettre datée du 1er octobre 1639 et envoyée de Rome à quelques amis. Ceux-ci la conservèrent. Elle fut même trouvée « si judicieuse et si véritable par les Amateurs de la bonne musique et par des personnes d'honneur qui ont cogneu l'Autheur à Rome, qu'ils l'ont jugée digne d'estre communiquée au public à son insceu ». Elle parut sans doute à la fin de 1639 ou au début de 1640, sous le titre *Response faite à un curieux sur le sentiment de la musique d'Italie.* Maugars s'y montre fort admiratif. Il apprécie le raffinement, mais aussi la liberté que prennent les compositeurs italiens vis-à-vis des règles. De ce fait, « leurs compositions ont beaucoup plus d'art, de science et de variété que les nôtres ». Il remarque l'abondance de leur production (tous les jours des œuvres nouvelles dans les églises), la puissance et la discipline des masses chorales; enfin il découvre les oratorios religieux avec récitatifs, qui fleurissent depuis 1600, date de la *Rappresentazione di Anima et di Corpo* d'Emilio de Cavalieri. Il constate la qualité des chanteurs, leur formation soignée, et il ajoute qu'ils sont « presque tous comédiens naturellement ».

Bien entendu, il est particulièrement attentif à la musique instrumentale. Elle tient une place fort importante. Ne dit-on pas là-bas « qu'un homme seul peut produire de plus belles inventions que quatre voix ensemble » ? Le luthiste qu'il fut admire les théorbes, employés pour jouer les parties chantantes, et les archiluths qui « touchent avec mille belles variétés [ornements et variations] et une vitesse de main incroyable ». Il s'intéresse aux claviers : à l'épinette, à l'orgue, employé surtout pour l'accompagnement. Mais il admire aussi « le grand Friscobaldi *[sic]* qui fit paroître mille sortes d'inventions sur son clavecin ». Et d'ajouter : « Il faut l'entendre à l'improviste faire des toccades pleine de recherches et d'inventions admirables! »

Il remarque également l'importance des violons dans le monde des « cordes ». A deux ou trois, ils exécutent « de très bonnes symphonies avec l'orgue ». Enfin il note avec satisfaction : « Quant à la viole, il n'y a personne maintenant en Italie qui y excelle ; et même elle est fort peu exercée dans Rome. » Et il constate : « Je n'en ai ouï aucun [gambiste] qui fût à comparer à Farabosso *[sic]* d'Angleterre. »

Il se produit dans la capitale italienne et y obtient des succès dont il donne les détails. Il joue d'abord à plusieurs reprises chez la célèbre cantatrice Leonora Baroni. Frappés de sa technique, les auditeurs veulent le pousser dans ses retranchements : « Pour m'éprouver davantage, ils obligèrent la Signora Leonora de garder ma viole et de me prier de revenir le lendemain, ce que je fis. »

Contraint de se produire sans avoir pu travailler son instrument, il exécute nombre de préludes et fantaisies qui lui amènent « l'estime des honnêtes gens curieux ». Mais il faut gagner à présent celle des « gens de métiers, un peu trop raffinés et par trop retenus à applaudir les étrangers ». Il s'explique : « On me donna avis qu'ils confessaient que je jouais fort bien seul, et qu'ils n'avaient jamais ouï toucher tant de parties sur la viole » (allusion à la technique de son jeu très riche en doubles cordes et accords) ; « mais qu'ils doutaient qu'étant français, je fusse capable de traiter et diversifier un sujet à l'improviste ». Il commente cependant avec fierté : « Vous savez Monsieur que c'est là où je ne réussis pas le moins ! »

C'est alors qu'a lieu à Saint-Louis-des-Français, devant vingt-trois cardinaux, un concert avec orgue où, à deux reprises au cours de la messe, après le *Kyrie eleison* et l'*Agnus Dei,* on lui porte à la tribune deux sujets de quinze à vingt notes qu'il doit traiter et orner à son gré. « Je diversifiais avec tant de notes, d'inventions de différents mouvements et de vitesse qu'ils en furent etonnez et vindrent aussitost pour me payer de compliments. » Et de conclure : « mais je me retirai en ma chambre pour me reposer. »

Dans cette Italie, à la fois si ouverte et si difficile, Maugars a donc réussi à s'imposer comme soliste et comme improvisateur. Au terme de ce récit, il se prend à réfléchir sur son art. Certes, il faut être maître de sa technique, mais savoir l'utiliser spontanément. Ses détracteurs ont eu raison de penser que les improvisations sont, pour le talent, l'épreuve de vérité par excellence.

La viole est de soi ingrate à cause du peu de cordes et de la difficulté qu'il y a de toucher des parties [difficulté du jeu polyphonique]; son propre talent est de s'égayer sur le sujet présenté et de produire de belles inventions et des diminutions agréables. Mais deux qualités essentielles et naturelles sont très nécessaires pour cet effet : avoir l'imaginative vive et forte et une vitesse de main pour exécuter promptement les pensées. C'est pourquoi les naturels froids et lents ne réussiront jamais bien.

Il conclut sur un panorama plus général de la musique de son temps, comparant les qualités complémentaires de chaque pays, et constate :

Les Anglais touchent la viole parfaitement. Je confesse que je leur ai quelque obligation et que je les ai imités dans leurs accords, mais non pas en d'autres choses. La naissance et la nourriture [éducation] française nous donnant cet avantage au-dessus de toutes les autres nations, qu'elles ne sauraient nous égaler dans les beaux mouvements, dans les agréables diminutions et particulièrement dans les chants naturels des courantes et des ballets.

Maugars ne semble pas avoir fait école. Tout au moins, on n'a pas gardé trace de disciples qu'il aurait formés, comme ce sera le cas plus tard pour Hotman ou Sainte Colombe. Cependant, il joue un rôle important dans la création de l'école française en tant que modèle.

Tout d'abord, il salue la qualité de ses collègues anglais. Il a tenu à aller se perfectionner à Londres et ne reniera jamais les bienfaits de son stage. Cependant, si les Anglais jouent donc pour les Français le rôle d'initiateurs, notre artiste domine si bien sa technique, il a une personnalité si forte, qu'il se sent apte à s'exprimer à sa manière et selon son inspiration. Certes, il privilégie toujours la polyphonie, à l'image des luthistes et organistes. Mais comme doubles cordes et accords sont bien plus difficiles à exécuter avec un archet, il fait faire d'incroyables progrès à la technique de son instrument.

En outre, il se lance dans l'improvisation. En ce domaine, il possède une maîtrise inégalée, ce qui explique sans doute qu'il n'ait jamais laissé aucune partition. Dans son *Harmonie universelle,* parue en 1635, Mersenne résume bien le jugement que portaient sur lui ses contemporains, lorsqu'il était à l'apogée de sa carrière : « Il exécute seul, et à la fois, deux ou trois parties sur la basse de viole, avec tant d'ornements et une prestesse de doigts dont il paraît si peu se préoccuper qu'on n'avait rien entendu de pareil auparavant par ceux qui jouaient de la viole, ou même d'un tout autre instrument. » Il laisse donc un modèle de virtuosité que ses successeurs auront à cœur d'imiter.

Si l'Angleterre tient une place importante au début de la vie de Maugars, l'Italie va faire sur lui une forte impression lorsqu'il aura atteint sa pleine maturité. A son époque, il est l'un des rares Français à avoir pris conscience de la qualité du climat musical qui règne de l'autre côté des Alpes; et cette découverte l'étonne fort.

Il constate d'abord l'absence des gambistes. L'intérêt que ses concerts suscitent, et qui est réel, s'adresse plus à sa virtuosité qu'à son instrument. Au nombre des solistes figurent, en dehors des chanteurs, des joueurs de luth et de théorbe, de clavecin et d'orgue. Les violonistes n'ont pas encore atteint ce stade; cependant, ils se produisent déjà avec succès en petites formations de musique de chambre.

Maugars enfin est frappé par la vivacité, l'éclat, la variété, la science de cette musique; par la qualité de ceux qui l'interprètent. Or ce contact est fondamental : on voit ici apparaître pour la première fois les éléments d'une querelle qui, cinquante ans plus tard, va secouer le monde musical du XVIIIe siècle. Les mérites différents de la musique française et de la musique italienne vont générer la lutte de leurs esthétiques et des instruments qui la défendent. Elle entraînera donc celle des gambes contre les violons et, à terme, sera fatale à la basse de viole. Emportés dans la tourmente, les belligérants, malheureusement, ne posséderont pas assez de sagesse pour suivre le conseil qu'il donnait à la fin de sa lettre : « En général, nous péchons dans le défaut et eux dans l'excès. Il me semble qu'il serait aisé à un bon esprit de faire des compositions qui eussent leurs belles variétés, sans avoir toutefois leurs extravagances ! »

A ces réflexions sur l'artiste s'en ajoutent d'autres sur l'homme. Maugars appartient à un milieu social aisé – il n'est pas le seul parmi nos gambistes – ce qui lui donne le sens de sa valeur, de sa dignité, le besoin de se faire respecter. Rien de plus révélateur à ce propos que l'anecdote suivante : se trouvant à Rome, à l'ambassade de France dirigée par le maréchal d'Estrée, il refusa de jouer à sa demande devant le harpiste italien renommé Horatio. « Cela fâcha le maréchal, et il lui allait faire donner des coups de bâton si Quillet ne lui eût représenté que le Cardinal ne trouverait peut-être pas trop bon qu'on traitât ainsi une personne qui avait été à lui. Le maréchal à cette remontrance devint aussi froid qu'un marbre. » Voilà qui en dit long sur la manière dont les grands seigneurs en usaient avec leurs musiciens-valets; mais cela explique aussi la liberté de l'artiste. Les violistes sont de conditions variées, parfois de milieux très humbles, mais ils appartiennent à la catégorie de la musique savante, tiennent à se faire respecter, luttent dans ce sens, sans y parvenir toujours. Refermons ce chapitre consacré à notre premier gambiste national et international sur cette définition en forme de boutade de Tallemant des Réaux qui résume bien sa personnalité dans le contexte de l'époque : « le joueur de viole le plus excellent mais le plus fou qui ait jamais été ».

Si Maugars est un modèle, il n'est pas seul. Deux autres noms restent célèbres dans cette période : un bénédictin, le Père André, et Nicolas Hotman.

Sur le premier nous ne savons presque rien, car son état monacal l'empêchait de se produire souvent en public. Il était pourtant si prisé de ses contemporains que, à la fin de ce siècle, Jean Rousseau peut encore écrire, dans un traité que nous analyserons plus loin : « Le souvenir des choses charmantes qu'il faisait sur la viole, le fait encore admirer aujourd'hui des plus illustres de notre temps qui l'ont entendu et qui avouent que, s'il avait été d'un état à faire profession de cet instrument, il auroit obscurci tous ceux de son temps. »

On est mieux informé sur Nicolas Hotman à propos duquel on a retrouvé des pièces d'archives. Il naît au début du XVIIe siècle, avant 1614. Une génération le sépare donc de Maugars. Originaire de Bruxelles (qui fait partie, à l'époque, des Flandres espagnoles), il semble avoir perdu son père en bas âge car il vient s'établir à Paris avec sa mère vers 1620; le 14 mai 1626, ils obtiennent tous deux leurs lettres de naturalité. Mais c'est à l'occasion de son mariage que nous allons pénétrer dans son intimité. Le 17 octobre 1639 en effet, Hotman, qui se définit alors comme « bourgeois de Paris » et demeure « en l'île Notre-Dame, paroisse Saint-Louis », épouse Anne Paris, fille de maître Pierre Paris, demeurant rue Bourgtibourg, paroisse Saint-Paul. Sa fortune semble assez mince alors, mais il va être intégré dans une famille de la bonne bourgeoisie. Pierre Paris est un ancien commis au greffe du Grand Conseil, un de ses beaux-fils est notaire. La famille, soudée comme un clan, vit dans deux maisons contiguës et fait habilement fructifier sa fortune grâce aux prêts et constitutions de rentes.

Nicolas Hotman semble avoir pris de bonnes leçons

à son contact, quand nous le retrouvons dix ans plus tard. Quelques héritages recueillis de ses beaux-parents lui ont apporté la richesse : il prête volontiers son argent et possède une maison rue des Arcis, ayant pour enseigne « A l'image de Nostre Dame », dont les locataires sont un maître tailleur, un parcheminier, « un greffier de l'Escritoire ». Bientôt il abandonne la rue du Bourgtibourg à sa belle-famille pour s'installer, entre 1649 et 1651, rue de la Verrerie, dans la paroisse Saint-Jean-en-Grève. Le cadre est confortable, luxueux même : des meubles de noyer, des tentures de tapisserie de Rouen se reflètent dans des miroirs de Venise à bordure d'ébène et de noyer; cependant que le coffre à bijoux de maroquin rouge et de nombreux tableaux indiquent le goût de ces grands bourgeois. Mais Hotman vit-il vraiment dans cet appartement? En 1657 en effet, on le trouve domicilié en l'hôtel de Guise où il résidera jusqu'à sa mort, six ans plus tard, en 1663. Sans doute appartient-il à la cour d'écrivains et d'artistes que Henri II de Lorraine, cinquième duc de Guise et petit-fils du Balafré, accueillait dans sa maison entourée d'immenses jardins. Il y logeait Pierre et Thomas Corneille, le jeune Quinault, Tristan l'Hermite, quelques musiciens, dont Hotman, sans doute; il tenait aussi un salon littéraire où se réunissaient certains intellectuels célèbres comme Donneau de Vizé, Boursault et l'abbé de Pure.

Notre héros a déjà une réputation solide. Dès 1636 Mersenne, dans son *Harmonie universelle,* l'a placé parmi les meilleurs joueurs de viole; et le maître de chapelle Gantz, dans son *Entretien des musiciens* paru en 1643, fait l'éloge « du Sieur Autheman qui est l'unique de Paris » pour la gambe. Douze ans plus tard, des postes officiels confirment cette renommée. En 1655 il est « dessus de viole et théorbiste » chez le duc d'Orléans avec 600 livres de gages annuels. Sa réputation s'étend hors de nos frontières, puisqu'il envoie quelques-unes de ses compositions à Constantin Huygens en 1659 qui les apprécie au premier abord, mais les critiquera par la suite. Enfin, consécration suprême, le 29 août 1661, il est nommé avec Sébastien Le Camus « ordinaire de la musique de la chambre » du jeune roi Louis XIV, « en remplacement du Sieur Louis Couperin, Sa Majesté les considérant tous deux comme « les plus habiles à toucher la viole et le théorbe qu'elle ayt encore entendus ».

Dès lors, il participera à toutes les grandes manifestations : la messe épiscopale donnée en 1661 pour le repos de l'âme de Monsieur, frère du roi, ou les fêtes de la semaine sainte, notamment le service des Ténèbres auquel le souverain assiste aux Feuillants en 1662. Entre les motets, il y exécute en soliste « des préludes si touchans/Qu'en matière de Symphonies/On voit peu de pareils génies », comme le dit Loret dans sa *Muze historique*, la célèbre gazette du temps. Il y jouera encore le 31 mars 1663, en compagnie des grands interprètes de l'époque : La Barre à l'orgue, Lambert au théorbe, Lully au violon. La mort dut être soudaine car, quelques jours plus tard, il disparaissait. Le 14 avril, Loret lui consacrait ces quelques vers :

Hotman que depuis plusieurs lustres
On mettait au rang des Illustres
Et qui, sous le rond du soleil
N'avait d'égal ni de pareil
Pour bien jouer de la viole,
Est décédé sur ma parole;
Car j'apprends tout présentement
Qu'on le met dans le monument.
Grande perte pour l'Harmonie.
Et je crois que son beau génie
Qui plaisait à Sa Majesté
En sera longtemps regretté.

Il nous reste hélas bien peu de témoignages du compositeur. Quelques morceaux disséminés dans différentes bibliothèques, à Paris, à Besançon, à Oxford, tels une allemande, retranscrite parmi les *Pièces de luth et théorbe en tablature* d'un manuscrit allemand datant environ de 1690, ou même une *Suitte de Monsieur Otteman*, comprenant une allemande, une courante, une sarabande et une gigue. Elles voisinent avec un recueil d'*Airs à boire* à trois parties que Robert Ballard publie très vite après sa mort, en 1664. Force nous est donc de nous reporter aux jugements des contemporains exacts ou immédiatement postérieurs qui sont d'ailleurs fort nuancés. En 1635, donc de son vivant, Mersenne, dans son *Harmonie universelle*, le place d'abord avec Maugars au-dessus des autres interprètes de son temps. Tous deux « excellent par leurs traits d'archet incomparables de délicatesse et de suavité. Il n'y a rien dans l'harmonie qu'ils ne savent exprimer avec perfection, surtout lorsqu'une autre personne les accompagne sur le clavicorde ».

Mais chaque artiste sait aussi garder son originalité. Maugars est l'homme que n'effraie pas la complexité : celle du jeu polyphonique, celle de l'improvisation recherchée : « il avait tant de science et d'exécution que, sur un sujet de cinq ou six notes qu'on lui donnoit sur le champ, il le diversifioit en une infinité de manières différentes, jusqu'à épuiser tout ce que l'on pouvoit y faire, tant par accords que par diminutions », écrit Jean Rousseau, vingt-cinq ans après sa mort. Il souligne qu'Hotman est le premier violiste à s'affirmer comme auteur, « celuy qui a commencé en France à composer des pièces d'harmonie réglée sur la viole, à faire de beaux chants et à imiter la voix ».

Il effectue donc le passage de la polyphonie à la monodie de son temps, celui de la science à la simplicité. Il possède même déjà une certaine qualité d'expression : « On l'admirait souvent davantage dans l'exécution tendre d'une petite chansonnette que dans les pièces les plus savantes. » Enfin il reconnaît qu'il a fait œuvre de pédagogue et se trouve à l'origine de la dernière génération des violistes de notre pays, la plus nombreuse, la plus brillante, celle à laquelle appartient

Marin Marais entre autres, en formant directement leur maître à tous : monsieur de Sainte Colombe.

La seconde génération : Du Buisson, Sainte Colombe

Nés avant 1650, les hommes que nous allons rencontrer maintenant œuvrent entre 1660 et 1690. Ils appartiennent donc à la seconde moitié du XVIIe siècle. Fait étrange : on est beaucop moins informé sur cette deuxième génération. Malgré leur éloignement dans le temps, les premiers violistes, Maugars, Hotman, étaient familiers tant par les témoignages contemporains que par les documents d'archives. Au contraire, la vie de leurs successeurs reste encore actuellement nimbée de mystère, et les manuscrits qu'ils nous ont laissés en plus grand nombre ne font qu'attiser notre curiosité.

De Du Buisson, on ne connait ni le prénom, ni la date de naissance, qui doit se situer aux alentours de 1620, donc peu après Hotman. Mais sa longue existence se déroule pendant tout le XVIIe siècle, car il disparaît entre 1680 et 1688, à un âge avancé. On a peu d'échos sur son activité, si ce n'est ce commentaire du *Mercure galant* au mois de mars 1680. Il parle d'un concert de musique de chambre « fort extraordinaire et le premier qu'on eût jamais fait de cette sorte ; trois basses de violes le composaient : messieurs Du Buisson, Ronsin et Pierrot sont les auteurs d'une chose si singulière ». Le journal poursuit en faisant allusion à « l'approbation qu'ils ont reçue » et au « plaisir des connaisseurs qui les ont écoutés ».

Près d'un demi-siècle plus tard, Titon du Tillet, en 1732, décrit avec humour l'homme et le professeur : « C'était un fameux buveur qui donnait volontiers des leçons de musique et de table à messieurs les étrangers, et surtout aux Allemands qui venaient passer quelque temps à Paris. Il a composé un grand nombre d'airs bachiques des plus agréables ! »

De fait, ses *Livres d'airs sérieux et à boire* paraissent de 1686 à 1696. Les *Pièces pour viole* sont un peu antérieures. On en trouve quelques-unes, isolées, dans des recueils datant des années 1675. Mais le groupe le plus important pour notre propos est conservé à la Bibliothèque du Congrès de Washington et constitue un des plus anciens manuscrits français présentant un ensemble cohérent de morceaux pour viole de gambe soliste. Il est daté du Ier septembre 1666 et a peut-être été transcrit par un de ses disciples. On y trouve quatre suites de danses entières, en notation moderne et deux petites pièces en notation ancienne de tablature, utilisée par le luth. Il porte plusieurs indications précieuses de doigtés et coups d'archet. De style très contrapuntique, cette partition contient de nombreuses doubles cordes, et se rattache plus à la tradition qu'aux innovations de Hotman. Elle contient pourtant en germes certains éléments appelés à se développer plus tard tels que accords brisés, sauts de larges intervalles, cadences et ornements qui s'ajoutent à la ligne mélodique.

Mais la personnalité la plus importante, celle dont on parle avec révérence, est sans conteste ce sieur de Sainte Colombe qui forma de nombreux disciples – dont Marin Marais – et semble avoir exercé sur eux un rayonnement considérable. On en prend toute la mesure grâce à l'analyse de ses *Concerts à deux violes esgales*. L'œuvre est originale à bien des égards. Par sa découverte d'abord : cette partition fut longtemps cachée dans des collections privées, la dernière en date étant celle du célèbre pianiste Alfred Cortot ; après la mort de l'artiste, elle fut acquise par la Bibliothèque nationale et publiée seulement en 1973 par Paul Hooreman, accompagnée d'une étude substantielle.

Autre élément original : sa présentation. Il ne s'agit pas d'un manuscrit habituel, écrit de la main de l'auteur, mais d'un recueil d'œuvres recopiées par un ami ou un disciple. Rien de nous permet d'identifier ce dernier ; mais il a eu la bonne idée de placer en introduction une table alphabétique commentée qui laisse entrevoir la manière dont il a procédé et nous donne quelques lumières sur le cercle qui entourait le maître. En la parcourant, il s'avère qu'il a travaillé en l'absence de Sainte Colombe. Il semble peu probable que ce soit après sa mort, car il n'y a pas un mot de regret sur lui. Tout se passe comme s'il avait décidé, soit de sa propre initiative, soit à la demande ou avec l'agrément du gambiste, de mettre de l'ordre dans ses compositions. La démarche implique qu'il ait été investi de sa pleine confiance. Son âge, son évidente compétence justifient sans doute l'autorité avec laquelle il agit.

Il paraît s'être trouvé devant un amoncellement de textes, probablement déjà groupés sous la forme habituelle de la suite de danses, et présentés en *Concerts pour deux violes*. Il en a revu l'ordre interne pour lui donner plus de cohérence et les a réunis par tonalités : *ré, sol, do* majeurs et mineurs, comme le faisaient les luthistes. Enfin, il s'est amusé à les parer d'un titre. Comme il y en a soixante-sept, on conçoit que son imagination ait été mise à rude épreuve !

Quand il le pouvait, il s'est référé aux qualificatifs donnés par Sainte Colombe lui-même ; ainsi en est-il de *l'Aureille* (53ᵉ concert) : « le Sieur de Sainte Colombe a mis cette inscription parce qu'il se joue sans mesure et seulement d'oreille ! » ou encore *La Pierrotine* (15ᵉ) : « c'est le nom que monsieur de Sainte Colombe a donné à ce vaudeville alternatif d'un long travail et d'une grande exécution. » S'agirait-il d'une de ces chansons populaires qui servent de thèmes à variations, dédiée au gambiste Pierrot dont nous signalions l'existence ci-dessus aux côtés de Du Buisson ? La difficulté du texte pourrait confirmer cette hypothèse.

Malheureusement, le plus souvent, l'auteur ne donnait pas de titre. Qu'à cela ne tienne ! Notre copiste les invente. Les premiers sont psychologiques : *Le Badin* (5ᵉ), *Le réjouy* (39ᵉ), *Le Trembleur*, « le chant présente une personne qui tremble » (30ᵉ), *L'Emporté* « parce qu'il commence tout d'un coup en haut, qu'il est rempli de furie et qu'il va tout en haut du manche » (12ᵉ).

D'autres sont descriptifs : *Le Cor*, « parce que le chant imite le cor de chasse en plusieurs endroits » (45e), ou *Le Villageois*, « qui commence comme un chant de berger » (21e). D'autres encore qualifient le dialogue des deux partenaires comme *La Conférence*, « à raison de ce que l'une répond à l'autre » (8e), *L'Escoutant*, « parce que la seconde partie est longtemps en pause » (22e) et même *L'Infidelle*, « parce qu'il semble plein de reproche d'une partie à l'autre » (66e) !

Ce sont là titres pittoresques. Quand le chant a moins de caractère, notre transcripteur se réfère aux formes musicales : *Les Menuets*, « après une petite ouverture, il y a trois menuets » (57e), *Le Gigant*, « parce qu'il est tout en gigue » (31e); voire aux interprètes qui en ont donné une exécution remarquable : ce seront *La Vignon* (49e), *La Rougevile* (51e), *La Dubois* (42e), « parce que les demoiselles de ce nom les jouaient parfaitement ». Certains titres enfin évoquent discrètement les initiatives du copiste : *Le retrouvé*, « il était abandonné, je l'ay remis » (1er), *le Changé*, « Monsieur de Sainte Colombe le ruinait par des changements, je l'ai rétabli » (2e), *Le Rapporté*, « parce que je l'ai porté en partie de la tablature à pincer [voir p. 112] en musique » (48e).

Ces noms évoquent la présence, autour de Sainte Colombe, d'un cercle d'admirateurs et d'élèves, amateurs ou professionnels. Ils n'impliquent pas pour autant une inspiration particulière, puisqu'ils sont choisis *a posteriori*, mais reflètent une remarquable variété qui se manifeste en plusieurs autres domaines.

Variété dans le dialogue qui s'instaure entre les partenaires sur un pied d'égalité. Il n'y a pas un soliste et son accompagnateur. La seconde viole a, il est vrai, une partie moins brillante : à la tierce, à la sixte inférieures. Mais l'auteur lui donne aussi la parole et de nombreux passages la mettent en vedette. C'est même à elle qu'il confie souvent le soin d'orner les thèmes mélodiques.

Variété dans la forme ensuite. Les dimensions sont inégales : certains concerts sont très développés, d'autres étonnamment brefs. Le plan utilise les danses, matériau de base, en les présentant dans un ordre variable. On est encore loin de l'immuable succession allemande-courante-sarabande-menuet et gigue. Le choix est très riche : gavottes, bourrées, chaconnes, villageoise. A l'occasion, un même motif, ou un motif voisin emprunte, au sein d'un même concert, le rythme de danses différentes. C'est le cas du *Retour* (41ᵉ), dont le thème, très court, est noté successivement en gigue, en menuet, en courante, en « ballet tendre », et même en « pianelle », forme qui nous est inconnue. On le voit, ces danses sont déjà élaborées, stylisées; elles ont quitté le bal pour la salle de concert et la musique de chambre. Aussi adoptent-elles à l'occasion une note psychologique qui peut les emmener parfois loin de leur allure d'origine. Que dire de la Sarabande « en bourrasque » (20ᵉ et 18ᵉ) ou de cette gigue « lente » (56ᵉ) ? De toute évidence, l'expression prime le rythme.

D'autres pièces enfin échappent totalement au genre et viennent renforcer cette impression de diversité. Ce sont des préludes et interludes, des variations sur un thème, où Sainte Colombe peut montrer son art de compositeur. Il n'apparaît pas tant dans la ligne du chant, assez sobre, avec peu d'ornements – les interprètes en ajoutaient certainement dans le feu de l'exécution – ni dans l'harmonie qui n'est guère savante, et semble plus trouvée par la rencontre spontanée des archets que par la réflexion de la plume. En revanche, les transitions entres les danses et les récits dialogués, les conclusions, certains entrelacements de lignes contrapuntiques, témoignent d'une évidente recherche. Quant au *Tombeau Les Regrets* (44ᵉ) – hommage posthume à un parent, à un ami ? –, il relève déjà de la musique à programme. A l'intérieur de son mouvement unique, écrit dans une tessiture très grave, se succèdent un « Quarillon » – quatre notes descendantes reprises en canon –, « L'Apel *[sic]* de Charon », le funèbre passeur, « les Pleurs », dont le thème forme aux deux violes des intervalles et accords diminués; le tout s'achève par « la Joye des Élizée » et « les Élizés », dont le rythme pointé libère interprètes et public d'une pesante tristesse.

Cependant l'originalité majeure de ces textes réside dans les rythmes. Non pas ceux des danses, mais ceux des introductions et interludes. Là encore, il y a des précédents : rappelons les fameux *Préludes non mesurés* de Louis Couperin au clavecin qui paraissent peu auparavant. Mais ici, la chose se complique en raison de la présence des deux interprètes d'égale importance. On trouve de nombreux exemples de ces improvisations dans lesquelles les violes se répondent (2e), ou encore exécutent ensemble une longue cadence, chacune suivant son rythme propre (12e, 49e à la fin de la gigue, 51e : l'Ouverture). Il n'y a plus alors de barre de mesure dans le texte; les interprètes s'écoutent, se répondent, dialoguent en toute liberté.

Il reste un dernier point : la technique de ces pages. Écrites pour une viole à sept cordes, elles font un large usage du grave, sans négliger les aigus, et s'étendent sur quatre octaves; très difficiles en raison des doubles cordes, des accords, mais aussi de leurs traits rapides, elles nécessitent des interprètes d'une virtuosité confirmée. Pas de doigtés, quelques rares coups d'archet indiqués par des liaisons ou des lettres : *t* (tiré) et *p* (poussé). L'exécutant est donc livré à ses seules ressources. Cependant le pédagogue qu'est Sainte Colombe a pensé à ses élèves les moins avancés. Il n'est pas nécessaire de jouer le concert entier; ils pourront, s'ils le désirent, choisir certaines pièces plus faciles. De même, quelques danses existent dans une version simplifiée à leur intention. Elles circulaient de son temps en manuscrits que certaines collections privées conservent encore de nos jours.

Pour les gambistes, ces textes s'avèrent singulièrement attachants par leur difficulté même. Certes, ils exigent un gros effort de leur part, mais n'est-ce pas une joie profonde pour un interprète que de collaborer aussi intimement avec le compositeur ? Pour l'historien, ils présentent un intérêt peut-être plus grand encore : il y découvre, en germe, tous les caractères que Marin Marais saura si bien développer, mettre en valeur, et le mystère de leur création, toujours béant, ne peut que piquer sa curiosité !...

L'ŒUVRE DE CETTE ÉCOLE : FORME MUSICALE ET TECHNIQUE INSTRUMENTALE

Au terme de l'évocation de ces premiers gambistes, il faut maintenant dresser le bilan de leurs efforts, de leurs recherches, des résultats auxquels ils sont parvenus.

La première constatation est d'ordre musical. Leurs œuvres se coulent dans les formes habituelles de l'époque : les danses. On les présente d'abord par deux ; c'est la version la plus simple qui n'a pour lois que l'unité de la tonalité et le contraste des mouvements lent-vif. On les groupe ensuite de manière plus élaborée ; le principe à respecter devient alors la variété : celle des dimensions, courtes et longues ; de l'écriture, simple ou complexe ; des rythmes, binaires et ternaires ; du caractère, tendre ou gai. Cette succession, agréablement présentée selon ces principes, s'enrichit bientôt d'un prélude, pièce libre, purement instrumentale, où l'auteur montre son savoir-faire musical et technique. Elle constitue la suite de danses. Nous la trouvons chez Hotman et Du Buisson à l'état embryonnaire, chez Sainte Colombe à un stade plus avancé. Ici en effet, les danses ne suivent pas toujours la coupe habituelle des bals de société ; il s'y ajoute parfois des récitatifs, des cadences, et même des variations sur une basse obstinée. Grâce à son action s'effectue, pour les gambistes, le passage de la musique de danse à la musique de chambre; on ne se sert plus de la viole pour des occasions extérieures comme les bals; on l'écoute pour elle-même. On s'achemine vers la forme de la suite, sans que le terme soit encore prononcé.

La deuxième constatation concerne le jeu de l'instrument. Un fait important se produit à la fin de ce siècle : en l'espace de deux ans paraissent les trois premières méthodes françaises : les *Pièces de Viole en musique et en tablature* de De Machy (1685), le *Traité de la viole* de Jean Rousseau (1687) et, la même année, *L'art de toucher le dessus et la basse de viole*, de Danoville.

L'œuvre de Jean Rousseau est la plus détaillée, la plus explicite. La création presque simultanée de ces livres est symptomatique : un ouvrage pédagogique n'apparaît jamais qu'à un moment donné des recherches instrumentales, celui où la technique est suffisamment solide et approfondie. Elle cesse alors d'être transmise oralement, donc à une audience limitée, pour réclamer une divulgation plus large, par écrit. Certes, les modestes dimensions de ces minces recueils ont de quoi surprendre nos contemporains habitués aux volumineux traités spécialisés. Pourtant, si sommaires soient-ils, ils reflètent bien la situation de l'instrument au moment où Marin Marais commence sa carrière. Ils permettront par la suite de mesurer l'originalité de son œuvre.

Après avoir retracé l'histoire de l'instrument, ils définissent d'abord les différentes possibilités d'expression de la viole et tombent d'accord pour en compter quatre. Nous donnons ici la parole à Jean Rousseau qui s'exprime avec le plus de clarté.

Voici d'abord la mélodie :

Un jeu simple et qui demande par conséquent beaucoup de délicatesse et de tendresse; et c'est en ce jeu que l'on doit s'attacher plus particulièrement à imiter tout ce que la voix peut faire d'agréable et de charmant. Il est propre plus particulièrement pour le dessus de viole et aussi pour ceux qui, voulant jouer seuls de la basse de viole n'ont pas assez de voix pour s'accompagner, ni assez de dispositions pour jouer des pièces d'harmonie.

L'auteur insiste sur ce modèle qu'est le chant pour les gambistes :

Jamais homme n'en a approché de plus près que la viole qui ne diffère seulement de la voix humaine qu'en ce qu'elle n'articule pas les paroles.

Vient ensuite l'harmonie qui demande

une grande disposition et beaucoup d'exercice. [...] Pour composer des pièces d'harmonie, quatre choses sont nécessaires. Premièrement il faut savoir parfaitement la composition ; en second lieu, il faut posséder parfaitement le manche de la viole ; en troisième lieu, il faut connaître le caractère de l'instrument, et en quatrième et dernier lieu, il faut avoir du génie et du bon goût.

On peut aussi pratiquer l'accompagnement sous ses deux formes : on chantera, tout en exécutant à la viole les basses de soutien ; et Rousseau de commenter :

Ce jeu est fort agréable quand on sait bien conduire sa voix et toucher de la basse agréablement. Il faut avoir l'oreille bonne et savoir goûter les accords que font ou que doivent former la voix et la viole, afin de les frapper à propos ; car il n'y a rien de plus désagréable que d'entendre une voix et un instrument qui traînent l'un après l'autre, et qui ne frappent pas dans le même temps !

Mais la pratique la plus habituelle consiste à soutenir dans un concert les voix et instruments solistes. Ce rôle discret a plus d'exigences qu'il n'y paraît à première vue. Rousseau les détaille :

Il demande qu'on sache la musique à fond et que l'on possède le manche de la viole parfaitement dans les tons transposés aussi bien que dans les naturels ; car il ne s'agit pas ici de jouer des pièces étudiées, mais de jouer à l'ouverture du livre tout ce que l'on peut présenter, et de savoir transposer en toute occasion et sur toutes sortes de tons.

Ce jeu demande encore beaucoup d'esprit et d'application parce qu'il faut connaître sur-le-champ et distinguer les différents mouvements qu'il faut prendre et les passions qu'il faut exprimer. C'est ce qui s'appelle ordinairement entrer dans l'esprit de la pièce.

Il distingue avec beaucoup de finesse ce que c'est que suivre en gardant la mesure ou entrer dans un mouvement : il y a autant de différence entre ces deux accompagnateurs qu'entre « celui qui lit et celui qui déclame ». L'accompagnateur doit être discret, avoir un jeu très lié « comme un tuyau d'orgue, en poussant le son et en l'adoucissant suivant que les voix ou les instruments le demandent, particulièrement dans les pièces graves et tendres [...]. De même, il faut savoir suivre, lorsqu'on est obligé d'accompagner d'oreille, une voix qui ne sait pas chanter de mesure, ou encore répéter les mêmes ornements que le dessus a faits, en imitation ». Enfin, il faut savoir régler sa sonorité sur celle des autres parties, soutenir les récitatifs « et non pas les engloutir »; mais se faire entendre quand il faut car, « quand l'accompagnement est trop faible, le concert ne fait pas son effet ».

Reste une dernière possibilité : « le jeu que l'on appelle travailler un sujet ». Il s'agit de ces improvisations que, de nos jours, les organistes sont seuls à pratiquer dans le domaine de la musique classique, mais que les musiciens de jazz exécutent spontanément. Elles nécessitent des connaissances complètes : « savoir la composition, avoir un génie extraordinaire, une grande vivacité et une présence d'esprit; une grande exécution, et posséder le manche de la viole en perfection ». Et de commenter : « Il est très peu en usage à cause qu'il est très difficile et qu'il n'y a que des hommes rares qui le pratiquent comme ont fait monsieur Maugars et le Père André, et comme font encore à présent les maîtres extraordinaires. » Rousseau n'est pas plus explicite ici, mais, au début de sa méthode, il a nommé les grands violistes du temps : Hotman, Sainte

Colombe à qui il a dédié son traité, et Marin Marais, le plus brillant de ses disciples.

A plusieurs reprises, Rousseau a eu l'occasion d'insister sur les possibilités instrumentales, sur la nécessité d'acquérir une technique sans faille pour remplir ces différents rôles. Quels sont donc ses préceptes en ce domaine ?

Il commence par nous donner des informations d'actualité sur la facture de la basse de viole en cette fin de siècle. Les violes les plus courantes sont à six cordes, et, jusqu'à ces dernières années, les modèles les plus estimés venaient d'Angleterre. Mais il ajoute :

> Il faut avouer que les faiseurs d'instruments français ont donné la dernière perfection à la viole lorsqu'ils ont trouvé le secret de renverser un peu le manche en arrière et d'en diminuer l'épaisseur. Car par ce moyen, les maîtres qui jouent de cet instrument exécutent avec beaucoup plus de facilité, et il n'y a point de viole d'Angleterre où l'on ne soit obligé de faire mettre un manche à la française pour s'en servir commodément.

Voilà une précision intéressante que le pédagogue est seul à donner. Peut-être vient-elle d'un de ses amis, le luthier Michel Collichon chez qui il demeurait ? Mais les interprètes font aussi des essais pour perfectionner leurs gambes. Sainte Colombe est l'un des plus inventifs et Rousseau lui rend hommage :

> C'est à lui que nous sommes obligés de la septième corde qu'il a ajoutée à la viole, dont il a par ce moyen augmenté l'étendue d'une quarte [au grave]. C'est lui enfin qui a mis les cordes filées d'argent en usage en France [pour les trois cordes les plus basses], et qui travaille continuellement à rechercher tout ce qui est capable d'ajouter une plus grande perfection à cet instrument s'il est possible.

Sainte Colombe a donc essayé de développer l'étendue et la puissance de la viole dans le registre grave. Il n'a pas non plus négligé les aigus, car ses œuvres révèlent que, aux sept touches habituelles permettant de monter jusqu'à la quinte supérieure de la corde à vide, il devait adjoindre une huitième, peu courante encore de son temps. Elle indiquait l'octave supérieure et se trouvait, de ce fait, nettement séparée des autres.

Mais l'essentiel de toute méthode est l'enseignement pratique de la technique. Comment tient-on l'instrument ? Les explications suivantes sont illustrées à la lettre par la gravure de Bonnart déjà commentée :

> Il faut prendre un siège commode, qui ne soit ni trop haut, ni trop bas, [...] s'asseoir sur le bord afin que, le corps étant dans l'équilibre, on puisse jouer librement et d'une manière plus dégagée. Placer la viole entre les deux gras des jambes, un peu plus haut ou plus bas selon la taille des personnes, la hauteur du siège et la grandeur de l'instrument; puis il faut la tourner un peu en dedans, éloigner le manche de la tête, et l'avancer sur le devant. La pointe des pieds doit être tournée en dehors, particulièrement la pointe du pied gauche qui doit être tournée plus en dehors que celle du pied droit. Il faut que les deux pieds soient à plat, et jamais ne les coucher ni l'un ni l'autre sur le côté ni lever le talon.

Rousseau passe ensuite à la tenue de l'archet, « l'âme de la viole » :

> Il faut le prendre dans la main droite, en mettant le doigt du milieu sur le crin en dedans, le premier doigt couché soutenant le bois, et le pouce étant droit et appuyé dessus vis-à-vis le premier doigt, la main étant éloignée de la hausse environ de deux ou trois doigts.

Dans cette description, seul le majeur est passé entre la baguette et la mèche; en réalité, les gambistes pouvaient y ajouter l'annulaire, ce que fait le musicien de Bonnart. De même, la distance entre la hausse et la main varie selon le poids et la longueur de l'archet qui ne sont pas normalisés à cette époque. Le but à rejoindre est de le tenir le plus près possible de son centre de gravité, afin d'alléger le coup d'archet, et de cultiver la souplesse du poignet. Celui-ci se renverse doucement vers la gauche ou la droite, la paume suit le mouvement, s'ouvrant et se refermant tour à tour.

La meilleure place de la mèche sur les cordes se situe à trois ou quatre doigts environ du chevalet. Plus bas, « le son que l'on tire est désagréable »; plus haut, « on est toujours en danger de toucher plusieurs cordes ensemble » un péril difficile à éviter, en raison de la proximité des cordes. Voilà pourquoi il ne faut jamais « gourmander un instrument », c'est-à-dire forcer sa sonorité, mais adapter la prise de corde à son calibre : l'archet sera doux sur les cordes fines, ferme sur les plus épaisses.

Si ces points sont bien établis, la position de la main gauche, en revanche, fait encore l'objet de discussions assez vives entre les spécialistes. Traditionnellement, le pouce se place sous le manche, en face du premier doigt, à la manière des luthistes. C'est la tenue des violistes anglais, et, chez nous, de Du Buisson et De Machy. Elle implique un déplacement du bras vers le haut quand on doit écarter les doigts pour un grand intervalle; cela sous-entend deux positions différentes : l'une, coude au corps, l'autre, coude dégagé; il faudra passer de l'une à l'autre pendant l'exécution. Cependant Hotman, et surtout Sainte-Colombe, ont modifié ce principe, en plaçant le pouce face au second doigt, coude légèrement soulevé et poignet arrondi. La main s'ouvre plus largement et atteint des notes plus éloignées en évitant tout mouvement du bras. Tel est ce que l'on appelle à l'époque « le beau port de main de monsieur de Sainte Colombe », qui va être adopté par la suite car il facilite la vélocité. Un point relie pourtant ces deux écoles différentes : la nécessité de placer les doigts sur la corde un peu au-dessus des touches, et de les maintenir en place le plus longtemps possible. C'est ce que Rousseau appelle les « tenues de bienséance » et les « tenues d'harmonie ». Il explique :

Les tenues de bienséance consistent à ne lever jamais les doigts qui sont placés sans nécessité, et, lorsqu'on peut, les tenir occupés sans forcer la main; parce que la figure la plus agréable sur la viole est d'avoir les doigts occupés; et aussi parce que les doigts sont placés pour les notes suivantes.

Ce second motif est bien plus important que le premier car une telle position favorise la justesse. C'est donc une sécurité. Quant aux « tenues d'harmonie », elles consistent « à tenir les sons qui font harmonie contre une autre partie et qui causeraient des dissonances si on levait les doigts, outre que souvent les doigts sont portés sur les notes suivantes ». Ici c'est la résonance qui est en cause. Nous verrons un peu plus loin, dans l'analyse d'une œuvre de Marais, avec quelle fréquence celui-ci appliquera cette loi, et avec quelle efficacité!

Dernier point abordé : comment lit-on une partition ? Dans ce domaine, il existe encore deux habitudes : l'une ancienne, dite « en tablature », se réfère à la tradition des luthistes. La portée comporte six lignes, correspondant aux six cordes. Elle porte non pas des notes de musique, mais des chiffres indiquant la place des doigts sur les cordes. Elle se fonde donc essentiellement sur la pratique instrumentale. La seconde est la plus courante de nos jours. La portée a cinq lignes. Le texte est représenté en notes avec leur valeur; il peut alors être déchiffré non seulement par l'interprète auquel il est destiné, mais, plus généralement, par tout musicien désirant en prendre connaissance.

En cette fin de siècle, les violistes ont donc déjà tout un acquis derrière eux. Ayant mis au point une technique assez complète, découvert un cadre d'expression dans la suite de danses, ils se hissent maintenant au niveau du soliste, étape ultime et prestigieuse d'un développement instrumental. Cela ne va pas sans discussions. Deux partis s'affrontent : les conservateurs qui, tels De Machy, se réfèrent à la tradition polyphonique, à un modèle : le luth. Ils privilégient l'ensemble et, lorsqu'ils jouent en soliste, le style complexe du contrepoint et des accords. En face d'eux se trouvent les novateurs comme Sainte Colombe et Rousseau. Ils recherchent la mélodie discrètement accompagnée et, sans quitter le groupe de la musique de chambre, prennent conscience de l'originalité de la nature propre de la gambe, de son indépendance par rapport au luth ; une opinion que Rousseau formule avec véhémence : « Je soutiens que ce n'est pas aux maîtres à pinser *[sic]* à juger d'un instrument dont ils ne connoissent point le caractère, et que ce jugement appartient aux habiles maîtres de viole. »

La génération suivante, celle de Marin Marais, celle de Forqueray, va arbitrer ce débat, franchir ce cap difficile et donner à la viole son plein épanouissement.

Les œuvres pour viole de gambe de Marin Marais

LES SUITES POUR VIOLE DE GAMBE

Les trois premiers Livres

C'est à l'âge de trente ans, en 1686, que Marin Marais inaugure sa carrière de compositeur en écrivant un livre de *Pièces à une et deux violes* dédié à Lully qui a joué un rôle si important dans sa vie. L'ouvrage comprend soixante-douze pièces pour une viole, groupées en quatre suites, selon leurs tonalités, et dix-huit autres pour deux violes, présentées en deux suites. Ce terme n'est cependant jamais employé. Seule la rencontre d'un prélude signale que l'on passe de l'une à l'autre. La succession habituelle des danses : allemande-courante-sarabande et gigue est en général respectée, à ceci près que l'auteur nous donne plusieurs exemples de chaque forme avant d'en aborder une autre. Il suit en cela les habitudes du temps, offrant à dessein un choix de morceaux aux interprètes qui y puiseront selon le public, le moment et... leurs capacités techniques.

Pour l'auteur, cette publication répond à une nécessité. L'*Avertissement* révèle en effet qu'il a déjà communiqué en privé certaines de ces pièces, en les accommodant à la « portée » des exécutants, donc dans une version plus ou moins difficile. « Mais, ayant reconnu que cette diversité faisait un mauvais effet et qu'on ne les jouait pas telles que je les ai composées, je me suis enfin déterminé à les donner de la manière dont je les joue. »

Suivent alors les indications très précises du pédagogue. Sur le texte d'abord, avec les agréments notés et les signes qui les représentent. Mais aussi plus généralement sur le jeu de la viole. Il réclame en effet la souplesse de l'archet et le port de main arrondi à la manière de Sainte Colombe. En cette période où la querelle bat son plein à ce sujet, la position de notre gambiste est sans ambiguïté. Sans rigidité non plus, car il ajoute aussitôt : « Ceux néanmoins qui auront contracté une habitude contraire et qu'il leur serait difficile de réformer, ne doivent pas s'arrêter à cette nouvelle manière. » Au reste, ce domaine n'est pas le seul dans lequel il se montre compréhensif, puisqu'il présente à dessein des pièces d'un style traditionnel comme une *Pavane selon le goût des anciens compositeurs de luth*, et des niveaux de difficultés variés : « des chants simples [qui] sont du goût de bien des gens », d'autres avec plus d'accords pour soutenir les thèmes, « plusieurs enfin qui en sont tout remplis pour les personnes qui aiment l'harmonie, et qui sont plus avancées ».

Fait étrange pour l'époque, le texte ne comporte pas de basses continues. Celles-ci ne paraîtront que trois ans plus tard, en 1689. Dans la préface de ce second tome l'auteur s'excuse pour la longueur de la gravure, plaide pour le soin de ses chiffrages qui permet de « les jouer sur le clavecin ou sur le théorbe, ce qui fait très bien avec la viole ». Il annonce enfin qu'il a ajouté une dizaine de pièces nouvelles : une autre suite, un rondeau, une fantaisie et un thème avec ses vingt variations pour deux violes seules. « Toutes ont été composées pour satisfaire à la demande de quelques étrangers qui souhaitent beaucoup d'en voir de moi de cette manière. » Et il commente : « J'avoue qu'elles sont fort difficiles. Il n'est pourtant pas impossible de les exécuter [...] mais elles ont été faites exprès pour ceux qui auront une très grande habitude sur la viole. »

Dès la parution de ces deux recueils complémentaires, l'auteur s'affirme donc à la fois comme un compositeur fécond (ses livres fourmillent d'idées), comme un virtuose dont le prestige rayonne déjà hors de nos frontières, et enfin comme un pédagogue avisé.

Douze ans après cette première publication, en 1701, paraît un second Livre dédié à Son Altesse royale Monseigneur le Duc d'Orléans, avec, cette fois-ci, les basses chiffrées. Il est plus important que le premier : 142 pièces, réparties en 8 suites. Plus ouvert aussi, car il ne s'adresse pas qu'aux gambistes : « J'ai eu l'attention en composant [ces œuvres] de les rendre propres à être jouées sur toutes sortes d'instruments comme l'orgue, clavecin, théorbe, luth, violon, flûte allemande ; et j'ose me flatter d'avoir réussi en ayant fait l'épreuve sur ces deux derniers. »

L'ouvrage est pour viole soliste avec une partie intéressante de basses d'accompagnement, volontairement conçues comme « assez chantantes », et transposables, elles aussi, d'un instrument à l'autre. Suivent quelques indications sur leur réalisation, car elles pourront, à l'occasion, s'agrémenter de chants « les plus gracieux et les plus convenables qu'il se pourra ». Elles seront donc personnalisées par celui qui les exécutera. On note quelques innovations : certaines danses portent un second titre telles la gigue *La Favorite*, l'allemande *La Familière* ; d'autres morceaux échappent au moule chorégraphique : *La Bourrasque*, *Les Voix humaines*, un thème à variations : les *Couplets de Folies*, et deux *Tombeaux* (le titre parle de lui-même), en hommage à deux maîtres disparus : Lully et Sainte Colombe.

Dix ans plus tard, en 1711, suit un troisième Livre, dédié lui aussi aux mêmes instruments divers que ci-dessus, leur énumération comportant en plus le dessus de viole, la flûte à bec et la guitare. Sont ici réunies 134 pièces formant 9 suites. On remarque une nette progression des titres psychologiques : Allemande *La Gotique* [sic], Gigue *L'Inconstante*, gavotte *La Sincope*, et un *Menuet fantasque*. Il y a même un essai d'imitation d'autres partenaires musicaux, tels ces Menuets *La Guitarre* [sic] et *Le Cor de chasse*, une *Gavotte dans le goût du théorbe et que l'on peut pincer si l'on veut*, et même une *Trompette!*

Tradition et originalité

Espacés sur un période de vingt-cinq ans, ces trois livres présentent beaucoup de points communs; certains habituels à l'époque, d'autres plus originaux.

Au premier abord, du simple point de vue visuel, ils ne se distinguent guère de leurs contemporains : mêmes dimensions modestes des formats à l'italienne; même brièveté des pièces de coupe bipartite que l'on étoffe par des reprises; même schéma général d'une suite qui ne s'avoue pas encore, avec son enchaînement de danses précédées par un prélude; même destination « à toutes sortes d'instruments » : les compositeurs de ce temps sont modestes et cherchent à plaire au public le plus large. Enfin la forme pour une ou deux violes a déjà été employée par d'illustres prédécesseurs : Hotman, De Machy, Sainte Colombe. Les suites à deux violes se rapprochent plutôt du modèle donné par le maître de Marais. La seconde partie a souvent un rôle d'accompagnement, personnalisé par quelques mouvements mélodiques ou harmoniques. Mais de nombreux passages l'associent à la première gambe par le biais des imitations. Notre compositeur emploie deux procédés de complexité croissante : les mouvements parallèles, à la tierce ou à la sixte, et les canons à une ou à plusieurs mesures d'intervalle. Ailleurs, il recherche les jeux de contrastes : une partie a des accords, l'autre des broderies mélodiques. Enfin quelques « récits » donnent à chaque partenaire l'occasion de se mettre en valeur. *Les Voix humaines* en donnent un exemple très vivant. Tout ceci n'est pas nouveau, mais Marais se montre un disciple remarquablement doué car ces œuvres font preuve d'une incontestable maîtrise d'écriture.

Toutefois, avec leurs dix-huit pièces, ces suites ne constituent qu'une fort petite partie de ces recueils qui s'adressent en général à la viole soliste. Là encore, un contact superficiel pourrait laisser croire que l'auteur ne fait que suivre les modèles antérieurs. Or un examen attentif révèle l'originalité de l'œuvre. L'abondance des pièces, tout d'abord, révèle une imagination musicale intarissable; puis la recherche de formes peu communes fait de ces livres un catalogue très complet, très vivant, des danses de société; l'établissement du plan général de la suite progresse et s'affine d'une publication à l'autre; il marque l'affirmation du genre dans le répertoire de la viole. C'est l'époque où s'établit un ordre qui deviendra immuable : un prélude, suivi des danses les plus importantes, donc les plus développées : allemandes, courantes, sarabandes et gigues. D'autres viennent s'y ajouter, proches de leur origine populaire comme branles et bourrées, ou transformées par les bals de société comme gavottes et menuets. Certaines enfin sont plus développées : folies, chaconnes et passacailles obéissent aux lois des variations sur des basses obstinées. A l'époque, elles sont déjà exploitées par les compositeurs dans le domaine de la musique savante.

Restent enfin quelques pièces « charactérizées », qui n'ont pas de lien avec les rythmes des danses. Tels sont rondeaux, « bourrasques », fantaisies, « boutades », caprices ou « tombeaux », qui évoquent en partie nos élégies. Le compositeur peut se laisser aller à son inspiration en toute liberté : harmonies plus subtiles, plus recherchées, modulations rapides pour indiquer les sentiments qui se passent dans son âme; çà et là, un chromatisme discret souligne une inflexion particulièrement expressive.

A ce titre, les *Tombeaux* sont fort intéressants. On entend par ce terme une transcription instrumentale des anciennes complaintes et « déplorations » vocales du Moyen Age. Ils se développent vers le milieu du XVIIe siècle, d'abord sous les doigts des luthistes, tel celui de monsieur de Mézangeau, écrit par Ennemond Gaultier, dit Gaultier le Vieux, vers 1650; ils passent ensuite au clavecin avec Louis Couperin, à la guitare, avec Robert de Visée, enfin à la gambe avec Sainte Colombe.

A cette époque, la forme adoptée est celle d'une danse lente, souvent une allemande. Elle évolue ensuite vers le prélude ou la symphonie grave. L'écriture recourt à certains procédés caractéristiques : rythmes brisés par des notes pointées, par des soupirs et syncopes, additions d'ornements à la ligne mélodique, enfin harmonies dissonantes et douloureuses.

Au-delà de ces procédés, les meilleurs exemples du genre cherchent à évoquer le caractère du personnage à qui ils sont dédiés. Marin Marais a écrit quatre tombeaux, répartis dans différents livres. L'un est destiné à un collègue, monsieur de Méliton; il termine le premier livre. Mais le second en contient deux qu'il est intéressant de comparer car ils sont très différents, adressés à des hommes qui formèrent l'auteur et jouèrent un rôle important dans son évolution. Ce sont les *Tombeaux de Lully* et *de Sainte Colombe*. Le premier est bâti sur un thème descendant exposé à l'aigu et repris par deux fois à l'extrême grave. Avec ses réponses entre chant et basse, il constitue une sorte de fugue pour viole seule, sans équivalent dans le répertoire de la gambe. Faut-il voir dans cette prouesse l'hommage particulier de Marais à celui qui fut son maître en l'art d'écrire ? Peut-être ! Mais ses longues descentes chromatiques reflètent aussi le langage employé à l'opéra pour les grandes « plaintes ». Chez Lully l'exemple le plus célèbre est celle de *Psyché*. Chantait-elle à la mémoire de Marais lorsqu'il écrivit cette pièce ? Toujours est-il que sa ligne noble, un peu emphatique, sied bien au célèbre compositeur.

Le *Tombeau pour Monsieur de Sainte-Colombe* est plus simple; plus émouvant aussi. Pas de recherches contrapuntiques ici, mais des inflexions plaintives, une descente chromatique, effleurant au passage un accord de septième diminuée sur une longue pédale de tonique. La mélodie s'orne de coulés, de trilles, lorsqu'il faut souligner un mouvement expressif; elle effectue parfois d'étonnants retours sur les notes importantes.

Ailleurs, la mélodie entrecoupée de soupirs, de sanglots, les accords mineurs répétés de la fin lui donnent un caractère implacable.

La technique instrumentale

Il est enfin un domaine où Marais brille particulièrement : celui de la technique instrumentale. Sans innover, ces trois Livres ont le mérite de présenter une synthèse fort complète de tous les stades que l'interprète doit franchir, du débutant au soliste. Le travail est très détaillé. Les nombreux ornements expliqués dès l'Avertissement du premier Livre demandent une articulation rapide. Ainsi en est-il des « tremblements, cadences et pincés » (nos trilles et mordants), mais aussi des nombreuses petites gammes coulées unissant les notes principales des thèmes. Ces « agréments » propres à la musique française lui communiquent sa sensibilité originale. Comme le disait Rousseau dans son traité, « ils sont le sel mélodique qui assaisonne le chant et qui lui donne du goût sans lequel il serait fade et insipide. [...] Il n'en faut ni trop ni trop peu ; [...] plus, dans l'assaisonnement de certaines viandes, et moins, dans d'autres ».

En pédagogue avisé, Marais a pris soin d'aider à leur exécution en indiquant noms de cordes et doigtés ; un procédé qu'il est le premier à employer et que ses successeurs reprendront. La technique de main droite est tout aussi développée. On trouve bien déjà chez De Machy quelques liaisons au-dessus des gammes rapides, mais Marais va beaucoup plus loin : il varie ses phrasés, note et pratique tous les coups d'archet que la *Méthode* d'Étienne Loulié désigne, en 1701, sous les termes de « secs – nourris – soutenus – jetés – exprimés et enflés ». A ces derniers, indiqués par la lettre *e*, le compositeur attache une importance particulière qu'il nous explique : « Il faut exprimer ou enfler le coup d'archet en appuyant plus ou moins sur la corde selon que la pièce le demande, et cela quelquefois sur le commencement du temps ou sur la valeur du point comme la marque le désigne. De cette manière, on donne de l'âme aux pièces qui sans cela seraient trop uniformes. »

L'auteur emploie volontiers ce procédé sur la plus haute note de la phrase, sur la dernière partie d'une tenue, sur un temps faible, mais toujours dans un but expressif ; ici il soulignera la dissonance avec la basse, là un effet de soupir ; il fait merveille dans l'expression tour à tour plaintive ou dramatique des « Tombeaux ».

Cette alternance rapide de *piano* et *forte* sur une même note déconcerte nos musiciens habitués à chercher au contraire une progression sonore homogène et non une sorte de ballonnement. C'est là l'expression technique du goût « baroque » qui est à adapter, mais à respecter.

Un exemple musical va illustrer cet exposé un peu théorique. Les *Couplets de folies*, en trente-deux variations sur le célèbre thème de Corelli, résument tout ce qu'un virtuose distingué peut faire sur sa viole.

Les musiciens de notre temps connaissent *la Folia* sous l'aspect que lui a donné le violoniste italien, c'est-à-dire celui d'un morceau de bravoure, d'une performance destinée à mettre en valeur la technique. Or, à son origine, la Folie est une danse portugaise à trois temps; chantée, accompagnée par guitares et sonnailles, elle s'exécute dans un rythme si rapide que le danseur semble être devenu fou, d'où son nom. Très vite, elle se répand en Espagne, puis en Italie où un thème de ce type, différent de celui de Corelli, figure pour la première fois dans un manuscrit de 1613. Les instrumentistes ne tardent pas à s'en emparer et lui donnent la forme de variations sur une basse obstinée, ce qui l'apparente aux chaconnes et passacailles. Quant au thème utilisé par Corelli, le violoniste Michael Farinelli fut le premier à le répandre au cours des concerts qu'il donna à Lisbonne et à Paris en 1672, puis en Angleterre où il devait demeurer quatre ans, de 1675 à 1679. Ses variations furent si appréciées qu'on leur donna le surnom de « *Farinelli's ground* », et que Playford les inclut dans son recueil *The Division Violist*, en 1685.

Au passage de Farinelli à Paris, les compositeurs français se sont aussi emparés de ce thème. On le trouve chez Lully, dans un air de hautbois, chez Jacques Gallot au luth, Jean-Henry d'Anglebert au clavecin. Il figure officiellement à titre de danse dans le recueil que publie Feuillet en 1700. A la même date,

Corelli l'immortalise au violon où sa *Folia* forme une brillante conclusion au livre V de ses *Sonates.* C'est donc un thème qui court chez les compositeurs, mais aussi dans le grand public, puisque madame de Sévigné en parle dans une lettre datant de l'année 1689.

En écrivant ses *Couplets de folie*, Marais suit-il un modèle ? A-t-il eu connaissance de l'œuvre de Corelli ? Certes, il les publie un an plus tard, en 1701 ; mais le morceau a pu être composé antérieurement : ne s'excuse-t-il pas du retard de cette édition ? La comparaison des textes sera-t-elle plus éclairante ? Même tonalité de *ré* mineur ; même thème avec de légères variantes, sur lequel l'Italien compose vingt-six variations, le Français trente-deux, mais nous avons vu qu'il n'était jamais à court d'idées !... Leurs caractères alternent : mouvements vifs très affirmés, mouvements lents expressifs. Ces changements sont indiqués chez Corelli, et sous-entendus chez Marais par l'analyse de l'extrait. L'exposé du thème est très voisin sans être identique : linéaire au violon, il s'orne d'accords à la viole. Simple chez Marais, l'harmonie devient plus subtile chez Corelli.

Le gambiste ne change pas de tonalité : elle est flatteuse pour son instrument car elle permet d'utiliser toute son étendue, – soit trois octaves et demi –, et le plus grand nombre de cordes à vide. Si le violon a plus de son, de par sa facture, la viole aura ici le maximum de vibrations, donc de résonance. C'est sans doute dans ce but que le compositeur étoffe le thème avec des accords qui ne figurent pas chez Corelli. Ils sont aisés dans cette tonalité, à la gambe, et assurent une continuité harmonique et mélodique que le violon obtient par l'enchaînement caractéristique de ses longs coups d'archet.

Dès que l'on aborde les variations, les versions divergent. Marais n'en aurait-il pas changé l'ordre pour éviter les ressemblances trop flagrantes ? Effectivement, il faut feuilleter les deux partitions pour découvrir, non pas des citations textuelles, mais des idées voisines : mouvements continus de croches, de doubles croches.

La comparaison entre les deux versions est intéressante car celles-ci tiennent compte des possibilités inhérentes à chaque partenaire. Voici par exemple comment sont traités des groupes ternaires. Les mesures sont différentes, mais le rythme balancé identique. Puis les textes se modifient, au même endroit, pour donner lieu à des passages entre cordes voisines traités différemment, selon l'accord de chaque instrument :

Les batteries de doubles croches sont une formule très pratiquée au violon, peu fréquente à la viole. Brillantes chez Corelli, avec une note supérieure en pédale, elles sont plus simples chez Marais.

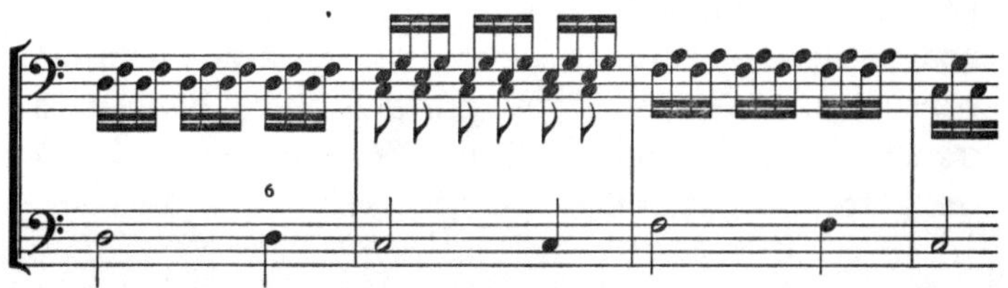

A côté de ces similitudes évidentes, il en existe d'autres, plus cachées. Dans cet extrait, la version italienne porte des soupirs sur les premiers temps de chaque mesure. La version française reproduit, à la même place, la note grave de la basse continue : à ceci près, la courbe mélodique est très proche :

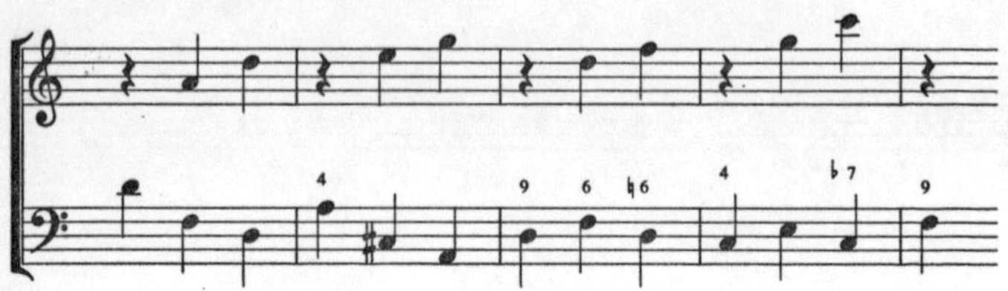

En définitive, on ne peut surprendre Marais en flagrant délit de plagiat. L'imitation de son modèle, qui semble réelle, est bien plus fine, bien plus subtile ; mais on peut en démonter le mécanisme.

Il prend certains modèles ; grâce à quelques légères modifications des courbes mélodiques, les doigts des violistes se placeront aisément sur la touche. Il utilise à fond les fameuses « tenues de bienséance » de Rousseau qui favorisent justesse et vélocité. Une glissade, un saut de cordes sont-ils périlleux ? Il les dissimulera par l'extension d'un doigt, l'emploi d'une corde à vide, un changement de l'archet. Le tout est fait avec l'habileté consommée du musicien professionnel, habitué à transposer, parfois à livre ouvert, une partition dédiée à un autre instrument.

Une question générale subsiste pourtant au terme de cette analyse : quel but Marin Marais poursuivait-il en écrivant cette pièce ? Était-ce pour flatter l'engouement général de ses contemporains pour l'Italie, en somme par souci publicitaire ? Difficile à admettre de la part d'un homme qui n'a jamais caché son « nationalisme ». N'aurait-il pas plutôt voulu prouver que les gambistes pouvaient faire preuve de la même virtuosité, du même panache que les violonistes ? Encyclopédie de la technique de la viole, ces « Couplets de Folie » pourraient bien être un défi ! Mais notre auteur ne semble pas s'être arrêté à ce stade. Au sein de cette surabondance de difficultés surgissent des trêves faites par des mélodies chantées avec douceur, avec simplicité ; tel cet épisode dont tous les ornements sont notés avec soin : notes coulées, trilles ('), et mordants (x) :

Cette phrase nostalgique pourrait apporter une réponse à notre question. Oui, le style d'outre-monts, plein de bravoure, fait grand effet ! Oui également , la viole peut montrer autant de virtuosité que le violon !

Mais est-ce bien là sa nature ? N'a-t-elle pas pour vocation d'exprimer, à sa manière, la finesse, le charme, la grâce, apanages de la sensibilité française ? L'art n'est-il pas bien au-dessus de toutes les frontières ?

Au terme de ces trois premiers livres, Marin Marais se présente donc comme un soliste hors pair, comme un compositeur fécond. Il n'innove pas. Avec logique, régularité, avec habileté aussi, il adapte à la viole les recherches, les principes qui s'appliquent aux autres instruments. Mais la pensée directrice qui les anime, l'architecture qui les sous-tend font de ces pièces de véritables œuvres d'art.

Les quatrième et cinquième livres

Six ans vont passer avant que deux autres recueils ne suivent ce premier groupe. Marin Marais a soixante-trois ans lorsqu'il publie un quatrième Livre de pièces de viole en 1717. Est-ce un retour aux sources ou une évolution ?

Certes, les cinquante-cinq danses de la première partie, brèves, faciles, semblent renouer avec la tradition. Elles sont groupées en six suites – encore est-ce la première fois que Marais utilise ce terme. Tout autre est la seconde section dénommée *Suitte dans un goût étranger*. Par son importance – trente-six pièces –, par sa présentation, elle n'a aucun équivalent. Pas de prélude ; dix danses seulement, et, pour le reste, des mouvements aux noms pittoresques : *L'Amériquaine*, *Le Tourbillon*, *L'Arabesque*. Ne voyons pas là recherches littéraires; ces titres correspondent parfaitement aux caractères et difficultés demandées : structure binaire dans un *Caprice-Sonate*, complexité d'archet et de main gauche dans l'allemande *La Bizarre*, ornements surabondants et contrastes de nuances dans les refrains sans cesse variés de *L'Arabesque*, modulations surprenantes dans *Le Labyrinthe*.

Cette pièce a frappé les contemporains. Titon du Tillet la décrivait en ces termes : « Après avoir passé par divers tons, touché diverses dissonances, et avoir marqué par des tons graves, et ensuite par des tons vifs et animés l'incertitude d'un homme embarrassé dans un labyrinthe, il en sort enfin heureusement et finit par une chaconne d'un ton gracieux et naturel. »

On semble bien être en présence ici d'une œuvre d'avant-garde dans laquelle l'auteur aurait rassemblé ses propres trouvailles musicales et instrumentales. Trouvailles harmoniques d'abord car, à une époque où les compositeurs choisissaient une tonalité unique avec peu d'altérations, cette brusque avalanche de tons – certains presque inconnus comme *do* dièse ou *ré* dièse majeurs – avait de quoi désarçonner. On s'éloigne très vite de la « rassurante tonique ». Découvertes instrumentales aussi car l'œuvre requiert évidemment des interprètes aguerris. Marais ne s'en cache pas dans son Avertissement :

> Ils trouveront des pièces qui leur paraîtront d'abord d'une grande difficulté ; mais, avec un peu d'attention et de pratique, elles leur deviendront familières. Je les ai composées ainsi pour exercer l'habileté de ceux qui n'aiment pas les pièces faciles et qui souvent n'ont d'estime que pour celles d'une difficile exécution.

Au milieu de ces performances, deux trêves : *La Rêveuse*, *Le Badinage*, tout imprégnés de simplicité, de tendresse, de grâce, de charme...

La dernière partie de ce Livre n'est pas moins surprenante avec ses deux suites pour trois violes. Certes, la formule avait déjà été pratiquée. Nous avons évoqué plus haut les concerts donnés par Du Buisson avec deux collègues, par Sainte Colombe et ses filles. Mais elle était considérée comme rarissime et, de fait, nous n'en avons pas gardé de témoignage. Si les danses traditionnelles alternent toujours avec les pièces libres, l'écriture frappe bien davantage par sa complexité car tous les partenaires doivent s'exprimer. Les deux premières violes se partagent les thèmes; la troisième exécute une basse en imitation, ornée de sobres broderies. L'auteur pratique ce genre difficile avec une maîtrise consommée.

Une réflexion vient à la lecture de cette œuvre : ne ferait-elle pas figure de témoignage ? On songe à cette entrevue advenue en 1709 au cours de laquelle l'artiste présenta au roi quatre de ses fils en donnant un concert de ses pièces de viole. Sans prétendre les identifier, le programme de cette soirée ne figurerait-il pas ici ? L'hypothèse n'est pas invraisemblable. L'extrême variété de ce Livre, son originalité semblent lui avoir assuré le succès car, après la mort du compositeur, sa veuve obtenait du roi un privilège pour en faire une seconde publication.

En 1725, l'artiste devait faire paraître son cinquième et dernier volume. Il a soixante-neuf ans, et l'œuvre ne porte aucun signe de fatigue, du moins en apparence. Ces sept suites – cent-dix pièces au total – respectent les principes antérieurs d'adaptation à tous les niveaux, piquent aussi la curiosité par l'emploi de quelques effets instrumentaux imités du luth, comme le « pincé » (notre actuel pizzicato) qui prend une saveur inattendue à la viole dans la pièce *Le Tact*. En revanche, les « pièces caractérisées » sont en plus grand nombre car l'auteur sait « qu'elles sont aujourd'hui reçues favorablement ».

Certaines sont pittoresques, telles *Les Forgerons*, *L'Idée grotesque*, les *Marches turques* ou *persanes*, dans lesquelles le clavecin semble imiter le tintement de cloches et grelots. L'effet est-il le fruit d'une imagination débordante ? Nullement : il répond à un souci de vérité. Par deux fois, en 1686, puis en 1715, la cour de Versailles avait reçu la visite du roi de Siam, puis de l'ambassadeur de Perse. Marais avait dû assister aux fêtes données en leur honneur. Le marquis de Sourches décrivait la première en ces termes dans son journal : « Il y avait beaucoup d'instruments comme des trompettes, des tambours, des timbales, des musettes, des espèces de petites cloches et de petits cors, dont le bruit ressemblait au bruit que font ceux des gens qui gardent les bestiaux en France. » Grand avait été l'ébahissement des Versaillais ! Mais ils avaient tenu à respecter ces coutumes ; aussi les Cent Suisses avaient-ils monté l'escalier du château « au son des trompettes et des tambours pour imiter la manière du roi de Siam, qui ne descend jamais à la salle des audiences qu'avec cette musique » ! Vingt-cinq ans après, on s'en souvenait encore, puisque l'ambassadeur de Perse avait eu droit au même cérémonial. A défaut de cloches et timbales, le clavecin de la partition de Marais fait ce qu'il peut, avec beaucoup de bonne volonté !...

A côté de ces tableaux amusants, d'autres morceaux ont un tout autre ton. Graves, intimes, ils évoquent quelques événements douloureux de la vie privée du compositeur. Le *Tombeau pour Marais le Cadet* est dédié, semble-t-il, à son fils Sylvain. On se souvient des morceaux évoqués plus haut, composés en l'honneur de Lully et Sainte Colombe. Ils avaient un style noble, des proportions importantes. Rien de tel ici. Certes, l'écriture emploie les mêmes procédés : une descente chromatique, des accords de quinte et de septième diminuées. Mais le compositeur sait trouver dans la douleur du père un accent de vérité qui ne trompe pas. Et que dire de cet étonnant passage central, dans une tessiture élevée ? tout empreint de tendresse, de poésie, il semble évoquer des souvenirs lointains, des souvenirs d'enfance !...

Le recueil se termine par une pièce très particulière : *Le Tableau de l'opération de la taille.* Bien que nul document ne le précise, la tradition voit ici le récit d'une intervention subie réellement par Marais vers 1720. Le titre désigne l'extraction de calculs dans la vessie, une des rares interventions que les médecins du temps pouvaient pratiquer, semble-t-il, avec succès. L'auteur a pris soin d'en indiquer le déroulement grâce à quelques commentaires explicatifs sur la partition.

Musique à programme, dira-t-on. Bien plutôt musique tristement autobiographique! Quand on se rappelle les conditions de ce genre d'opérations effectuées à vif, sans anesthésie, cette description semble bien pudique pour peindre les souffrances endurées!... Voici le patient en présence de « l'appareil » : des accords détachés au grave notent à plusieurs reprises les frémissements de peur qui le secouent. Les courbes musicales suivent fidèlement la montée et la descente « dudit appareil ». « L'entrelassement [sic] des liens » se fait dans la partition, par des mouvements croisés de notes pointées hésitantes. Puis vient le moment fatidique : l'incision et l'extraction du calcul : des tenues, dont le coup d'archet tour à tour enfle et diminue l'intensité, sont entrecoupées de silences. Un trémolo de triples croches indique les cris du malheureux patient qui finit par s'évanouir sur une longue note. Le sang coule sur une descente d'accords plus calmes. On « oste les soyes » sur le même motif qu'on les avait mises, et l'on transporte enfin dans son lit le pauvre malade inanimé, qui gémit entre deux soupirs.... Heureusement le recueil se termine sur une note moins sombre. Les *Relevailles* ont bien une allure hésitante, mais la *Suitte (sic)* avec son rythme de gigue, nous rassure sur l'état de l'opéré et son retour à la vie normale.

LES PIÈCES EN TRIO

Il reste à évoquer deux ouvrages qui tiennent une place modeste mais très particulière, dans l'œuvre instrumentale de Marin Marais si résolument tournée vers la viole. Ils sont en effet, dédiés au violon, sans pour autant que la gambe soit exclue. Ce sont les *Pièces en trio pour les flûtes, violons et dessus de viole avec la basse continue*, datant de 1692, et *La Gamme et autres morceaux de symphonie pour le violon, la viole et le clavecin*, en 1723.

Le premier volume est dédié à mademoiselle Roland. On s'est interrogé sur l'identité de ce personnage. On y voit généralement la célèbre danseuse Marie-Anne Roland. Elle est mentionnée pour la première fois dans le *Ballet du Temple de la Paix* de Lully, donné à Fontainebleau en 1685. Elle y dansait avec des ballerines professionnelles appartenant à l'Académie royale, comme mesdemoiselles La Fontaine et Bréard, mais aussi avec les filles légitimées de Louis XIV : la princesse de Conti, la duchesse de Bourbon, et la seconde mademoiselle de Blois, qui adoraient la danse. Comme le dit Titon du Tillet, mademoiselle Roland « se distingua grandement par la noblesse et la grâce de sa danse ». Si bien qu'on la retrouve, l'année suivante, dans le *Ballet de la Jeunesse* de Michel-Richard de Lalande, représenté à Versailles dès le 28 janvier 1686. Elle y tenait un rôle important puisqu'on lui avait confié notamment un « solo » dans le prologue.

Les chroniques du temps présentent non plus la danseuse, mais la femme, de manière moins laudative. Le *Journal* de Dangeau, les *Mémoires* de Saint-Simon insinuent que cette fille d'un fermier général un peu douteux – il aurait tâté de la Bastille – était « une sorte d'aventurière » qui épousa en 1695 le marquis de Saint-Geniès.

On ne peut se prononcer de nos jours sur ces témoignages peut-être partiaux. Mais une pièce d'archives nous éclaire sur la raison de cette dédicace. Si Marais rencontrait mademoiselle Roland fréquemment à la Cour, des liens privilégiés semblent l'avoir uni à elle puisqu'il l'avait choisie comme marraine de son second fils. On lit en effet dans le registre des baptêmes de Saint-Eustache :

> Le lundi treizième novembre mille six cent soixante-dix-neuf baptisé Anne Marc, né de jeudi dernier (9 novembre), fils de Marin Marais officier du roi et de Catherine Damicourt sa femme, demeurant rue Plâtrière; le parrain Jacques Paget, chevalier, la marraine damoiselle Marie Anne Rolland, fille de maître Barthélemy Rolland, conseiller secrétaire du roi, Maison Couronne de France et de ses finances.

La préface des *Pièces en trio* éclaire un troisième aspect de la personnalité de mademoiselle Roland. Après l'aventurière, après la ballerine qui est passée à la postérité, elle évoque la musicienne.

> Mademoiselle, Personne n'ignore les qualités que vous possédez; chacun sait quelle délicatesse vous avez pour la musique, quelle facilité à bien chanter et bien jouer de toutes sortes d'instruments, quelle pénétration à juger des savantes productions de l'esprit, quelle finesse d'oreille et quelle grâce à marquer noblement les plus beaux mouvemens de la danse; enfin, Mademoiselle, on sait que la Cour et la Ville ne prononcent votre nom qu'avec admiration.

Elle révèle ensuite le rôle d'inspiratrice et de conseillère que Marie-Anne a joué auprès de lui :

> Mais on ne sait point que c'est vous qui avez le plus contribué à ce qu'on pourra trouver de bon dans ce livre que j'ai l'honneur de vous présenter ; on ignore que le plaisir que vous avez témoigné en entendant la plupart des pièces qui y sont insérées a été le seul qui m'a fait travailler avec application dans le dessein que j'ai toujours eu de me rendre digne des bontés dont vous m'honorez.

Et de terminer par un madrigal dédié aux muses qui montre un don inattendu chez notre personnage, son aisance à manier la poésie :

> Savantes filles de Mémoire,
> Cessez de vous vanter,
> Que personne ici bas ne vous doit disputer
> Le prix de l'immortelle gloire ;
> L'adorable Roland, par cent talents divers,
> A fait voler son nom au bout de l'univers ;
> Tout le monde sur vous lui donne l'avantage ;
> En vain, pour l'empêcher, vous mettez en usage
> Et vostre esprit et vos attraits,
> Vous ne réussirez jamais ;
> Elle a de tous les cœurs la tendresse et l'hommage.

Pour bien comprendre cette œuvre, il faut la replacer dans son contexte. Elle paraît le 20 décembre 1692. Marais a trente-six ans ; il est très lancé comme soliste dans la haute société, mais n'a pas encore beaucoup composé. Seul est paru son premier livre de pièces de viole suivi de leurs basses continues. A l'inverse de ces recueils, les *Pièces en trio* ne présentent aucune difficulté instrumentale. Peut-il en être autrement lorsqu'on s'adresse à la fois aux « cordes » et aux « vents » ? Elles renouent avec le but de la suite à son état d'origine : elles sont avant tout destinées à faire danser. Un prélude établit le ton général et introduit gavottes, sarabandes, menuets ou gigues aux rythmes tour à tour lent ou alerte. Le compositeur n'a pas d'autre objet que celui de plaire à ses auditeurs en leur offrant de nombreuses pièces courtes et agréables, souvent doublées, dans lesquelles ils puiseront au gré de leurs besoins.

Cependant Marais introduit aussi quelques morceaux plus élaborés tels que rondeaux, fantaisies ou caprices. Puis il cherche à donner à l'ensemble un certain équilibre : il réserve les formes les plus développées pour la fin où elles feront pendant au prélude. On remarque ainsi une symphonie, une chaconne, deux passacailles, placées en guise de conclusion. Certes, les deux dernières formes sont encore empruntées à la danse mais, bâties sur un thème à variations multiples; on ne les exécutait plus guère que sur une scène de théâtre où elles mettaient en valeur l'art d'un danseur professionnel. Mademoiselle Roland a-t-elle joué pour elles le rôle de conseillère ? On peut le penser.

Deux passacailles portent un titre psychologique : *La Désolée*, dans la *Suite* en *do* mineur; *La Plainte* qui termine celle en *si* bémol majeur. C'est là un pas fait en direction de la « pièce de caractère » dont les livres suivants donneront maints exemples. Enfin deux morceaux portent un nom de personne en guise de titre et semblent annoncer les nombreux portraits musicaux, tels que Couperin et Rameau aimeront à les écrire pour le clavecin. Ce sont *La Marianne*, et *Autre Marianne*, dans la *Suite* en *si* bémol majeur. L'allusion à la dédicataire semble transparente; le rythme lent, souple, plein de grâce et de majesté pourrait bien être, après l'hommage galant de la préface, celui que le musicien destinait à la célèbre danseuse, à l'amie... L'œuvre semble avoir connu le succès car on en retrouve des extraits dans un recueil non daté portant pour titre *Trios de la Chambre*, par Jean-Baptiste Lully et Marin Marais.

Le recueil de 1723 est très différent; l'auteur a maintenant soixante-sept ans, et une longue expérience derrière lui. Il se compose de trois morceaux distincts aux titres originaux : *La Gamme en forme de petit opéra, La Sonnerie de Sainte-Geneviève-du-Mont à Paris*, toutes pièces conçues en trios pour violon, viole et basse, et la *Sonate à la Marésienne* pour violon et basse.

La Sonnerie évoque le carillon d'une des abbayes les plus célèbres de Paris. Fondée par Clovis dès l'an 510, elle jouxtait l'église paroissiale Saint-Étienne-du-Mont qui lui avait été ajoutée au XIIIe siècle. Il n'en reste actuellement que le clocher, la tour Clovis, qui fait partie du lycée Henri IV. Marais n'a certainement pas choisi cette abbaye à la légère. Elle lui était familière. Que de souvenirs n'évoquait-elle pas pour lui! Elle se dressait près du quartier de son enfance, Saint-Médard; de son mariage : le grand-père de sa femme, Simon Maugis, était établi marchand rue du Mont-Sainte-Geniève, sur l'autre versant de la colline!...

Mais revenons à la partition. Trois notes descendantes, transformées en un ostinato au grave, reproduisent le carillon. Sur ce thème si mince, le musicien bâtit quantité de variations aussi diverses qu'enjouées. Elles s'adressent surtout au violon, mais de temps en temps à la viole et au clavecin si bien que chacun a son mot à dire. Nous avons là un exemple de plus de sa virtuosité d'interprète, de sa science du dialogue.

La Sonate à la Marésienne est dédiée au seul violon avec sa basse. « Sonate », ce terme est inhabituel chez Marais; mais il l'emploie ici à bon escient, car cette forme est la seule qui convienne à un instrument si exploité outre-monts. Les titres français, « Gravemen », « Un peu gay », laissent deviner leurs homologues italiens : « *Adagio* », « *Vivace* »; l'introduction a la noblesse de celles de Corelli. Le « Très vivement », « *Vivacissimo* ou *Presto* », fait la part belle au virtuose dans un tourbillon de doubles croches. Pourtant notre Français se laisse deviner : la suite affleure avec ses sept mouvements au lieu des quatre habituels, dont deux danses : une sarabande et une gigue. Enfin, parue la même année que le premier livre de *Sonates* de Jean-Marie Leclair, l'œuvre est loin d'exploiter les difficultés que surmonte avec brio notre premier soliste national.

Reste enfin *La Gamme en forme de petit opéra*. Ce titre étrange a embarrassé tous les commentateurs, même ceux de son temps. Écoutons Titon du Tillet :

> Marais a surpris les connoisseurs en musique par sa pièce appelée *la Gamme*, qui est une pièce de symphonie qui monte insensiblement par tous les tons de l'octave et qu'on descend ensuite en parcourant ainsi par des chants harmonieux et mélodieux tous les tons différents de la musique.

Les contemporains voient donc ici une performance harmonique. Mais alors pourquoi ce deuxième titre « petit opéra » ? Il ne peut être gratuit de la part d'un homme qui a passé une grande partie de son existence à l'Académie royale. Est-ce une appellation placée après coup, pour justifier ces trente-cinq minutes de musique ininterrompue, dans un siècle où l'on privilégiait la pièce courte ? Certains commentateurs vont plus loin. Ils imaginent des personnages masculins et féminins, incarnés par les deux protagonistes, le violon et la viole, aux tessitures tour à tour graves et aiguës; les formes musicales qui s'enchaînent : menuets, gigues, allemande et chaconne, nous les présenteraient; les duos, les fugues les feraient dialoguer; les récits très libres, accompagnés par le clavecin, amenant quelques airs à ritournelles, leur donneraient à chacun la parole. Les

« tutti » instrumentaux joueraient le rôle de « symphonies ».

Ce petit opéra serait-il une évocation de la tragédie en musique lullyste ou bien plutôt une critique amusée d'un opéra italien ? Les cadences improvisées du violon, ses quelques notes suraiguës seraient-elles la satire d'une diva ? Les grandes gammes détachées qui font si bel effet, celle des virtuoses de l'archet ? On croit entendre la boutade que lançait Lecerf de La Viéville contre la musique ultra montaine, avec sa continuelle manie « de parcourir en cinq ou six mesures deux ou trois octaves de bas en haut et de haut en bas, et de changer à tout moment de mouvement et de mode ».

Autant d'hypothèses séduisantes que rien ne confirme malheureusement dans la préface ou les écrits contemporains. Le mystère reste entier... Néanmoins, cette longue pièce est placée sous le signe de la performance instrumentale, harmonique et pédagogique, car l'auteur a pris soin d'indiquer les divers tons qu'il aborde et les notations psychologiques qu'il leur prête grâce à des indications de tempo et de caractère. Et, comme cette œuvre lui tient à cœur, craignant une certaine lassitude en raison de « son étendue très considérable », il ajoute : « Pour ne point ennuyer l'auditeur, on peut la diviser par la moitié, par tiers ou par quarts ».

Concession au style italien ou critique amusée de ses excès ? Marin Marais a trop de bienséance pour s'exprimer franchement sur ce point litigieux. Force nous est de respecter sa discrétion...

Plusieurs lignes de force se dégagent au terme de cette analyse. Les mettre en lumière permettra aux lecteurs et auditeurs de prendre un peu de recul, de mieux situer l'œuvre dans son temps, dans la littérature de la viole; en définitive, de l'apprécier davantage. Pour ce faire, il faut se référer au témoignage des contemporains qui a une valeur inestimable, et à notre propre opinion d'hommes du XXe siècle. C'est ce double regard que nous voudrions porter maintenant.

Tout d'abord, que disent les contemporains? Pour eux, l'interprète et l'auteur sont indissolublement liés : en concert, l'artiste ne jouait que ses pièces, jamais celles d'un autre compositeur; d'où leur abondance, pour fournir à ses besoins.

Du gambiste, ils retiennent la virtuosité. Elle les étonne. Jamais ils n'oublieront qu'il fut le premier à imposer la viole comme un instrument soliste; un instrument encore capable de progrès. Ne découvraient-ils pas sans cesse dans son jeu quelques nouveaux effets, quelques nouveaux « exploits »? Ils admiraient la vélocité de ses traits, l'aisance de ses coups d'archet, leur nombre, leur variété.

Surpris, ils étaient aussi séduits par la qualité de sa sonorité, par sa puissance étonnante pour les possibilités d'une viole. Était-elle due à sa fameuse basse anglaise de Robert Grille? Peut-être, mais pas uniquement; ils parlent de son jeu « aéré », qui savait libérer les vibrations des cordes, s'auréoler de leur résonance.

Tout autant que par son « exécution châtiée », ils étaient captivés par le « feu », mais aussi par le charme de ses interprétations. Tous les mélomanes sont d'accord : il « jouait comme un ange ». Ici, l'appréciation devient plus intellectuelle; l'interprète se fond avec ses écrits. En lui, en eux, l'amateur du XVIIe siècle finissant retrouvait tout ce qui lui était cher : ordre, clarté, équilibre, transposition esthétique de ce cartésianisme dont il était pétri; la noblesse, la grandeur, que le Roi-Soleil tenait tant à incarner, tempérée par l'affabilité de l'homme du monde; la tendresse enfin, qui laissait deviner derrière sa discrétion la profondeur de l'homme de cœur. Et tout cela était exprimé en un langage simple, sobre, sans emphase.

Un dernier aspect retenait aussi leur attention : sa prise de position affirmée pour la musique française. Dans la lutte qui s'engageait entre les deux esthétiques, les deux nationalités, il était considéré comme « l'athlète, l'Ajax » de la cause de notre pays « contre la musique de deçà les Monts », selon la pittoresque expression d'Hubert Le Blanc. Les goûts évoluant, on regrettera bientôt qu'il n'ait pas changé : « Lui qui possédait en plénitude l'harmonie », écrira le même auteur, « resta renfermé par les bornes qu'il sut se prescrire ». Et il l'excuse, en invoquant son âge avancé.

Et nous ? Quel jugement portons-nous sur lui ? Nous apprécions son œuvre importante et variée, la qualité de sa facture. Les thèmes sont nombreux, les harmonies toujours soignées, parfois inattendues et piquantes. La maîtrise de son écriture se joue des règles complexes du contrepoint et de la fugue. Nous sommes reconnaissants au virtuose de ne pas cultiver les difficultés pour elles-mêmes, mais de garder toujours le sens musical. Nous admirons enfin le travail complet du pédagogue qui donne les conseils nécessaires pour surmonter les difficultés. Ses recueils constituent à eux seuls une méthode aussi excellente qu'agréable. D'ailleurs, ne conseillait-il pas à ses élèves d'en choisir et travailler régulièrement certains extraits ?

Enfin, nous sommes à même de discerner le parcours d'un homme, d'un musicien. En dépit de leur apparence répétitive, ces livres ne sont pas identiques.

Le premier ressemble à un coup d'essai. Tous les gambistes qui ont précédé notre jeune artiste se sont affirmés à la fois par l'archet et par la plume lorsqu'ils sont arrivés au stade de la maîtrise. S'il veut prendre place dans cette communauté, il lui faut se plier à cet usage. Peut-être y va-t-il d'ailleurs de son honneur de « musicien du roi » ! Il le fait non sans audace : il s'affirme d'emblée sous sa double personnalité de soliste, de professeur. Avec prudence aussi, en se référant aux genres et formes pratiqués ; non sans une certaine maladresse enfin, puisqu'il omet de publier les basses d'accompagnement !

Cette lacune lui permet du moins de tester le succès de ce recueil, qui s'avère suffisant pour être complété ; d'où cet étrange volume de basses continues solitaires, avec quelques suites supplémentaires.

Aux deuxième et troisième Livres, sa situation est bien assise ; son rayonnement s'exerce même à l'étranger. C'est alors qu'apparaît un nouveau paramètre : l'engouement pour la musique italienne. Lui qui se trouve par ses fonctions au cœur de la vie musicale ne peut se dispenser de prendre position. Il le fait en affirmant son goût personnel pour la musique française ; en montrant aussi, par une virtuosité accrue, que la viole n'est pas inférieure au violon, qu'elle n'est pas confinée au « mode triste et languissant » défini par Mersenne. Ce faisant, il montre du courage et une belle ouverture d'esprit.

Le quatrième Livre est plus novateur. Notre musicien n'a cessé de se perfectionner. Arrivé à ce stade de sa vie, il éprouve le besoin de faire part de ses recherches, sans négliger les amateurs et leur niveau moyen. Il désire les communiquer à ses pairs français et étrangers. Une manière de s'affirmer face à son redoutable rival, Antoine Forqueray qui, plus audacieux que lui, s'est mis en demeure d'adapter la viole au style italien et ne parle de rien moins que d'écrire et de jouer des « Sonates » pour la viole! Dans cet ouvrage, Marais atteint les limites de ses possibilités. Ce gambiste, héritier des maîtres du XVIIe siècle, n'entend pas se laisser entraîner au-delà de ses convictions, de sa sensibilité. Comment pourrait-il admettre les excès de cet italianisme envahissant : sa grandeur, mais son ostentation; ses performances, mais leur orgueil; son pathétique parfois exhibitionniste ? Tout cela est trop contraire au sens de la mesure auquel il est très profondément attaché. Ainsi naît peut-être cette gamme en forme de petit opéra, où l'humour éclaire la science du compositeur...

Oui, Marin Marais veut rester inséré dans l'époque, la société dans lesquelles il a toujours vécu. Attaché à la Cour, il reflète l'atmosphère qui y règne. D'où la séduction d'une œuvre qui nous replonge dans le monde de Louis XIV bien plus vite, bien plus intimement que tous les livres d'histoire. D'où ses limites aussi. On peut la trouver surannée. Nous sommes si loin maintenant des querelles nationalistes, de ce monde où l'aspect social prime sur l'être profond, où la musique est un métier, et non une vocation...

Le cinquième Livre est là pour nous donner le dernier mot de l'auteur, celui de la réflexion qu'il fait sur l'art, sur sa vie, celui de la sagesse. Ici l'être s'exprime dans toute sa vérité. Il se dépouille de l'accessoire, c'est-à-dire de la « performance ». Il revient à l'essentiel : la musique, l'expression du cœur. Avec la bienséance qui sied à son éducation, il trace, non sans tristesse, mais lucidement, courageusement, son dernier point d'orgue...

TROISIÈME PARTIE

Les tragédies en musique

Lorsqu'en 1693 *Alcide* de Marais et Louis Lully fut représenté pour la première fois par l'Académie royale de musique, les spectacles lyriques ne bénéficiaient pas toujours du meilleur accueil auprès du public. Depuis la mort de Jean-Baptiste Lully, en 1687, plusieurs opéras nouveaux avaient même subi des échecs retentissants et suscité les plus vives critiques. Les propres fils de l'illustre musicien qui comptèrent parmi les premiers à vouloir suivre la voie de leur père ne furent pas les moins épargnés. En atteste cette chanson satirique diffusée en 1690 à propos d'*Orphée* de Louis Lully :

Ah, que de fades sornettes,
Dans l'opéra que je vois!
Orphée attirait les bestes
Il attirait jusqu'aux bois.
Mais ce misérable Orphée
N'attire plus que la huée
Et ses plus charmants effets
Sont d'attirer les sifflets.

Les représentations d'*Orphée* furent, paraît-il, si houleuses qu'on tenta, pour rétablir l'ordre dans la salle du Palais-Royal, d'interdire le sifflet, ce qui provoqua de nouvelles protestations :

Le sifflet défendu! Quelle horrible injustice!
Quoi donc! Impunément un poète novice,

Un musicien fade, un danseur éclopé,
Attraperont l'argent de tout Paris dupé,
Et je ne pourrai pas contenter mon caprice?
Mais siffler à propos ne fut jamais un vice;
Non, non, je sifflerai : l'on ne m'a pas coupé
Le sifflet.

Louis Lully, le futur collaborateur de Marais, ne fut pas le seul à être autant contesté. Pascal Collasse, le fameux élève et disciple du grand Lully, devait lui aussi connaître, la même année, un tel affront, lors de la création de son opéra *Énée et Lavinie*, à propos duquel on se permit de chanter :

Quelle pitié, quel opéra!
Depuis qu'on a perdu Baptiste,
Incessamment l'on redira
Quelle pitié, quel opéra!
Personne de longtemps n'ira
Sans en être tout à fait triste;
Quelle pitié, quel opéra!
Depuis qu'on a perdu Baptiste.

Le public, il est vrai, regrettait Lully, compositeur de génie qui avait régné sans partage pendant près de quinze ans sur la scène du théâtre lyrique parisien, mais aussi exceptionnel directeur de troupe, capable à la fois de veiller à la justesse des instruments de l'orchestre, aux entrées de ballet, aux attitudes des interprètes du chant. Beaucoup d'habitués de l'Opéra se souvenaient certainement, non sans émotion, des représentations d'*Armide* en 1686 et de l'admirable Marie Le Rochois, chargée à cette occasion d'incarner l'intrépide magicienne. Un rôle qu'elle assurait alors avec tant de talent qu'elle parvenait, dit-on, à retenir le souffle des spectateurs lorsqu'elle s'apprêtait à poignarder Renaud. Pour mettre en valeur ses partitions, Lully ne s'était pas seulement entouré d'artistes remarquables, ni même du meilleur auteur de livrets qu'ait sans doute connu l'opéra français, Philippe Quinault. Il avait su avec ce poète créer la tragédie en musique, un genre dramatique qu'allaient adopter ses successeurs et auquel Marais ne manqua pas de se consacrer lorsqu'il composa ses ouvrages lyriques.

La tragédie en musique offre la forme la plus achevée, voire la plus originale de l'opéra français sous l'Ancien Régime. A son apparition en 1673 avec la représentation de *Cadmus et Hermione*, elle marquait l'aboutissement d'efforts menés pendant plus de vingt-cinq ans pour donner au public un véritable répertoire lyrique national.

Lorsqu'en 1645 et durant les années suivantes l'opéra italien fut introduit en France par Mazarin, il ne remporta pas en effet le succès escompté. Les paroles étaient généralement mal comprises, la musique fort peu goûtée et l'on trouva les spectacles trop longs. Seuls, les surprenants changements de décors à vue et les incroyables machines du « grand sorcier », Giacomo Torelli, frappèrent l'imagination et furent d'emblée adoptés pour rehausser l'éclat de deux autres genres dramatiques, la tragédie à machines et le ballet de cour. Mais l'idée de faire entièrement chanter en langue française toute une pièce de théâtre pour obtenir un opéra mit quelque temps à s'imposer. Ce n'est qu'à partir de 1655 qu'eurent lieu les premières tentatives avec de modestes pastorales en musique. L'un des essais les plus convaincants fut *La Pastorale* donnée à Issy en 1659 chez un orfèvre du roi nommé La Haye, un ouvrage en cinq actes animé déjà de dialogues vivants mis en musique. Les auteurs, le poète Pierre Perrin et le compositeur Robert Cambert, allaient en 1671, lorsqu'ils inaugurèrent l'Académie d'opéra, proposer aux Parisiens un ouvrage beaucoup plus ambitieux, *Pomone*, où alternaient désormais airs, récitatifs expressifs, ensembles vocaux et quelques danses. Cette nouvelle pastorale se parait également de nombreux décors et machines, dus au talentueux marquis de Sourdéac. Un merveilleux et un développement musical qu'on observe également dans les spectacles donnés à la Cour à la même époque. Dans les intermèdes des comédies-ballets des deux « grands Baptiste », Molière et Lully, le rôle assigné aux parties vocales devint notamment si important qu'il favorisa en 1670, à la fin du deuxième acte des *Amants magnifiques*, la formation d'un véritable petit opéra.

Mais l'œuvre qui donna surtout naissance à la tragédie en musique appartenait à un autre genre, la tragédie-ballet. Ce fut *Psyché*, montée quelques mois avant *Pomone*, en janvier 1671, avec un luxe inouï dans la salle des machines du palais des Tuileries. Un spectacle grandiose auquel collaborèrent, aux côtés de Corneille et de Molière, les futurs créateurs de *Cadmus et Hermione*, Quinault et Lully. On y décèle à la fois l'influence de la comédie-ballet et de la tragédie à machines, dont le premier modèle achevé avait été fourni en 1650 par Corneille dans son *Andromède*. A ce dernier genre la tragédie en musique devait emprunter notamment sa structure en cinq actes précédés d'un prologue majestueux à la gloire du roi, chacune de ces six parties s'accompagnant généralement d'un changement de décor à vue et d'un effet de machinerie, capable d'offrir au spectateur l'apparition de puissances surnaturelles sur un nuage ou dans une gloire. Si *Pomone* se conformait à cet agencement, son prologue manquait cependant de panache et le ton adopté était trop familier, voire parfois trivial. Les vers de Perrin furent entendus, selon Saint-Évremond, « avec dégoût » et l'intrigue de cette pastorale paraissait particulièrement faible. En se référant à *Psyché* pour concevoir la tragédie en musique, Quinault et Lully surent trouver pour l'opéra français un cadre plus noble, plus cohérent, plus raffiné, issu des meilleures traditions littéraires qu'avaient si bien illustrées Corneille et Molière. Les sujets, tout d'abord tirés de l'Antiquité gréco-romaine, furent traités de manière plutôt dramatique, grave et galante, avec souvent, comme dans les tragi-comédies, un dénouement heureux. Pour rehausser l'éclat des nouveaux spectacles lyriques, les grands intermèdes de la fameuse tragédie-ballet, avec leurs danses, leurs chœurs et leurs chanteurs solistes, devaient, après ceux des comédies-ballets, retrouver la même ampleur dans les prologues et à travers les « divertissements » appelés à figurer à chaque acte.

Psyché ne fournissait cependant pas à Quinault et à Lully toutes les solutions au spectacle qu'ils désiraient offrir au public. Contrairement à *Pomone*, ce n'était pas un opéra, puisqu'il y avait des scènes entièrement parlées, interprétées lors de la création par la troupe de Molière. Transformer cette tragédie-ballet en tragédie en musique supposait de substituer des récitatifs aux longues tirades, c'est-à-dire de remplacer le texte initial par d'autres vers susceptibles d'être tous chantés et de faire progresser avec efficacité une action forte, digne d'un grand drame lyrique. Une tâche qu'accomplira Lully en 1678 lorsqu'il fera représenter au théâtre du Palais-Royal une seconde version de *Psyché*. Mais dès 1673, il sut avec Quinault, dans *Cadmus et Hermione*, apporter une réponse à ce problème essentiel. Le poète simplifia l'intrigue, la resserra, la débarrassa des épisodes inutiles de manière à soutenir l'intérêt du spectateur. De son côté, le compositeur s'appliqua à modeler ses récitatifs de sorte qu'ils fussent le mieux adaptés à la langue française. Une recherche qu'il aurait menée en se rendant, dit-on, à la Comédie pour y écouter l'illustre interprète de Racine, la Champmeslé, et y noter les intonations, les inflexions de sa voix. Les vers fournis par Quinault, mis ainsi en musique, pouvaient être mieux appréciés, mieux compris d'un public épris de logique. Mais pour les airs chantés au cours des divertissements, les paroles n'étaient généralement rédigées qu'après, sur des pièces instrumentales, des danses, ou bien encore sur des timbres, mélodies populaires réutilisées par le compositeur. Lully devait alors donner à Quinault un canevas, schéma avec des mots provisoires destinés à orienter et à préciser la tâche du poète.

En recourant à des timbres, le musicien, Florentin d'origine, poursuivait également son grand dessein : celui de faire de la tragédie en musique un genre national capable de flatter les sentiments ambitieux de sa nouvelle patrie, la France. A l'opéra italien il continua néanmoins d'emprunter les oniriques symphonies de sommeil, les airs écrits sur une basse obstinée ou les plaintes, ces déclamations pathétiques dont il avait laissé au premier intermède de *Psyché* l'un des plus beaux exemples.

Sous le règne de Lully, la tragédie en musique connut une évolution. Les premières qu'il composa pouvaient comporter quelques éléments comiques, comme les aboiements de Cerbère dans *Alceste* ou le fameux chœur des trembleurs d'*Isis*. Mais à partir de 1679, avec *Bellérophon*, toute trace d'humour disparaît et l'action dramatique se trouve renforcée. A cette occasion, il est vrai, Lully, contraint de se séparer momentanément de Quinault, avait fait appel aux talents d'un autre poète, Thomas Corneille, secondé alors par son neveu Fontenelle. *Bellérophon* marque aussi l'avènement dans la tragédie en musique du récitatif accompagné par l'ensemble des cordes de l'orchestre, comme devaient l'être aussi certains airs confiés à des chanteurs. Une pratique très efficace dans les scènes tragiques et qu'allait par la suite développer Lully : dans *Armide*, on relève non moins de sept récitatifs accompagnés. Pour ce dernier opéra, comme pour *Amadis* et *Roland* créés auparavant en 1684 et 1685, Quinault avait renoncé aux sujets tirés de l'Antiquité grecque et romaine pour adopter des thèmes inspirés des romans de chevalerie, un choix auquel Louis XIV ne fut pas étranger.

Mais bientôt, la disgrâce de Lully auprès du souverain et le recours à un autre poète, Campistron, pour *Achille et Polyxène*, tragédie en musique laissée inachevée par le compositeur, s'accompagnèrent d'un retour à des sources antiques. Pendant dix ans, les opéras

D'après Berain, François Dumoulin dans le rôle d'un paysan,
tel qu'il aurait pu paraître à l'acte IV de *Sémélé*,
Paris, Bibliothèque nationale.

M

VOUS eſtes priez d'aſſiſter aux Meſſes pour le repos de l'Ame de Monſieur Marin MARAIS, Officier Ordinaire de la Muſique de la Chambre du Roy ; qui ſe diront Samedy 4e. Septembre 1728. depuis ſept heures du matin juſqu'à midy, en l'Egliſe des RR. PP. Barnabittes, prés le Palais. Meſſieurs & Dames s'y trouveront, s'il leur plaiſt.

Un *De profundis.*

De la part de Meſſieurs Marais, ſes Fils, & de Meſſieurs Viger & Van-Hove, ſes Gendres.

Faire-part imprimé lors du décès de Marais, Bibliothèque nationale, département des Manuscrits.

Atelier de Berain, décor de l'acte I d'*Ariane et Bacchus*,
Stockholm, Nationalmuseum.

Atelier de Berain, projet de décor pour l'acte III d'*Ariane et Bacchus*,
Paris, Archives nationales.

Atelier de Berain, prologue d'*Alcyone*,
Stockholm, Académie des Beaux-Arts.

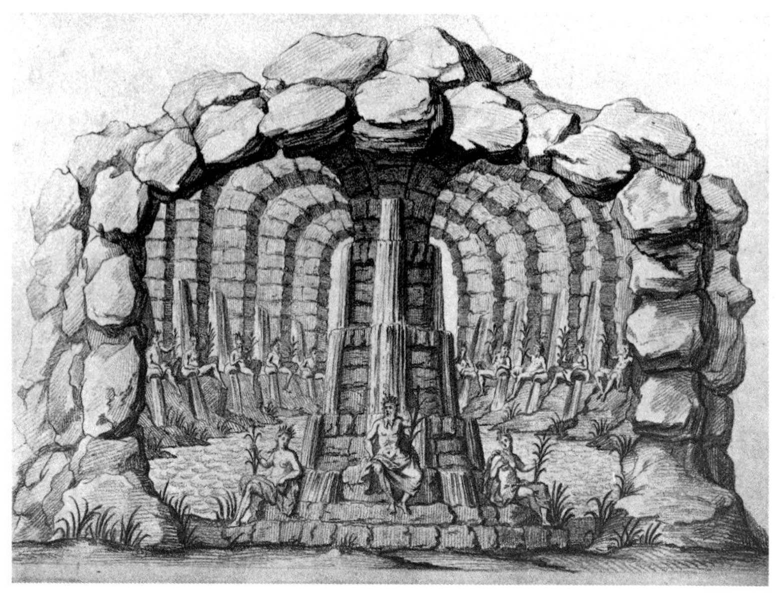

Atelier de Berain, le Sommeil, acte IV d'*Alcyone*,
Paris, Archives nationales.

Atelier de Berain, la tempête d'*Alcyone*,
Paris, Archives nationales.

Pieter de Hooch, *La partie de musique*,
Londres, Victoria and Albert Museum.

Bonnart, *Joueur de basse de viole*, Cabinet des Estampes, Bibliothèque nationale.

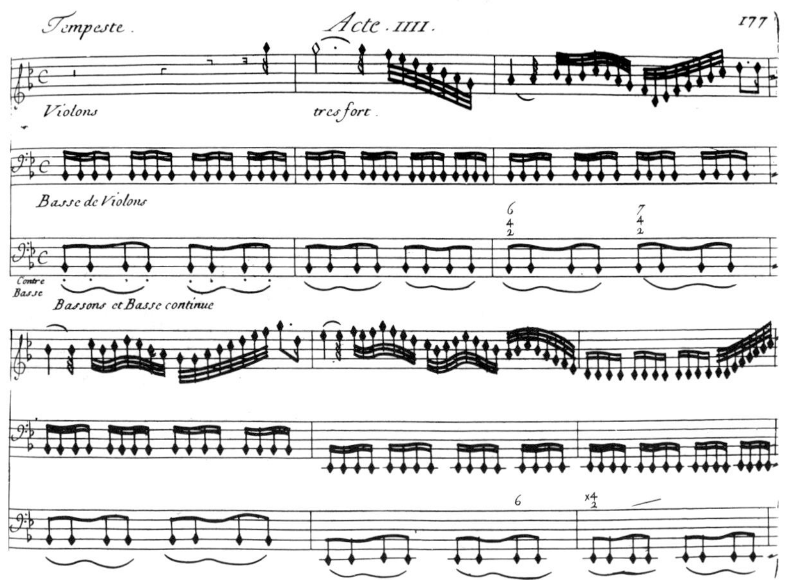

Marais, début de la tempête d'*Alcyone*,
Paris, Bibliothèque nationale.

créés au théâtre lyrique parisien ne purent s'en dispenser. Seule, en 1691, l'*Astrée* de Collasse, écrite sur un livret de La Fontaine, se référa au célèbre roman d'Honoré d'Urfé. Comme *Orphée*, donné l'année précédente, *Astrée* offrait aussi la particularité de ne comporter, en dehors du prologue, que trois actes au lieu de cinq. Un parti dû à l'influence de la pastorale héroïque, genre qui connaissait alors une certaine faveur. Mais ce nouveau modèle de tragédie ne fut guère suivi : *Astrée*, comme *Orphée*, ne recueillit aucun succès et pendant longtemps encore, on préféra respecter ce qu'avaient si bien élaboré Quinault et Lully.

Alcide, premier succès de Marais à l'Opéra

Un collaborateur peu recommandable : Louis Lully

C'est probablement en 1691 ou l'année suivante que Marais fut appelé à partager la composition de la tragédie en musique *Alcide* avec Louis Lully. Ce fils aîné de Lully était né à Paris, le 4 août 1664. Deux jours plus tard, il fut ondoyé par monsieur de Lamet, alors doyen de Saint-Thomas du Louvre. Mais ce n'est qu'en 1677, le 9 septembre, qu'il fut baptisé à l'âge de treize ans. Louis XIV, qui avait exprimé le désir d'être le parrain de l'enfant lors de sa naissance, mit en effet quelque temps à accorder cette faveur à son surintendant de la Musique. Les circonstances ne s'y étaient, semble-t-il, pas prêtées et en 1677, quand l'occasion se présenta, une superbe cérémonie fut ordonnée « dans la chapelle haute de la cour de l'Ovale » du château de Fontainebleau. Elle fut célébrée par le grand aumônier de France, Emmanuel-Théodose de La Tour d'Auvergne, cardinal de Bouillon et neveu de Turenne, en présence bien évidemment du roi, mais aussi de la reine Marie-Thérèse, choisie pour marraine, lesquels donnèrent au jeune baptisé le prénom de Louis. Pour apporter plus de panache à cet événement, Lully fit exécuter pour la première fois son *Te Deum*, un chef-d'œuvre trouvé si beau par Louis XIV qu'on le rejoua, deux ans plus tard, pour le mariage de mademoiselle d'Orléans.

Après de tels honneurs, tout semblait prédisposer Louis Lully à un brillant avenir. Pourtant, il donna bientôt « quelques mécontentements à son père » et sa conduite fut jugée si mauvaise que celui-ci fut « obligé de le faire enfermer par autorité de justice en la maison des religieux de la Charité à Charenton » et qu'il songea même, peu de temps avant sa mort, dans son testament, à le déshériter. Il fallut l'intervention de la mère, Madeleine Lambert, pour permettre à ce fils indiscipliné de recouvrer ses droits à la succession. Louis Lully fut néanmoins privé du privilège de l'opéra et de la surintendance de la Musique du roi qu'avait prévus son père pour l'un de ses enfants. La charge à la Cour revint à son frère Jean-Louis, avec lequel il s'associa pour composer. Après avoir fourni chacun une *Idylle* pour divertir le dauphin pendant son séjour à Anet en 1687, ils firent exécuter l'année suivante deux œuvres qu'ils avaient écrites en collaboration : l'une en manière d'épithalame pour le mariage du prince de Conti, donnée lors d'une fête dans son hôtel parisien, l'autre, *Zéphire et Flore*, opéra représenté à l'Académie royale de musique et qui suscita suffisamment d'intérêt pour entraîner plusieurs « remises » à la scène en 1694 et 1715. Les talents des frères Lully peuvent cependant aujourd'hui être contestés; un document d'archives révèle en effet qu'après la mort de Jean-Louis, le 23 décembre 1688, ses héritiers ainsi que Louis furent condamnés, le 8 mai 1689, à payer 800 livres à Pierre Vignon, maître de musique ayant appartenu en 1683 à la troupe de l'Opéra, pour les ouvrages qu'il avait reçu l'ordre de composer « tant pour le divertissement d'Anet que pour l'opéra de Zéphire et Flore ». Louis et Jean-Louis Lully avaient donc recouru aux compétences d'un musicien professionnel, autrefois connu de leur père.

Privé de l'aide d'un frère et des services de Vignon, Louis Lully allait néanmoins en 1690 signer seul la partition de l'opéra *Orphée*. Ce fut, il est vrai, un échec cuisant. La situation financière du compositeur, qui se trouvait déjà dans un certain désordre, n'allait guère s'améliorer. Il accumulait toutes sortes de dettes, ayant pour créanciers son perruquier, son tailleur, un carrossier, le fameux imprimeur de musique, Christophe Ballard, chargé en 1690 de diffuser sa partition d'*Orphée,* mais aussi son fournisseur de café, bière, « vins de liqueurs ». On sait qu'il se fit avancer plus de 282 livres pour payer un chirurgien appelé à le « traiter d'une maladie secrète ». Sa vie privée scandalisait son entourage, notamment sa famille. En 1691, contre le gré des siens, il épousa Marthe Bourgeois dont il avait déjà eu, l'année précédente, une fille nommée Louise baptisée à l'église Saint-Paul à Paris. Pour jouir d'une meilleure réputation, il tenta encore sa chance à l'Opéra et faute d'un Pierre Vignon, il s'assura du concours d'un autre musicien connu pour avoir également fait partie de la troupe de l'Académie royale de musique au temps de son père et dont les talents étaient déjà considérés comme bien supérieurs, Marin Marais.

Jean Galbert de Campistron

Le poète chargé de collaborer avec les deux compositeurs à la tragédie en musique *Alcide,* Jean Galbert de Campistron appelé aussi Capistron, menait aux yeux des contemporains une existence guère plus recommandable que celle de Louis Lully. D'après une chanson satirique de l'époque, il était autant attiré par « la plus laide femme » que par « le plus beau garçon, sans craindre poil ni moustache ». Comme Lully, dont il avait été, semble-t-il, l'un des compagnons de débauche, il fréquentait les Vendôme, réputés pour leurs mœurs dépravées. C'est certainement chez ces princes ou par leur intermédiaire qu'il avait rencontré le grand compositeur. Louis, duc de Vendôme, lui avait demandé d'écrire une pastorale, *Acis et Galathée*, et avait en même temps engagé Lully à la mettre en musique. Il fut, paraît-il, si content des vers de ce divertissement donné en 1686 à Anet pour le dauphin qu'il envoya cent louis à l'auteur. Les talents de Campistron, âgé seulement de trente ans, étaient alors reconnus. A Paris, où ce Toulousain était arrivé en 1680, ses tragédies *Andronic* et *Alcibiade* représentées en 1685 venaient de remporter de remarquables succès. Dans ce contexte, on comprend aisément pourquoi il fut choisi pour s'associer à Lully et l'accueil favorable dont bénéficia sa pastorale à Anet. Le duc de Vendôme lui aurait alors « dit de rester dans sa Maison et peu de temps après, il lui donna la place de son secrétaire des commandements ». Un emploi qu'il occupait effectivement en 1692, lorsqu'il reçut de ce prince mille livres de rente et de pension viagère, à percevoir chaque année, sa vie durant, en considération de ses services. Pour le duc de Vendôme, il n'avait pas seulement rédigé les paroles d'*Acis et Galathée*. En 1687 et 1691, il devait encore fournir celles de deux Idylles mises respectivement en musique par Jean-Louis et Louis Lully pour d'autres divertissements chantés à Anet en l'honneur du dauphin. Avant d'entreprendre la rédaction du livret d'*Alcide*, il avait donc eu déjà l'occasion de travailler avec le fils aîné de Lully.

Campistron s'était fait également connaître dès 1686 au théâtre lyrique parisien lors de la reprise d'*Acis et Galathée* et l'année suivante quand fut créée la tragédie en musique *Achille et Polyxène*, dont il avait écrit les vers. De ce dernier opéra on parodia l'une des scènes. On imagina l'Ombre de Lully s'adressant à Campistron et à Collasse chargé de terminer la partition :

Rebuts infortunés du goût du plus beau monde
Colasse mon copiste, et vous rampant auteur,
Capistron, l'Opéra reste sans auditeur
Contre vos vers, vos airs, le moindre critique fronde.

Campistron ne bénéficiait plus, il est vrai, de la même faveur, comme l'atteste encore cette épigramme diffusée contre lui en 1693, au moment où l'on représenta *Alcide* :

L'autre jour au Parnasse on disputa longtemps
Lequel auroit le pas de Corneille ou Racine.
On loua leur muse divine
Et chacun eut ses partisans.
Apollon dit sur cette cause
Racine est naturel et Corneille pompeux,
Ils sont admirables tous deux
Mais Capistron n'est pas grand chose.

Comparer ainsi Campistron à Corneille et à Racine était certes cruel, même à cette époque. Mais il est certain qu'à l'Opéra, d'autres poètes après Quinault étaient mieux appréciés, ne serait-ce que Fontenelle, dont on avait loué en 1689 le livret de *Thétis et Pélée*. Pour ses débuts de compositeur à l'Académie royale de musique, Marais fut donc appelé à collaborer avec deux auteurs, Campistron et Louis Lully, qui ne jouissaient plus d'une bonne réputation.

Un succès inattendu

En dépit de ces conditions défavorables, *Alcide* remporta un véritable succès. Rien ne laissait pourtant présager un tel accueil. Le *Mercure galant* ne dit mot de l'œuvre et la distribution des premières représentations n'a pas été retrouvée à l'exception de deux danseurs, messieurs Piffetot et Chevrier. D'après un recueil de chorégraphies du célèbre Pecour, publié plus tard en 1704, ceux-ci furent en effet chargés d'interpréter une sarabande pendant le spectacle. Quant à la date de la création, elle n'est connue que grâce à une note laconique du fameux journal du marquis de Dangeau, où l'opéra est mentionné sous le titre d'*Hercule* : « Mardi 31 mars 1693. On joua pour la première fois l'opéra d'Hercule. Les vers sont de Campistron et la musique du petit Lully et de Marais. »

Les chansonniers s'empressèrent, semble-t-il, d'égratigner Campistron, devenu l'une de leurs cibles favorites :

On nous dit qu'en forgeant l'on devient forgeron
Il n'en est pas ainsi de Capistron.
Au lieu d'avancer il recule.
Lisez Hercule.

Et dans cette autre épigramme, où l'on s'adresse à l'infortuné poète :

En dépit de Phœbus, pourquoi rider ton front ?
Autant de vers perdus, mon pauvre Capistron,
Plus on t'entend, et plus tu parais insipide ;
J'en prends à témoin ton Alcide.

Le livret ne fut guère apprécié. Dans leur histoire manuscrite de l'Académie royale de musique, les frères Parfaict allaient plus tard le rappeler par ce jugement sévère : « Le sujet de cette tragédie est fort triste, mal conduit et la versification en est peu lyrique. » Mais, ajoutent les deux historiens, « les grands morceaux de musique en ont fait tout le succès ». Les mélomanes comptèrent parmi les défenseurs d'*Alcide* et le 17 avril 1693, note Dangeau, l'un d'entre eux, le dauphin, « alla à l'opéra d'Hercule avec madame la princesse de Conty », sa demi-sœur, connue également pour avoir fréquenté avec assiduité le théâtre lyrique parisien. On ignore combien de temps l'œuvre resta à l'affiche. Elle dut s'y maintenir pendant plusieurs semaines, voire plusieurs mois, car il fallut attendre le 11 septembre pour assister, à l'Opéra, à la création d'une nouvelle tragédie en musique, *Didon* de Desmarest.

Le succès d'*Alcide* est également attesté par plusieurs reprises à Paris dans la première moitié du XVIIIe siècle. Le 23 juin 1705, l'ouvrage parut d'abord, intitulé *La Mort d'Hercule*. Il fut servi par d'excellents interprètes, Jacques Cochereau dans le rôle d'Alcide, Marie-Louise Desmatins dans celui de Déjanire, Françoise Journet dans celui d'Iole, Gabriel-Vincent Thévenard dans celui de Philoctète et, pour la danse, Mlle de Subligny, Claude Balon, Françoise Prevost. Cette remise à la scène fut si goûtée du public qu'elle « engagea » l'Académie royale de musique à redonner l'opéra, le 21 août 1716, sous un nouveau titre, *La Mort d'Alcide*. A cette occasion, Cochereau incarna encore le personnage principal et Françoise Prevost reparut parmi les vedettes du ballet, tandis que les autres rôles importants furent confiés à Mlle Antier pour celui de Déjanire, à Mlle Huzé pour celui d'Iole et à Charles Hardouin pour celui de Philoctète. Selon les frères Parfaict, *La Mort d'Alcide* n'eut en 1716 qu'un « petit nombre de représentations, et l'on ne croyait pas que cette pièce pût être jamais remise ». Cependant, poursuivent-ils, lorsque, en 1744, François Berger fut nommé pour régir l'Académie royale de musique, il « forma le dessein de faire paraître cette tragédie et se flatta même de lui procurer une réussite marquée; mais malgré ses soins, et la dépense considérable qu'il fit, l'opéra eut encore moins de succès qu'aux reprises précédentes et ne fut joué que quatre fois ». Et pourtant quelle distribution! Le célèbre Pierre Jelyotte y parut sous les traits d'Alcide, accompagné de Mlle Chevalier sous ceux de Déjanire, de Marie Fel sous ceux d'Iole et de Chassé sous ceux de Philoctète. La Camargo et Dupré brillèrent également dans les ballets.

Les livrets qui donnent pour chaque série de représentations les noms des interprètes du chant et de la danse depuis le début du XVIIIe siècle permettent de connaître certaines des modifications apportées au cours des différentes reprises : en 1716, on supprima toute la scène 7 du premier acte et, dans le suivant, un dialogue entre Philoctète et Iole. C'est néanmoins en 1744 qu'il y eut le plus de changements : dans le prologue et les cinq actes, de nombreuses coupures furent effectuées, bouleversant même parfois les numéros de scènes ; des transformations qu'on peut encore observer sur une partition manuscrite aujourd'hui conservée à la bibliothèque de l'Opéra et qui servit certainement aux dernières reprises d'*Alcide*. Les corrections et les annotations écrites à la sanguine correspondent aux représentations de 1744 et l'on remarque, à côté de récitatifs et d'airs vocaux biffés, plusieurs danses remplacées par d'autres, dont il est difficile aujourd'hui de connaître les auteurs.

Bien avant ces interventions et dès la création de l'opéra en 1693, Louis Lully et Marais avaient fait diffuser par Christophe Ballard leur œuvre commune. Seule la page de titre fut imprimée : échaudé probablement par le peu d'exemplaires d'*Orphée* vendus en 1690 et les dettes qu'avait entraînées cet échec commercial, Louis Lully préféra avec Marais divulguer leur partition d'une manière moins onéreuse, sous la forme de copies manuscrites. On ignore le nom de celui qui fut chargé par les deux compositeurs de reproduire le fruit de leur collaboration. Était-ce le « sieur de Rougemont », déjà sollicité pour écrire la musique d'*Orphée* avant son impression par Ballard ? Les sources conservées pour *Alcide* révélant différentes versions sont suffisamment complètes avec leurs parties intermédiaires des chœurs et de l'orchestre pour, à l'aide du livret, se faire une idée assez précise de cette tragédie en musique.

Un prologue bien lullyste

Après une ouverture « à la française », lullyste, devenue bien traditionnelle avec deux mouvements graves encadrant un troisième plus rapide écrit dans un style intrigué, le spectateur est entraîné dans le temple de la Victoire, décor du prologue. Un chœur de guerriers et de divers peuples appelle la « déesse des Héros » dans ce lieu qui lui est consacré pour lui demander de ne plus toujours couronner de lauriers Louis XIV qualifié de « monarque intrépide ». Ce « roi fortuné » ne venait-il pas de remporter d'importants succès aux Pays-Bas avec la prise de Namur et la bataille de Steinkerque ? La Victoire accepte pourtant de se rendre auprès des ennemis de la France ainsi rassemblés : elle descend dans un char probablement garni de nuées et de trophées, comme le préconisait alors Berain dans ses dessins exécutés pour les représentations de l'Opéra. Elle vient déclarer qu'elle ne peut s'opposer aux projets de Louis XIV, dont la « prudence » la « force à les favoriser », et exhorte les peuples hostiles à quitter son temple où leurs « vœux ne seront jamais exaucés ». Elle préfère la présence des « habitants des climats heureux », des bergers et des pâtres « qui du plus grand des rois forment le riche empire ». A sa prière, ils accourent et rendent hommage à leur souverain. Ils se réjouissent d'abord de la paix qu'il leur assure, situation favorable à l'épanouissement de l'amour, puis décident de la célébrer à leur manière par « quelque spectacle pompeux » : les cinq actes de la tragédie en musique *Alcide.* Dans la longue critique en vers de l'opéra, laissée par un chansonnier de l'époque, ce prologue tout à la gloire de Louis XIV devait susciter le quatrain suivant :

Le Prologue est à la commune
Et Louis ce rare héros
Et roi, maître de la fortune,
N'y a que du vent et des mots.

La musique choisie pour l'éloge adressé au monarque doit être rapprochée de celle des opéras du grand Lully. Il y a d'évidentes analogies avec *Alceste*, cette autre tragédie en musique qu'avait fait représenter le compositeur florentin dès 1674 et dont le livret original offrait comme sous-titre, *Le Triomphe d'Alcide.* Cette ressemblance incita peut-être les auteurs d'*Alcide* à consulter la partition d'*Alceste* et à s'inspirer, pour le chœur des guerriers et de divers peuples lorsqu'il répète « hélas », de ce qu'avait imaginé leur illustre devancier sur le même mot pour la fameuse scène funèbre du troisième acte. Dans les deux cas, ce sont de semblables effets rythmiques avec des silences entre les interjections pour mieux souligner leur caractère dramatique. Plus loin, lorsque est annoncée l'arrivée de la Victoire et pendant sa descente dans son char, l'orchestre se pare de trompettes et de timbales, comme dans le « bruit de guerre » qui avait précédé l'apparition de la Gloire dans un palais brillant au prologue d'*Alceste*. Outre une même instrumentation, on y retrouve pour les dessus un dessin mélodique voisin avec des arpèges et des notes répétées en doubles croches. Le rythme confié aux timbales est cependant plus complexe dans *Alcide* et peut trouver son origine dans d'autres opéras de Lully, *Thésée*, *Isis*, mais aussi dans *Thétis et Pélée* de Collasse où l'on entendait également au prologue un « bruit » guerrier, héroïque, écrit dans la même tonalité de *ré* majeur et chargé encore de préparer le spectateur à l'intervention de la Victoire.

Certaines situations dramatiques poussaient les compositeurs à user des mêmes procédés. Aussi dans *Alcide*, pour décrire le caractère à la fois champêtre et galant des peuples heureux composés de bergers, de bergères et de pâtres, se devait-on de mettre en relief des instruments à vent : plusieurs danses dont un rigaudon adoptent le fameux trio d'anches lullyste avec deux dessus de hautbois et une partie de bassons. Les flûtes sont aussi à l'honneur dans la première marche et apportent leur soutien à la voix d'un « habitant des climats heureux », comme elles avaient, au quatrième acte de *Thésée* de Lully, accompagné les pas d'autres bergers aimables, les « habitants de l'Isle enchantée ».

Dans le prologue d'*Alcide*, tout n'est cependant pas emprunté à l'opéra lullyste : une introduction instrumentale à l'une des interventions de la Victoire présente à la partie supérieure une ligne mélodique d'une grande souplesse, délicatement ornée, soutenue par une harmonie raffinée, et dont la grâce appartient déjà au XVIIIe siècle. Ce signe avant-coureur d'une esthétique nouvelle est toutefois bien fugitif, comme vient vite le rappeler la traditionnelle reprise de l'ouverture avant les cinq actes de la tragédie.

La tragédie et sa critique

Le modèle de la pièce mise en musique n'a pas été directement tiré de Sophocle ou de Sénèque, ni même de *L'Hercule mourant* de Rotrou, mais plutôt d'une œuvre dramatique plus récente représentée en 1681 à la Comédie-Française, *Hercule* de La Thuillerie. Campistron s'y serait référé tout en introduisant des modifications susceptibles d'offrir un spectacle plus conforme à ceux qu'on donnait alors à l'Opéra.

Le début d'*Alcide* se déroule comme celui d'une tragédie classique, c'est-à-dire sans intervention de divinité, ni machine. Au premier acte, situé dans le palais des ancêtres de Iole, la fille d'Euritus, roi d'Aecalie, se plaint d'être avec ses fidèles sujets l'esclave d'Alcide, fils de Jupiter et d'Alcmène, « guerrier craint de tout l'univers ». Elle a vu périr les chefs de l'armée de son père et toute sa famille. Comme le rappellent ces vers extraits de la longue critique laissée par un chansonnier :

> Elle a tout perdu, nous dit-elle,
> Quand elle a perdu son papa.

Elle ne doit le salut de ses jours qu'à l'amour qu'elle porte à Philoctète, ami pourtant d'Alcide. Au cours d'un entretien qu'elle accorde à sa confidente Aeglé, « princesse du sang des rois d'Aecalie », Philoctète vient lui apprendre qu'Alcide « par ses soins » doit lui rendre la paix et son empire. Iole, sensible à une si noble attitude et pleine de reconnaissance, ne peut s'empêcher de l'assurer de la fidélité et de la pureté de ses sentiments, ce qui donne lieu à un touchant duo. Mais Alcide interrompt les deux amants et annonce qu'il veut épouser celle qu'il a fait tant souffrir afin de « réparer » ses malheurs. Une scène décrite avec humour par le chansonnier :

Alcide chasse Philoctète,
Qui s'en va sans répondre mot;
Et puis après conte fleurette
A la maîtresse de ce sot.

Iole tente bien de résister aux avances d'Alcide. La libération de son peuple la dissuade cependant de protester davantage et suscite un joyeux divertissement où l'on annonce la future union du « roi des vainqueurs » avec la « reine des belles ». Iole se réjouit des faveurs dont bénéficient désormais les Aecaliens, tout en leur demandant de cacher à ses yeux leur « joie importune ». Puis, en privé, elle fait part à Aeglé de sa douleur, celle de perdre « pour jamais l'espérance », et lui avoue qu'elle aurait été heureuse « de n'avoir point aimé ». Une situation commentée par ces vers :

Les peuples jouissent des charmes
D'une nouvelle liberté :
Iole verse encor des larmes
Et le premier acte est chanté.

Puis, poursuit le chansonnier :

Par un coup de sifflet tout change
Et l'on voit un jardin fleuri.

Celui d'Euritus, qualifié dans le livret de « superbe ». Au début de ce deuxième acte, on apprend que Déjanire, reine de Calydon, jusqu'à présent épouse d'Alcide, a quitté les états où elle est souveraine pour célébrer la dernière victoire remportée par son mari.

Elle paraît en effet, mais est surprise de l'accueil peu chaleureux d'Alcide : celui-ci lui reproche d'être partie sans son autorisation de Calydon et lui ordonne d'y retourner pour y maintenir ses lois et sa puissance. Commentaire du chansonnier :

> Peu s'en faut qu'il ne la maltraite
> Mais enfin il la plante là.
> Déjanire avec Philoctète
> Se plaint de ce procédé-là.

Désemparée, alertée déjà « par un bruit confus » d'une possible infidélité de son époux avec sa captive, elle apprend la vérité de la bouche de Philoctète et réagit avec violence, s'en prenant d'abord à Alcide qu'elle qualifie de « perfide » et d'« ingrat », puis à sa rivale dont elle désire à présent la perte. Devant tant de fureur et de menace, Philoctète demeure seul un instant avant de se consoler auprès de celle qu'il aime et de sa suivante. Et tous les trois forment bientôt un émouvant ensemble. Voici comment fut perçue cette situation dramatique :

> Elle [Déjanire] conspire contre Iole
> Résout de la mettre au tombeau;
> Et Philoctète se désole
> Iole, Aeglé font un trio.
> Tous trois entonnent tout de même,
> Que c'est le suprême des maux
> De trembler pour ce que l'on aime.
> Suprême est là bien à propos.

Philoctète et Iole se plaignent alors des lois cruelles de l'Amour qu'ils ne manquent pas d'invoquer dans leur désespoir. Tout d'un coup, une nouvelle lumière se répand sur la scène et, pour rappeler au spectateur qu'il assiste bien à un opéra, le char de Vénus descend du cintre, occupé par Cupidon. Le petit dieu vient avec une troupe de zéphirs et de nymphes réconforter le couple d'amants, en lui demandant d'espérer. C'est sur cette note optimiste, prétexte à un divertissement, que s'achève le deuxième acte.

Le décor change alors et plonge à nouveau le public dans une atmosphère dramatique en l'entraînant dans l'antre de Thestilis. Pour assouvir sa vengeance, Déjanire a en effet décidé de se rendre dans ce lieu où cette fameuse enchanteresse de la Thessalie « exerce de son art les mystères affreux ». Elle lui demande de rompre « les injustes nœuds qu'Alcide prépare de l'hymen » et surtout de faire périr Iole ou de la rendre moins belle. Thestilis, secondée d'une troupe d'enchanteresses, accepte d'invoquer les Enfers. Au cours d'une impressionnante cérémonie, un « secret » lui est révélé : le mariage tant redouté par Déjanire n'aura pas lieu et le « voile inestimable » de Nessus devra être porté par Alcide, cette tunique ayant le pouvoir de lui ravir sa « nouvelle maîtresse ». Un acte qui s'inscrit bien dans la tradition du répertoire lyrique français, où, depuis *Thésée* de Lully créé en 1675, la magie noire est particulièrement à l'honneur, recherchée pour ses effets spectaculaires. On sait quel excellent parti Thomas Corneille et Marc-Antoine Charpentier sauront en tirer, recourant cette fois à une robe empoisonnée dans leur *Médée* représentée quelques mois après *Alcide*, en décembre 1693. Le tableau infernal d'*Alcide* n'a cependant pas échappé à l'attention de notre chansonnier qui en a laissé une description fort pittoresque :

Maints sorciers et maintes sorcières
Tracent les figures qu'il faut;
Aux diables ils font leurs prières
Ou bien aux dieux tout autant vaut.
De ces dieux ou bien de ces diables
La pauvre Déjanire apprend
Qu'elle a un voile inestimable
Propre à faire un grand changement.

Au quatrième acte, l'antre de Thestilis, sinistre comme « un cachot », fait place à un décor de caractère bien différent, « un bois solitaire et agréable » avec la mer « dans l'éloignement ». Alcide, amoureux d'Iole, s'y rend et y livre ses sentiments, charmé également par le spectacle de la nature, le « bruit des flots », le chant des oiseaux, comme le rappelle le chansonnier :

Alcide vient dans un bocage
Entendre chanter les oiseaux.
Il va se coucher sous l'ombrage,
Digne amusement d'un héros!
Ce cœur farouche outre mesure
Dégénère en un doux berger;
Le ciel fait naître une aventure
Exprès, je crois, pour se venger.

Dans ce lieu propice aux confidences amoureuses, Philoctète remplace ensuite Alcide et dans un autre monologue aspire à retrouver la beauté qu'il adore. Iole paraît en effet et après avoir partagé avec lui les peines de l'absence, l'engage à redoubler leurs « ardeurs mutuelles », afin qu'on ne puisse leur « ravir la gloire de mourir fidèles ». Mais Alcide surprend les deux amants, découvre en Philoctète un rival, le menace de mort et annonce qu'avant la fin du jour il épousera Iole. Furieux, il demeure ensuite seul et prend soin de demander à Junon – connue pour son hostilité à l'égard du fils de son mari Jupiter – de ne pas s'opposer à ce nouvel hymen. Il appelle alors ses suivants, leur ordonne d'élever un trophée des dépouilles de ceux qu'il a vaincus afin de rendre hommage à la divinité. Déjanire interrompt cependant ce divertissement, chasse la « troupe importune » en déclarant qu'elle l'irrite ainsi que « la reine des Cieux ». Puis, elle invoque les dieux protecteurs de la foi conjugale et, le voile de Nessus à la main, espère qu'il agira sur son époux infidèle. Une situation résumée ainsi dans la chanson satirique :

Déjanire trouble la fête;
Veut l'amour pour son favori;
Et le dernier acte s'apprête;
Ma foi, fût-il déjà fini.

Le décor change et représente le mont Aeta, où l'on doit célébrer les noces d'Alcide et d'Iole. Tandis que Déjanire attend les effets du voile de Nessus, une troupe de prêtres, de ministres et de peuples vient se réjouir de l'événement heureux qu'on prépare pour le fils de Jupiter. Philoctète fait cependant bientôt taire ces chants d'allégresse pour annoncer qu'Alcide va périr, accablé de douleur, la tunique empoisonnée ayant provoqué sur son corps d'intolérables brûlures. Déjanire, prise de remords, veut alors mettre fin à ses jours et se jette du haut d'un précipice. Alcide paraît, révèle ses souffrances et n'aspire plus qu'à quitter sa dépouille mortelle pour rejoindre l'Olympe : après avoir réuni Iole et Philoctète qu'il avait séparés, et leur avoir demandé de lui pardonner, il se précipite dans le bûcher qu'on avait allumé pour le sacrifice destiné à fêter son mariage. Jupiter fait gronder le tonnerre et le couple d'amants peut désormais chanter :

> Le ciel enfin comble nos vœux.
> Alcide est immortel et nous sommes heureux.

Un dénouement qu'a relaté le chansonnier avec une conclusion divertissante :

> De bon cœur Déjanire enrage
> D'avoir causé l'embrasement,
> Dans la mer se jette à la nage
> Pour y terminer son tourment.
>
> Alcide dans sa rage extrême
> Voudrait la scène ensanglanter;
> Mais il périt enfin lui-même.
> On entend la foudre éclater.
>
> L'Épouse a perdu la lumière,
> Est morte de froid dans les eaux;
> L'Époux cherche une mort contraire,
> Se jette au feu et meurt de chaud.
>
> C'est là que le spectacle cesse;
> Vous, auditeurs, que je vous plains,

Qui n'allez pas après la pièce
Noyer votre ennui dans le vin.

En dépit des critiques dirigées contre Campistron, le livret d'*Alcide* n'est pas sans qualités : contrairement au jugement répandu par les frères Parfaict, l'action est assez bien menée et les vers, plus lyriques que ceux d'*Achille et Polyxène*, pouvaient inspirer les meilleurs compositeurs de l'époque.

La partition le prouve aujourd'hui encore. Au premier acte, le duo entre Iole et Philoctète, « Non, rien ne peut éteindre désormais une flamme si belle », traduit le caractère optimiste des paroles chantées par les deux amants : il est écrit dans une tonalité majeure et présente un rythme ternaire, choisi généralement à cette époque pour exprimer l'idée de bonheur dans le répertoire lyrique français.

Les récitatifs accompagnés

Plus remarquables paraissent ensuite les récitatifs accompagnés. Après la mort de Lully, ils avaient connu dès 1687 un développement exceptionnel. Dans *Achille et Polyxène*, Collasse en avait introduit non moins de quatorze dans les quatre derniers actes qui lui sont attribués. Quelques années plus tard, en 1690, Louis Lully en plaça six dans le seul acte infernal d'*Orphée*. Dans *Alcide*, ceux du premier acte confirment l'intérêt porté alors à ces grandes déclamations soutenues par l'ensemble des cordes. C'est d'abord celui de la scène 5, au cours duquel interviennent successivement Iole et Alcide. Déjà dans *Amadis* et *Armide*, Lully avait fait appel à un effectif orchestral aussi important lors des dialogues de la magicienne, Arcabonne, puis d'Armide, successivement avec une Ombre dans un cas, puis une allégorie du mal, la Haine, êtres surnaturels appelés à impressionner le public. Dans *Alcide*, il ne s'agit plus d'une enchanteresse, mais d'une séduisante princesse, et le personnage malfaisant, le fils de Jupiter, n'est qu'un demi-dieu et n'agit que parce qu'il est amoureux, un sentiment bien humain. En dépit des paroles alarmantes d'Iole et de celles plutôt rassurantes d'Alcide, l'opposition entre les deux rôles subsiste et n'est pas dans la partition en faveur du second, puisqu'on passe brusquement, lorsqu'il fait entendre sa voix, du mode majeur à celui plus sombre, mineur. On ne manque pas également d'observer, tout au long de ce dialogue mis en valeur par l'orchestre, une basse obstinée dans l'accompagnement instrumental, dessin mélodique répété, chargé d'organiser avec plus de rigueur la composition musicale et utilisé généralement pour des danses, les chaconnes, les passacailles, ou bien encore pour certains airs vocaux. Ce procédé avait déjà été au service de ce qu'on appelait alors un « récit avec accompagnement » au deuxième acte d'*Orphée*. Rien d'étonnant donc qu'il fût repris pour l'intervention d'Iole et d'Alcide dans cette forme plus libre où les parties chantées se déploient sans aucune reprise thématique et s'efforcent, comme dans les autres récitatifs, de faire progresser l'action dramatique. Elles ne s'attardent pas à décrire une situation, comme elles le font plus volontiers dans les airs, et cela en dépit du rôle insistant d'une basse obstinée. En renonçant à celle-ci, le second récitatif accompagné du premier acte d'*Alcide* offre un caractère moins ambigu. En outre, il comporte cette fois des changements de mesure, souplesse rythmique introduite par les compositeurs pour faciliter la mise en musique des paroles appelées à animer ces pièces de théâtre vivantes qu'étaient alors les opéras. Ici, Iole se prend à désespérer et les accents pathétiques de sa voix soutenue par l'ensemble des cordes sont adroitement mis en relief par une harmonie variée avec modulation à la dominante et emprunt à la sous-dominante.

Dans l'acte suivant, deux autres récitatifs accompagnés témoignent encore de ces recherches expressives qu'avait entreprises Lully à la fin de sa carrière dramatique. Le second d'entre eux prouve même qu'on n'hésitait pas dans ces pages à s'inspirer parfois fortement de ce qu'avait imaginé l'illustre compositeur pour décrire des situations analogues. Lorsque, à la scène 3, Déjanire médite sa vengeance, l'orchestre joue en effet le même rôle que dans *Armide*, quand le magicien Hidraot s'apprête à exprimer sa haine et à évoquer les puissances infernales pour entraîner Renaud dans un piège fatal. Dans les deux cas, on retrouve, outre la même tonalité de *sol* majeur, une dissonance semblable à la deuxième mesure, un accord de seconde, et de pareilles formules rythmiques saccadées susceptibles d'évoquer la fureur dont sont animés les personnages.

Pages galantes

Plus novateurs paraissent à l'acte II le divertissement et l'intervention de l'Amour chargé de l'annoncer. La pièce instrumentale jouée pendant la descente du petit dieu dans son char traduit le caractère aérien de cette apparition : deux dessus de « flûtes et violons » et une basse continue écrite en clef d'*ut* troisième ligne, dans un registre plus aigu qu'à l'ordinaire, contribuent à procurer cette impression de légèreté. Dans sa tragédie en musique *Persée*, créée en 1682, Lully avait certes déjà usé de ces timbres, de ces couleurs claires, lorsqu'à la fin de l'opéra la Gloire de Vénus venait terminer le spectacle en apothéose. Mais l'effet avait été limité à quelques mesures seulement au milieu d'une grande passacaille mettant à contribution toutes les ressources de l'orchestre. Dans *Alcide*, cette transparence résultait bien d'un choix délibéré, étant présente quasiment du début à la fin. Le dialogue entre Iole et Philoctète avant et pendant l'exécution de ce prélude avait du reste guidé l'inspiration du musicien :

IOLE

Mais quelle nouvelle lumière
Se répand dans ces lieux, et brille dans les airs?

PHILOCTÈTE

Que j'entends de charmants concerts!

IOLE

Malgré mon désespoir ils ont l'art de me plaire.

PHILOCTÈTE

L'Amour descend des cieux dans le char de sa mère.

Les successeurs de Lully avaient rapidement adopté une telle instrumentation pour décrire une apparition galante et le merveilleux espoir né de l'amour. Collasse y recourut dans *Énée et Lavinie* en 1690, soit la même année que Louis Lully dans *Orphée*. On comprend aisément dans ce contexte pourquoi le procédé fut repris pour *Alcide*. De même, le chœur de zéphirs et de nymphes qui suit l'intervention de Cupidon, « L'Amour s'intéresse pour vous », peut être rapproché d'un menuet chanté au deuxième acte d'*Énée et Lavinie* par deux driades et un faune, « L'Amour prend pour une offense le désespoir des amants ». Dans les deux cas, on remarque en effet un ensemble à trois voix, deux de dessus et une de haute-contre, soutenu à nouveau par une basse continue écrite en clef d'*ut* troisième ligne. Des violons chargés de doubler les deux parties supérieures ont été seulement ajoutés dans *Alcide*, venant ainsi renforcer par leurs sonorités le caractère à la fois galant et céleste des suivants de l'Amour.

LE « CAPRICE »

Le divertissement sur lequel s'achève le deuxième acte recèle également une pièce instrumentale vraisemblablement prévue pour une danse et qui paraît bien inédite dans le répertoire de l'opéra français de l'époque. Généralement, pour les airs de ballets, on se référait à ceux qu'avait adoptés Lully et dont les rythmes et les structures étaient définis par des formes devenues familières, tels le rigaudon, la sarabande et le menuet placés au prologue et au premier acte d'*Alcide*. Dans un but essentiellement théâtral, on avait aussi recours à d'autres appelés à décrire le caractère et parfois l'action des rôles confiés aux interprètes. Depuis l'époque de Lully, on les désignait par les noms des personnages pour lesquels ils avaient été conçus. Ce sont des « airs » ou des « entrées » pour des combattants, la suite de Flore, des Furies. Mais à la fin du deuxième acte d'*Alcide*, il s'agit d'un « caprice », terme qu'on ne trouve dans aucun opéra précédent et qui laisse supposer une certaine fantaisie. A la lecture, cette pièce instrumentale ne révèle aucune intention descriptive et présente un peu l'allure et les dimensions d'une chaconne ou d'une passacaille. Le début se développe cependant librement à deux temps puis, à la vingt-quatrième mesure et jusqu'à la fin, le rythme ternaire avec une basse obstinée s'impose. En dépit encore d'un passage où les parties supérieures semblent tenter de s'exprimer sans contrainte, la composition devient de plus en plus rigoureuse avec la répétition de phrases mélodiques toutes les quatre ou huit mesures. Comme dans les chaconnes ou les passacailles, le passage de l'écriture à cinq voix à celle plus légère en trio et l'alternance des modes majeur et mineur viennent heureusement apporter des éléments de diversité.

Les scènes infernales

Ce caprice, sur lequel semble se construire un monde solide et optimiste, conforme aux vœux de l'Amour, cède brutalement sa place, dans l'acte suivant, à l'évocation d'un univers infernal, celui de l'antre où Thestilis accomplit tous ses maléfices. Merveilleux prétexte pour un compositeur de cette époque désireux de faire usage de certains procédés descriptifs. Dès le prélude de la première scène, au cours duquel se met en place le décor obscur et inquiétant, mais aussi pour l'invocation des « esprits » chargés d'obéir à la magicienne et l'« Air pour les enchanteresses de la Thessalie », les dessus jouent le plus souvent dans un registre grave, les rythmes saccadés se succèdent, les lignes mélodiques offrent un dessin mouvementé avec des traits rapides en triples croches se déployant parfois sur l'étendue d'une gamme entière. Ces « fusées préramistes », susceptibles d'accompagner les feux d'artifice allumés sur la scène du Palais-Royal pendant les représentations infernales, avaient été déjà imaginées par Theobaldo de Gatti, le compagnon de Marais à l'Académie royale de musique, dans sa pastorale héroïque *Coronis* créée deux ans auparavant au théâtre lyrique parisien. Elles n'étaient donc pas d'une invention nouvelle et trouvent leur origine dans l'« Entrée des Songes funestes » d'*Atys*, fameux air instrumental écrit certes avec d'autres valeurs, mais qu'on faisait jouer, selon Lecerf de La Viéville, comme morceau de concours aux musiciens désireux d'entrer dans l'orchestre de l'Opéra. Ce modèle lullyste était trop connu pour ne pas laisser de traces dans le répertoire donné après la mort du Florentin et des emprunts évidents, tant sur le plan harmonique que mélodique, peuvent être décelés dans *Alcide*, dans le prélude précédant les invocations de Thestilis.

Le chœur des enchanteresses de la Thessalie, « Divinités des sombres bords », dont le thème initial est annoncé par la magicienne, est d'une inspiration plus originale. Considéré comme « du grand beau » par les frères Parfaict, il fit pendant longtemps la réputation d'*Alcide*. Placé au cœur de la partition, il fut aussitôt remarqué du public et devint le morceau le plus célèbre de l'opéra. Il pouvait en effet laisser une forte impression par la beauté de ses nobles harmonies, le caractère expressif des retards et de la ligne mélodique supérieure appelée parfois à descendre brusquement d'une sixte mineure pour mettre en valeur le mot « sombres ». Pour noircir davantage encore cette fresque sonore, l'orchestre offre la particularité de comporter deux parties de quintes de violon, les plus graves de celles qui sont intermédiaires dans le groupe des cordes. Une initiative qu'on observe dès les premières mesures de cet ensemble magnifique :

L'exécution de ce chœur ne réclamait pas seulement le concours d'instruments et de voix bien graves pour des enchanteresses. D'après une indication portée sur la partition ayant servi à la reprise de 1744, il est en effet précisé qu'il fallait communiquer la musique au danseur Malter cadet, chargé d'incarner une magicienne dans le spectacle, et « lui marquer ce qui est chœur et symphonie », de manière à lui permettre de mieux prévoir l'intervention du ballet pendant les représentations.

DU RÔLE DES MODES À LA « SYMPHONIE » DESCRIPTIVE

Au début du quatrième acte, la partition conserve quelque tonalité sombre : un prélude, puis un grand récitatif accompagné en *ré* mineur nous font partager les peines d'Alcide. Mais bientôt, lorsque le fils de Jupiter se sent réconforté par le spectacle de la nature, le mode devient majeur et sert une forme plus structurée, un air comportant une reprise, soutenu toujours par l'ensemble des cordes. Le procédé est simple mais d'une efficacité théâtrale certaine, et prouve qu'à cette époque les compositeurs d'opéras savaient déjà accorder aux tonalités un rôle psychologique. Cette démarche ne les empêchait pas de faire des concessions au goût du jour, comme l'atteste un air de danse placé dans le divertissement du même acte d'*Alcide* et qu'on appelait « canaries » en souvenir, dit-on, de ses origines espagnoles. Il avait certes déjà été introduit par Lully en 1677 dans *Isis*, mais il semble qu'à partir de 1690, il connut une plus grande vogue encore dans les spectacles parisiens : après en avoir relevé un dans *Énée et Lavinie*, on en trouve ensuite chaque année, dans *Coronis* en 1691, dans le *Ballet de Villeneuve Saint-Georges* de Collasse donné l'année suivante et, en 1693, dans *Didon* de Desmarest, *Médée* de Charpentier, *Alcide*. Reflet d'une mode, cette danse connut dans ce dernier ouvrage une existence bien éphémère, puisqu'elle allait être supprimée lors de la reprise de 1744.

En 1693, elle avait été jouée au moins deux fois pendant les représentations, à titre d'entracte. Son rythme joyeux et sa tonalité bien affirmée de *sol* majeur devaient néanmoins créer un contraste saisissant avec toute la fin de la tragédie en musique, presque entièrement traitée dans le mode mineur et comportant, il est vrai, de nombreuses scènes pathétiques. Les ressources dramatiques déjà observées au prologue et dans les actes précédents ont été en partie réutilisées, apportant ainsi plus d'unité et de cohésion à l'œuvre. On y retrouve dans le prélude de la dernière scène ces rythmes pointés alternant avec des traits rapides en triples croches, mais aussi les tristes accents d'un chœur lullyste se lamentant sur le mot « hélas ». Deux récitatifs accompagnés adoptent encore une basse obstinée : l'un en *la* majeur, où Alcide aspire à une mort qui le délivre de ses douleurs, et l'autre en *la* mineur, où le demi-dieu fait amende honorable au couple d'amants qu'il avait voulu séparer. Il y a enfin des pages directement inspirées de celles des opéras de Lully, tel le désarroi d'Alcide évoqué comme les fureurs de Roland avec une basse continue mouvementée, bouillonnante, en perpétuelle agitation, ou encore le tonnerre lancé par Jupiter décrit à la fin de l'opéra par une « symphonie » rapide, dont les rythmes semblent être empruntés à celle qui achève *Armide* et pendant laquelle est détruit dans un terrible fracas le palais de la magicienne.

Après ces remarques qu'inspire la partition d'*Alcide*, une question primordiale reste posée. Quelle est la part de Marais dans cette œuvre écrite en collaboration ? Contrairement à d'autres opéras pour lesquels le rôle de chacun a été indiqué, aucune source de l'époque n'a permis jusqu'à présent de le savoir. Dans son *Dictionnaire de musique* publié en 1931, Hugo Riemann a affirmé qu'*Alcide* est « entièrement de Marais », sans toutefois en apporter la preuve. Sans doute supposait-il Louis Lully incapable de participer à l'élaboration d'un tel ouvrage lyrique. Aujourd'hui, après avoir lu *Orphée*, on sait qu'il n'en est rien et qu'il y a déjà dans cette autre tragédie en musique signée par le fils aîné du grand Lully des pages d'une belle intensité dramatique. On serait certes tenté d'attribuer à Marais, dont la carrière fut plus prestigieuse, les morceaux les plus remarquables. Mais, il faut bien l'avouer, rien n'autorise à pratiquer une telle expertise. De même, les passages les plus inspirés de l'œuvre du Florentin sont-ils de l'élève éduqué par son père ou du disciple formé par le directeur de troupe ? La seule hypothèse qu'on puisse sérieusement avancer réside dans le « caprice » du deuxième acte. Par ses qualités inventives n'annonce-t-il pas les chaconnes des futurs opéras de Marais ? En dépit encore de nombreux emprunts aux ouvrages de Lully, *Alcide* révèle déjà un très beau chœur original, « Divinités des sombres bords », un emploi judicieux des tessitures des voix et des instruments, mais aussi un rôle psychologique accordé aux différents modes majeur et mineur.

Ariane et Bacchus ou l'opéra oublié

Un poète obscur : Saint-Jean

Fort du succès d'*Alcide,* Marais donna au public trois ans plus tard, en 1696, une autre tragédie qu'il avait été cette fois seul à mettre en musique, *Ariane et Bacchus.* Pour ce deuxième coup d'essai à l'Opéra, il s'assura du concours d'un poète obscur, Saint-Jean, qui ne laissa qu'un livret et dont on ignore aujourd'hui jusqu'au prénom. Au milieu du XVIIIe siècle déjà, les frères Parfaict écrivaient dans leur histoire manuscrite de l'Académie royale de musique :

> Tout ce qu'on sait de Saint-Jean est qu'il n'a jamais composé que ce seul ouvrage, qu'il a passé sa vie dans des commissions et des emplois dans les affaires du Roy, et qu'il est mort il y a longtemps chargé d'une commission à Perpignan.

Ces quelques indications n'ont pas permis de retrouver la trace d'un auteur dramatique si vite oublié. Le choix d'un tel collaborateur pour Marais fut-il à l'origine du faible succès d'*Ariane et Bacchus* ? D'après les frères Parfaict, la cause en serait qu'en 1696, l'année « ne fut pas favorable aux nouveaux opéras ». Il est vrai qu'à cette date, *Jason* de Collasse remporta, selon une expression de l'époque, un « mauvais succès ».

Désaffection pour la tragédie en musique

Depuis quelques années aussi, le noble genre qu'avaient créé Quinault et Lully ne recueillait plus la même faveur auprès du public. Dès la fin de l'année 1693, il avait essuyé une série d'échecs retentissants : ce fut d'abord *Médée* de Charpentier, puis *Céphale et Procris* d'Élisabeth-Claude Jacquet de La Guerre, qui en 1694 « expira à sa cinquième ou sixième représentation ». La même année, *Circé* de Desmarest ne fut appréciée qu'en partie seulement, les vers de madame de Saintonge étant jugés « froids », et *Théagène et Chariclée* du même compositeur déclencha en 1695 les plus vives critiques. Seuls, d'autres spectacles lyriques, les « ballets » parvenaient à susciter encore un réel enthousiasme, notamment celui des *Saisons* de Collasse où était adoptée pour la première fois sur la scène parisienne la conception nouvelle de l'opéra-ballet.

Les causes de cette désaffection sont multiples. Dès le mois de décembre 1693, les conséquences de la fameuse querelle de la moralité du théâtre firent tout d'abord sentir leurs effets. Les milieux dévots s'en étaient pris avec violence à l'opéra, un spectacle qu'ils jugeaient alors « d'autant plus dangereux qu'à la faveur de la musique dont les tons sont recherchés exprès pour toucher, l'âme est bien plus susceptible des passions qu'on y veut exciter, et particulièrement celle de l'amour qui est le sujet le plus ordinaire de cette sorte de comédie ». A cette époque, les tragédies en musique de Quinault et de Lully ne furent guère épargnées, comme le rappelle la célèbre satire de Boileau publiée en 1694 :

> De quel air penses-tu que ta Sainte verra
> D'un spectacle enchanteur la pompe harmonieuse,
> Ces danses, ces Héros à voix luxurieuse;
> Entendra ces discours sur l'Amour seul roulans,
> Ces doucereux Renauds, ces insensés Rolands;

Saura d'eux qu'à l'Amour, comme au seul Dieu suprême,
On doit immoler tout jusqu'à la vertu même ?
Qu'on ne saurait trop tôt se laisser enflammer,
Qu'on a reçu du ciel un cœur que pour aimer,
Et tous ces lieux communs de morale lubrique
Que Lulli réchauffa des sons de sa musique ?

Mais plus encore que des considérations morales, l'évolution du goût était défavorable à la tragédie en musique. Le public commençait à se lasser du merveilleux mythologique dont était de plus en plus envahi ce spectacle. En 1695, Louis Ladvocat remarquait à propos de *Théagène et Chariclée* qu'on allait représenter :

J'appréhende bien que l'ennui du parterre ne vienne du peu de nouveauté qu'on peut fournir à l'humeur inquiète des Français. Tous les dieux et les diables y ont paru, il est présentement difficile de leur donner un caractère de nouveauté qui puisse plaire.

Et le même Ladvocat de craindre encore pour *Jason* « que le tragique cothurne n'en soit plus si fort à la mode ». Dans ce contexte, le faible succès d'*Ariane et Bacchus* s'explique davantage.

Les principaux interprètes et les répétitions

Pourtant, rien n'avait été négligé pour l'interprétation de ce nouvel opéra de Marais. Dès le lundi 16 janvier 1696, les rôles furent confiés aux meilleurs chanteurs du temps. Celui d'Ariane aurait d'abord été attribué, d'après Ladvocat, à Marie-Louise Desmatins. Mais il est possible qu'elle ait été ensuite remplacée par l'illustre Marie Le Rochois, l'inoubliable Armide, comme le précisent les frères Parfaict, auxquels nous devons pour les autres personnages la distribution suivante :

Bacchus : Louis Gaulard du Mesny ;
Aenarus, roi de Naples : Jean Dun ;

Dircé, sœur d'Aenarus; Françoise Moreau, dite Fanchon;

Corcine, confidente d'Ariane : Marie-Louise Desmatins;

Adraste, prince d'Ithaque : Charles Hardouin;

Géralde, magicien : le sieur Guyard;

Alecton : Claude Desvoyes.

Le jeudi 19 janvier 1696, Ladvocat annonçait pour le samedi suivant, soit le 21, la première répétition des chœurs que devait diriger Marais. Le 6 février, ce conseiller au Grand Conseil, sollicité parfois pour donner son avis sur les livrets ou sur les chanteuses qu'on engageait à l'Opéra, révèle dans une lettre adressée à l'abbé Dubos qu'il avait entendu dans son cabinet « les airs de violon » d'*Ariane et Bacchus*, lesquels lui paraissaient « des meilleurs ». Il eut également l'occasion d'écouter des parties vocales puisqu'il ajoute : « les chœurs en sont très beaux », mais « pour les rôles, on n'en est pas si content, peut-être que les 3e, 4e, et 5e actes seront plus beaux. Ainsi soit-il ». Au début du mois de février, seuls les deux premiers actes et probablement aussi le prologue avaient donc été répétés. Toujours selon Ladvocat, Marais espérait « mettre sur pied » l'opéra le 20 février. La première représentation fut cependant repoussée, d'abord au 23, et l'on sait par le catalogue de Lavallière qu'elle eut lieu deux semaines plus tard, le 8 mars 1696.

Réutilisations et sources musicales

L'accueil réservé à *Ariane et Bacchus* ne fut pas suffisamment chaleureux pour envisager par la suite une reprise. Certains morceaux furent néanmoins réutilisés dans *Télémaque,* une tragédie en musique composée de « fragments des modernes », représentée au théâtre lyrique parisien le 11 novembre 1704. A l'instar de ce qu'on avait fait deux ans auparavant avec *Les Fragments de Monsieur de Lully,* des extraits d'opéras plus récents furent réunis pour former un spectacle dont la cohérence était assurée par le poète Antoine Danchet, chargé à cette occasion d'écrire avec Campra des transitions. D'après un « avertissement » publié en tête du livret, ils furent choisis parce qu'ils avaient été « applaudis » ou « indiqués » par des « connaisseurs ». Deux d'entre eux tirés d'*Ariane et Bacchus* ont été placés au quatrième acte de *Télémaque.* Il s'agit de récitatifs accompagnés qui figurent dans le premier ouvrage à la fin des monologues de Junon et d'Ariane aux scènes trois et cinq du troisième acte.

La partition d'*Ariane et Bacchus* fut publiée comme le livret, lors de la création en 1696. Imprimée par Christophe Ballard, elle devait être entièrement diffusée sans les parties intermédiaires des chœurs et de l'orchestre, comme on avait pris l'habitude de le faire depuis *Céphale et Procris* d'Élisabeth-Claude Jacquet de La Guerre en 1694. Cette réduction avait l'avantage d'être moins onéreuse qu'une partition générale et de faciliter la lecture des amateurs désireux de jouer chez eux les opéras au clavecin avec le concours de quelques chanteurs et instrumentistes. Témoignage précis d'une version, mais aujourd'hui bien insuffisant si l'on veut redonner une œuvre telle qu'elle était interprétée à l'Académie royale de musique. Pour *Ariane et Bacchus*, il existe heureusement une copie manuscrite où toutes les parties sont mentionnées. Elle fut réalisée par les soins d'André Danican Philidor, dit Philidor l'aîné, pour le comte de Toulouse, probablement en 1703 avec neuf autres volumes également conservés de matériel vocal et instrumental.

Recherches expressives et réminiscences d'*Alcide*

L'opéra débute par une ouverture à la française en *ré* mineur, dont il faut souligner le caractère particulièrement dramatique. Celles qu'avait composées Lully pour ses tragédies en musique étaient plutôt majestueuses et faisaient penser par leur allure monumentale à ces grands portiques capables d'entraîner le spectateur dans un univers à la fois noble et harmonieux. Une impression qu'allaient procurer pendant longtemps encore celles des successeurs du Florentin interprétées par l'orchestre du théâtre lyrique parisien. Mais à partir de 1696, sous l'influence du rôle descriptif de plus en plus important accordé aux parties instrumentales, elles se parent parfois d'accents pathétiques, annonciateurs des drames développés dans les cinq actes des tragédies en musique. On commence à observer cette tendance dans celle de *Jason* de Collasse : dans le premier mouvement, les notes pointées s'accompagnent au dessus comme à la basse de groupes de trois triples croches venant accentuer le rythme saccadé de ce début assombri déjà par la tonalité de *sol* mineur. Dans l'ouverture d'*Ariane et Bacchus*, jouée quelques mois plus tard, ce sont de plus longs traits écrits avec des valeurs aussi brèves qu'on remarque dès la première mesure. Rappel encore du langage utilisé à l'époque par Marais et ses contemporains pour évoquer les scènes infernales.

A cette page si prometteuse succède un prologue d'un tout autre caractère. Au lieu d'assister à quelque spectacle épouvantable où peuvent intervenir à tout moment monstres et autres puissances diaboliques surnaturelles, le public est invité à se rendre dans un cadre agréable et même familier. Le premier décor d'*Ariane et Bacchus* montre en effet « la ville de Paris dans un de ses plus beaux points de vue ». L'idée n'était pas nouvelle, puisqu'en 1671 déjà, pour l'ouverture de l'Académie d'opéra, les Parisiens avaient pu contempler une représentation du Louvre dans le prologue de *Pomone*. Comme dans la pastorale de Cambert, les personnages appelés à se produire sur scène échappent cependant à la réalité, par leur caractère allégorique ou leur origine mythologique. Ce sont d'abord des divinités, des Fleuves, des Ruisseaux et des Fontaines. Avec la

Nymphe de la Seine, ils viennent se réjouir d'être épargnés des « fureurs de la guerre », celle de dix ans qui touchait alors à sa fin et dont le théâtre était suffisamment éloigné pour laisser régner à Paris « les Amours et les Jeux ». Pan, dieu des bergers, propose de préparer des « fêtes nouvelles pour le plus juste et le plus grand des rois », Louis XIV. Le souverain, mélomane, n'aime-t-il pas, « après avoir cueilli des palmes immortelles, se délasser » parfois d'un concert de voix ? Pour ce divertissement, Terpsichore, muse des spectacles, choisit comme sujet l'histoire d'Ariane et Bacchus. Mais elle est vite interrompue « par un bruit de timbales et de trompettes ». La Gloire, accompagnée de sa suite, descend alors, comme la Victoire dans le prologue d'*Alcide*, du haut du cintre dans une machine céleste. Elle paraît ainsi pour compléter avec panache l'hommage rendu à Louis XIV : elle lui permet de « voler de victoire en victoire » et rappelle aux « mortels » qu'ils lui doivent un « repos si doux, si plein d'attraits ». Avec la Nymphe de la Seine, Pan et le chœur, elle conclut par cet éloge :

> Puissent les destinées,
> Au gré de nos souhaits,
> Prolonger ses années!
> Tous nos vœux seront satisfaits.

Pour l'intervention de la Gloire, Marais se contenta de s'inspirer fortement de ce qu'il avait dû composer, lui ou son collaborateur Louis Lully, dans le prologue d'*Alcide* pour l'apparition de la Victoire. Que ce soit le « bruit » chargé d'annoncer la venue de l'allégorie ou la « descente » jouée ensuite, les deux pièces adoptent la même instrumentation, des rythmes semblables avec une mesure ternaire pour la première, puis binaire pour la seconde, et des formules identiques susceptibles d'animer à la partie supérieure un dessin mélodique où l'on retrouve les mêmes intervalles disjoints.

A côté de cet extrait d'*Ariane et Bacchus* écrit dans

un style héroïque et qu'on peut presque regarder comme un emprunt à une œuvre antérieure, le reste du prologue retient l'attention par le caractère galant, particulièrement bien développé dans une danse « pour la suite de la Nymphe », puis dans un air vocal confié à un Plaisir, « sous cet heureux empire », et placé par le compositeur entre une bourrée et une gigue. Outre un rythme ternaire, ces deux pages révèlent des ornements capables d'apporter plus de souplesse et d'élégance à la ligne mélodique supérieure : ce sont des coulés venant délicatement relier deux notes entre elles, comme le ferait une appoggiature. Marais n'était pas le premier à en user : Henry Desmarest y avait déjà recouru dans ses opéras représentés à l'Académie royale de musique entre 1693 et 1695, *Didon, Circé, Théagène et Chariclée* et *Les Amours de Momus.* Il l'avait fait également dans un but expressif et même souvent pour des scènes galantes. Dans *Ariane et Bacchus,* les coulés sont si intégrés dans la phrase musicale qu'ils ne sauraient en être dissociés, notamment pour l'air de ballet où ils contribuent avec d'autres ornements à suggérer les gestes gracieux des suivantes de la Nymphe :

Ce n'est qu'à la fin du prologue que Marais cherche véritablement à innover : au lieu de faire rejouer l'ouverture, comme cela était devenu l'usage, il en compose une seconde pour assurer la transition avec l'acte un. Comprenant également trois mouvements, la nouvelle pièce instrumentale est écrite cette fois en *sol* majeur, mais ne manque pas dans sa conclusion grave d'assombrir du mode mineur plusieurs mesures, annonçant ainsi le caractère de la tragédie.

La tragédie et ses emprunts à d'autres spectacles

Contrairement à ce qu'affirmèrent les frères Parfaict dans leur *Dictionnaire des théâtres de Paris,* le sujet d'*Ariane et Bacchus* a peu de rapport avec celui qu'avait traité Thomas Corneille dans son *Ariane,* où la fille de Minos rivalise avec sa sœur Phèdre dans son amour pour Thésée. En revanche, il y a davantage d'analogies avec le livret de Saint-Jean dans *Les amours ou le mariage de Bacchus et d'Ariane*, comédie héroïque de Donneau de Visé représentée en 1672 au Théâtre du Marais avec une importante machinerie : on y retrouve le même dénouement et des situations semblables avec des effets de mise en scène que l'Académie royale de musique pouvait reprendre à son compte.

Un dessin de l'atelier de Berain, aujourd'hui conservé au Nationalmuseum de Stockholm, permet de se faire une idée du décor prévu pour le premier acte d'*Ariane et Bacchus*. On y reconnaît « une grotte terminée par une mer à perte de vue ». Afin d'accorder plus de profondeur et de diversité au paysage, Berain a ajouté des arbres de chaque côté, aux premiers plans, se souvenant probablement de ce qu'avait imaginé son prédécesseur italien, Giacomo Torelli, pour le prologue d'*Andromède* de Corneille. Dans ce lieu sauvage où de hauts rochers bordent le rivage, Ariane se plaint d'avoir été abandonnée par Thésée, une peine dont elle ne parvient pas à se consoler et qu'elle transforme bientôt en fureur lorsqu'elle apprend de sa suivante Corcine qu'elle est trompée par sa propre sœur, Phèdre. Bouleversée par cette révélation, elle s'évanouit. Survient alors un prince d'Ithaque amoureux d'elle, Adraste, qui voudrait tirer parti de la situation, mais son confident, le magicien Geralde, l'en dissuade et lui rappelle qu'il est promis à une autre, Dircée, la sœur du roi de Naxe (Naxos), Aenarus. Celle-ci ne tarde pas du reste à paraître. Elle s'étonne de la froideur d'Adraste et s'aperçoit qu'il est troublé lorsqu'elle prononce le nom d'Ariane. Son frère Aenarus annonce ensuite l'arrivée de Bacchus qui revient victorieux de l'Inde, et, pour favoriser le voyage de ce héros sur la mer, il ordonne la célébration d'un sacrifice à Neptune. La cérémonie, animée de danses et au cours de laquelle ce dernier dieu accepte d'enchaîner les vents impétueux, est toutefois interrompue par Junon, jalouse des honneurs réservés à Bacchus, fruit des amours de son époux Jupiter et de la belle Sémélé.

En dépit du courroux de la déesse, le changement de décor transporte au deuxième acte le spectateur dans le port où doit être accueilli Bacchus. Ariane, remise de ses émotions, s'y rend et pour cesser de souffrir n'aspire plus qu'à la mort. L'Amour sur un nuage cherche bien à la consoler en lui annonçant qu'elle sera aimée de Bacchus. Adraste ensuite lui propose son cœur et sa couronne. Mais la fille de Minos ne veut rien entendre. Acclamé par des « peuples qu'on ne voit point », Bacchus arrive et d'emblée il est conquis par la beauté d'Ariane. Après un divertissement où paraissent ses suivants, ceux du roi Aenarus et deux matelots, il lui déclare son amour. Troublée, Ariane s'enfuit.

Au troisième acte, le décor représente « des berceaux de treillage, avec des portiques, des statues et des fontaines ». Cette description, mentionnée dans le livret, correspond exactement à ce que révèle une contre-épreuve d'un dessin à la pierre noire, exécutée dans l'atelier de Berain et qu'on peut voir de nos jours dans un recueil aux Archives nationales. Un document précis où l'on observe dans une composition rigoureusement symétrique une architecture légère en partie soutenue par de gracieuses cariatides. Dans ce jardin galant, Adraste demande à Junon d'empêcher Bacchus de conquérir le cœur d'Ariane. La déesse paraît aussitôt sous les traits de Dircée qu'elle éloigne dans une île.

Elle fait croire à Ariane que cette princesse est également aimée du fils de Jupiter, d'abord oralement, puis par l'intermédiaire de Songes après l'avoir endormie. Dépitée, la fille de Minos s'éveille mais, heureusement, l'Amour vient lui annoncer que ce n'était qu'un mauvais rêve et lui révèle les machinations de Junon.

Dans le palais d'Aenarus, Ariane, reprenant confiance, retrouve au début du quatrième acte Bacchus et, après une brève explication, partage avec lui des sentiments amoureux. Adraste assiste cependant à la scène. Devenu furieux, il décide de se venger. Il demande alors à Geralde de se livrer à ses enchantements, d'invoquer les Enfers, mais les démons refusent d'agir contre le fils de Jupiter. Seule la terrible furie Alecton accepte de porter la jalousie dans le cœur d'Ariane.

Le dernier acte se passe, selon le livret, dans « un grand salon qui paraît avoir été décoré pour quelque grand spectacle. De retour d'exil, Dircée se lamente d'avoir été délaissée d'Adraste et apprend qu'Ariane est jalouse d'elle, la croyant aimée de Bacchus. Celle-ci arrive en effet en colère et veut tuer le dieu dont elle est éprise. Mais en le voyant, le bras dont elle est armée s'immobilise, comme celui d'Armide dans l'opéra de Quinault et Lully. Émue, Ariane veut alors se suicider. Bacchus l'empêche cependant de commettre un tel acte en lui arrachant son poignard. Adraste le surprend dans ce geste salvateur et, s'imaginant qu'il cherche à faire périr Ariane, le combat. Bientôt, leurs suivants s'en mêlent et luttent entre eux. Ayant tué Adraste dans les coulisses, Bacchus revient sur scène auprès d'Ariane, mais celle-ci le repousse, « le cœur toujours agité d'une fureur mortelle ». Soudain, « le tonnerre se fait entendre, l'air paraît tout en feu, le ciel s'ouvre, Mercure descend » et Jupiter, du haut probablement de son trône, s'adresse à Bacchus :

> Pour éterniser la mémoire
> D'Ariane et de votre amour,
> Je veux, mon fils, qu'au céleste séjour,

Sa couronne à jamais fasse éclater sa gloire.
Par elle l'Univers, instruit de ses vertus,
Parlera d'Ariane autant que de Bacchus.

A ces mots, Junon déclare qu'elle ne s'opposera pas à la volonté de « tous les dieux ». Après avoir été touchée par le caducée de Mercure, Ariane recouvre la raison et désormais l'union des deux amants peut être célébrée. Au cours d'un brillant divertissement sur lequel s'achève l'opéra, « deux Amours qui tenaient la couronne d'Ariane la portent au ciel, où elle est changée en une couronne d'étoiles ».

Lors des répétitions, Ladvocat craignit qu'en décoiffant la Desmatins, connue pour avoir « perdu tous ses cheveux », ils ne l'obligent à demeurer sur scène sans son bonnet de nuit, risquant ainsi de l'enrhumer et de compromettre sa carrière. Un inconvénient auquel on était alors sensible et qui provoqua peut-être, comme le laissent supposer les frères Parfaict, le remplacement de la Desmatins par la Rochois pour interpréter le rôle d'Ariane.

Effets dramatiques et décoratifs

Dès la première scène de la tragédie en musique, Marais avait accordé, il est vrai, à ce personnage principal une remarquable dimension dramatique. Deux récitatifs accompagnés lui sont réservés, traduisant avec force ses souffrances. Le premier, « Reviens trop volage Thésée », ne manque pas d'emprunter aux plaintes lullystes, notamment à celle de *Psyché*, une ligne chromatique descendante chargée, à la basse instrumentale, d'exprimer la douleur. Avec le second, « les dieux, les justes dieux », il présente des harmonies audacieuses, des accords de quinte diminuée, de septième majeure, et, pour mieux souligner encore certains mots du livret, « barbare », « chemin de la mort », la partie vocale effectue tantôt un brusque saut de sixte mineure sur un intervalle mélodique, tantôt une longue descente dans le grave. Entre ces deux pages pathétiques, un duo émouvant entre Ariane et sa confidente Corcine est délicatement teinté de mélancolie grâce à un emploi judicieux de modulations dans des tonalités mineures.

La fin de l'acte n'est pas moins intéressante : il y a dans le divertissement, au cours duquel un hommage est rendu à Neptune, une marche pour les « suivants du sacrificateur », lente, tout empreinte de gravité, où Marais s'est plu encore à glisser des dissonances savoureuses, des septièmes majeures et mineures, pour mieux faire goûter la beauté de l'harmonie. Plus loin, lorsque cette assemblée sacrée s'adresse au dieu et lui demande de calmer « les vents impétueux », la partition s'anime : la voix du soliste, puis celles du chœur dessinent dans des vocalises les chaînes capables de maintenir prisonniers ces éléments naturels, tandis qu'à l'orchestre les dessus révèlent, avec des groupes de croches liées par deux, une autre image, celle des flots de la mer. Marais a certainement puisé cette dernière idée dans *Atys* de Lully, où déjà un semblable dessin mélodique avait tenté, soit d'imiter le mouvement de l'eau se déversant des urnes des dieux Fleuves, soit seulement de caractériser ces personnages issus d'un univers aquatique.

Au début du deuxième acte d'*Ariane et Bacchus*, de nouveaux procédés sont mis en œuvre pour décrire les tourments de la fille de Minos. C'est d'abord un grand air soutenu par l'ensemble des cordes, « Quel plaisir prenez-vous à prolonger ma peine » ? Dans cette belle déclamation où se manifeste l'influence du récitatif accompagné par plusieurs changements de mesure, le thème initial écrit dans la tonalité sombre d'*ut* mineur est en effet repris pour insister davantage sur la persistance d'une situation déplorable. En dépit de l'apparition de l'Amour sur un nuage, éclairée par les sonorités chaudes des flûtes, Ariane, inconsolable, exprimera son désespoir sur l'accord le plus dissonant auquel pût alors recourir un compositeur d'opéras : une septième diminuée sur une pédale de tonique. Quelle harmonie trouble et bien dérangeante pour les oreilles de l'époque ! Marc-Antoine Charpentier, qui l'avait le premier introduite à l'Opéra en 1693 dans *Médée* pour mieux décrire les noirs desseins de la magicienne, ne fut-il pas qualifié de « compositeur dur et barbare » ? Trois ans plus tard, Marais n'hésite pourtant pas à user d'une telle hardiesse d'écriture pour attirer l'attention du public sur les « nouveaux malheurs » d'Ariane. Et lorsque, aussitôt après, cette princesse supplie qu'on la laisse à sa douleur, ne reprend-il pas, à la basse continue, le même dessin chromatique descendant auquel il avait déjà eu recours à la première scène de la tragédie en musique ?

Au deuxième acte, tout n'est pourtant pas si pathétique. Il y a dès la première scène un trio d'anches bien lullyste, « bruit » annonciateur du divertissement auquel on assiste plus loin, et au cours duquel est fêtée l'arrivée de Bacchus. On y entendra en effet un chœur animé de transitions purement instrumentales où des violons et une partie de bassons viennent renforcer deux dessus de hautbois. Parmi les danses, on ne peut enfin passer sous silence une longue chaconne de 225 mesures, où Marais déploie tous ses talents de compositeur. Le développement de cette pièce est remarquable, avec à intervalles réguliers des passages écrits à trois voix, constituant des sortes de paliers autour desquels peut s'organiser et progresser la pensée musicale. Le dessin mélodique des dessus puis des basses s'anime peu à peu, avant que ce mouvement ne cède la place à d'autres épisodes, dont Marais cherche à varier la couleur harmonique en changeant de tonalités.

Les sommeils et les songes

Le troisième acte, avec l'intervention du Sommeil, allait encore donner l'occasion d'écrire une grande pièce instrumentale. Moment privilégié dans l'opéra, habilement préparé par le compositeur lors d'un air et d'un récitatif accompagnés tous deux par l'ensemble des cordes pour mieux révéler les intentions des paroles chantées par Ariane. Il y a d'abord un sentiment de regret exprimé par une succession d'accords de septième dans la tonalité mélancolique de *si* mineur. L'atmosphère change ensuite : on passe au relatif majeur et les violons avec des « sourdines » évoquent la douceur de ces « tranquilles lieux ». La voix reprend le thème donné par l'orchestre, puis évolue avec souplesse, imitant parfois dans des vocalises le cours délicat d'un ruisseau, avant de mourir « lentement » sur des notes répétées avec les mots : « un doux sommeil surprend mes sens ». Une page sensible, poétique, inspirée du fameux sommeil de Renaud au deuxième acte d'*Armide*.

Marais fit preuve de plus d'originalité dans la « symphonie du sommeil » qui succède à l'assoupissement d'Ariane. Lully avait certes laissé dans ses opéras de telles pièces descriptives, dans *Atys* où figure la plus célèbre, mais aussi dans *Persée*, *Phaéton*. Après sa mort, Henry Desmarest en composa également une pour sa tragédie en musique *Circé* représentée en 1694. A cette occasion, il ne manqua pas de reprendre à son compte les procédés utilisés par son illustre devancier, recourant à une mesure à 3/2 et à un dessin mélodique expressif avec des noires liées entre elles deux par deux. Tout en adoptant encore un rythme ternaire, Marais devait dans *Ariane et Bacchus* trouver de nouvelles formules pour traduire les charmes du Sommeil. Ce sont d'abord des silences qui viennent interrompre d'une manière inattendue le cours d'une ligne mélodique régulière et unie, comme si l'on voulait évoquer par cet effet le passage brutal au domaine de l'inconscient. Puis, il y a aux dessus de longues tenues chargées de procurer une impression de repos et sous lesquelles peut évoluer une aimable marche d'harmonie. On remarque enfin, toujours à la partie supérieure jouée par les violons et les flûtes, quelques bribes de phrase musicale, reprises ici et là sans ordre logique, comme le seraient certaines réminiscences dans un rêve.

Dans cet univers onirique, le chœur des Songes occupe après la symphonie du Sommeil une place importante. Composé de trois voix, deux de dessus et une de haute-contre, doublées par des violons et la basse continue, il se distingue par les sonorités aiguës qu'il procure. Un registre qu'on relève également dans l'« air pour les flûtes ». Celles-ci ont seulement remplacé les cordes et présentent un dessin mélodique plus orné. Elles commentent en effet les paroles chantées précédemment par un Songe, livrent avec de légers trilles une délicate évocation des « oiseaux dans leur ramage » et conviennent au rôle galant de ces animaux appelés à ne célébrer, d'après le livret, « que l'amour et ses plaisirs ». C'est du reste la même instrumentation avec encore une basse écrite en clef d'*ut* troisième ligne et un rythme ternaire, qu'a adoptée Marais au deuxième acte pour l'apparition de l'Amour sur un nuage. Elle avait déjà été utilisée, violons en plus à l'appui, on s'en souvient, pour une semblable vision céleste dans *Alcide.*

L'ÉLABORATION D'UN LANGAGE DESCRIPTIF

Marais use d'un langage précis pour décrire en musique certaines situations. On le constate encore au quatrième acte où dominent cette fois des scènes infernales. Le prélude précédant la terrible évocation de Geralde s'anime, comme il se doit, de traits rapides joués sur un rythme saccadé. Marais pimente cependant le tout d'intervalles mélodiques impressionnants de sixte mineure et de quinte diminuée, avec sous la seconde note des accords bien dissonants de triton. L'air pour les démons qu'on entend après mérite une attention particulière : sa forme l'apparente à celle de l'ouverture à la française et l'on retrouve, pour commencer le deuxième mouvement exécuté « viste », des entrées en imitations, tandis qu'un rythme lent et grave a été choisi pour le troisième. Seul, le début de cette danse offre un caractère beaucoup plus tourmenté avec, au-dessus comme à la basse, des lignes mélodiques écrites en doubles et triples croches, capables d'esquisser des gammes, mais aussi de dessiner d'incroyables tourbillons. Jamais sans doute pareille virtuosité n'avait été jusque-là demandée à l'orchestre de l'Académie royale de musique. Mais Marais connaissait si bien les possibilités de ses compagnons instrumentistes qu'il avait su certainement inventer pour eux les traits les plus appropriés à faire briller leurs talents.

Pour le prélude rapide, chargé d'accompagner plus loin l'arrivée d'Alecton, il se montra moins imaginatif et se contenta de s'inspirer de ce qu'avait composé Lully pour introduire le même personnage sur scène au dernier acte d'*Atys*. Dans les deux cas, on observe en effet la même tonalité de *fa* majeur, avec au début une harmonie semblable et bientôt, aux dessus, un dessin mélodique en doubles croches très voisin. Il y a cependant chez Marais plus de complexité avec parfois une succession d'intervalles disjoints susceptibles d'apporter plus de nervosité au jeu des interprètes.

Ces remarques sont plus évidentes au dernier acte d'*Ariane et Bacchus*, lorsqu'on compare l'« air pour les combattants » à celui qu'avait composé Lully dans *Amadis*. Il y a bien dans les deux entrées de ballet une seconde partie plus animée où les danseurs devaient mimer un combat. Mais pour accompagner les gestes de ces interprètes et créer une impression de plus grand tumulte, Marais use moins du dynamisme des répétitions régulières de notes et préfère diversifier les formules rythmiques. Il se montre aussi plus subtil dans le choix des modes, lorsqu'il fait dialoguer dans un long récitatif accompagné Ariane et Bacchus. L'amante « outragée » exprime d'abord son courroux, le plus souvent dans les tonalités sombres de *fa* mineur et de *si* bémol mineur. Puis, quand Bacchus intervient avec les mots « adorable princesse », tout s'éclaire dans une nouvelle modulation en *fa* majeur. En dépit d'un dessin chromatique descendant sur les paroles prononcées cette fois par Ariane, « quelle faiblesse ! », cette tonalité finira par s'imposer en passant par celles optimistes de *si* bémol majeur et de *do* majeur. Le charme de Bacchus n'est-il pas irrésistible ?

La fin de l'opéra sera encore illuminée des couleurs claires de *la* majeur et sur un rythme ternaire se succéderont un duo d'amour, un rondeau, deux menuets. Mais auparavant, Adraste avait fait éclater son indignation dans un récitatif particulièrement expressif où Marais semble utiliser ses meilleures recettes : accord de seconde sous le mot « barbare », chromatisme descendant à la basse continue, intervalle mélodique de quinte diminuée pour mettre en valeur avec un accord de septième diminuée le terme « cruel », enfin la demi-cadence apaisante pour conclure sur l'épithète « adorable » :

Ce beau récitatif n'empêcha pas la tragédie *Ariane et Bacchus* de tomber rapidement dans l'oubli. Dès 1705, Lecerf de La Viéville, soucieux de citer les opéras de son temps, ne la mentionne pas dans sa fameuse *Comparaison*, alors qu'il rappelle l'existence d'*Alcide*. Plus tard, elle sera encore omise par Jean de Serré de Rieux dans son long poème sur la musique publié en 1734, où il ne manque pas d'évoquer Marais et ses autres ouvrages lyriques. Il y a pourtant dans *Ariane et Bacchus* d'admirables airs et récitatifs accompagnés, un usage expressif de la ligne mélodique et de l'harmonie, avec même cette incroyable dissonance qu'avait glissée Charpentier dans *Médée.* Mais ce qui retient surtout l'attention dans la partition de Marais ce sont ses recherches menées dans le domaine instrumental, avec l'introduction d'une seconde ouverture, une remarquable chaconne, une très originale symphonie de sommeil et une plus grande virtuosité pour décrire les scènes les plus dramatiques. Possibilités dont saura souvent tirer parti le compositeur dans ses autres tragédies en musique.

Le triomphe d'*Alcyone*

LE RENOUVEAU DE L'OPÉRA : CAMPRA ET DESTOUCHES

Après *Ariane et Bacchus*, Marais attendit dix ans avant de donner au public une nouvelle tragédie en musique, *Alcyone*. Un long silence qu'on peut d'abord expliquer par le succès d'autres genres dramatiques, notamment l'opéra-ballet, avec dès 1697 la création de *L'Europe galante* de Campra. Ce spectacle répondait à l'attente du public parisien : les dieux et les héros de l'Antiquité ou des romans de chevalerie cédaient enfin leur place à des rôles moins mythiques, issus d'un univers plus quotidien. Les petites intrigues développées dans chaque acte ou entrée se déroulaient dans des contrées plus familières : hameau de France, place publique en Espagne, salle de bal en Italie, jardins d'un sérail en Turquie. En 1697 également, la fermeture à Paris de la Comédie italienne contribua dans les autres théâtres de la capitale à la vogue des personnages de la *Commedia dell'arte* et bientôt, sur la scène de l'Opéra, des Arlequins, des Scaramouches, des Polichinelles, des Pantalons, se mêlèrent aux Espagnols, aux Bohémiens, aux Hollandais, aux Chinois et autres peuples de différentes nations. Venise – son carnaval réputé pour les déguisements variés qu'on pouvait y voir – devint à la mode. Ce goût pour la couleur locale trouva refuge dans les opéras-ballets, mais aussi dans les « ballets » à action suivie et dans les « entrées » qu'on ajoutait aux « fragments » composés d'œuvres déjà représentées. Or, pour illustrer les nouvelles scènes pittoresques, l'Aixois Campra semblait alors le plus qualifié, introduisant dans ses partitions des airs *da capo* à l'italienne susceptibles de développer en France la virtuosité vocale vers laquelle on s'était déjà orienté outre-monts.

A partir de 1697, un autre compositeur, André Cardinal Destouches, fit aussi beaucoup parler de lui. Après avoir collaboré avec Campra à *L'Europe galante*, il fut vite remarqué par le roi, lors du spectacle de sa pastorale héroïque *Issé*, donné au Trianon de marbre pour le mariage du duc de Bourgogne avec Marie-Adélaïde de Savoie. A cette occasion, Louis XIV lui aurait déclaré qu'aucune musique depuis Lully « ne lui avait fait tant de plaisir » et Destouches eut par la suite, pendant plusieurs années, le privilège d'offrir à la Cour, en concert, la primeur de ses opéras avant de les faire représenter à Paris. En raison, peut-être, du goût du souverain, il fut conduit à composer des tragédies en musique, dont deux, *Amadis de Grèce* et *Omphale*, furent suffisamment appréciées pour être plusieurs fois remises à la scène durant la première moitié du XVIIIe siècle. Même si l'accueil réservé dans les résidences royales n'était pas à la ville toujours aussi chaleureux, le genre créé par Quinault et Lully semble bien avoir résisté à la concurrence d'autres spectacles et retrouvé rapidement la faveur du public. En 1702, *Tancrède* de Campra, qui allait bénéficier de six reprises jusqu'en 1748, ne fut-il pas un très grand succès ? D'autres tragédies en musique données respectivement en 1704 et l'année suivante, *Iphigénie* de Desmarest et Campra et *Philomèle* de La Coste, devaient également reparaître à l'affiche.

A ces circonstances favorables pour Marais attaché à l'opéra lullyste s'ajoutait celle de sa récente nomination au poste de batteur de mesure à l'Académie royale de musique. De nouvelles fonctions qu'il convenait d'honorer par la composition et l'exécution d'un ouvrage lyrique. Marais s'entoura cette fois de certaines précautions : il ne s'associa plus à un poète obscur, mais au plus célèbre auteur de livrets de son temps, Antoine Houdar de La Motte, auquel le public pouvait être alors redevable d'avoir fourni les paroles de *L'Europe galante.*

Un auteur à succès : Antoine Houdar de La Motte

Cet écrivain de talent n'appartenait pas à la même génération que le musicien : originaire également de Paris, il y était né en 1672, soit seize ans plus tard. Après des études chez les Jésuites, il débuta en 1693 sa carrière dramatique avec une pièce en trois actes, *Les Originaux*, jouée avec peu de succès par les comédiens italiens. Déçu par cet échec, il songea à entrer dans les ordres et resta quelques mois à la Trappe. Mais son attirance pour le théâtre était la plus forte et bientôt il tenta sa chance avec un livret d'opéra, celui de *L'Europe galante* qui, selon Titon du Tillet, « lui acquit une réputation considérable ». Pour la scène lyrique, il allait pendant plusieurs années exercer une intense activité : après avoir encore fourni en 1697 les vers d'*Issé*, il devait rédiger ceux d'un opéra-ballet, *Le Triomphe des arts*, d'une « comédie-ballet », *Le Carnaval et la Folie*, d'un « ballet » à action suivie, *La Vénitienne*, et de six tragédies en musique, dont quatre précédèrent *Alcyone* : *Amadis de Grèce*, *Marthésie*, *Canente* et *Omphale.* Tout en jouissant d'un grand renom, La Motte ne fut pas toujours ménagé par la critique. Plusieurs de ses livrets furent même dénigrés. Celui de *Marthésie* qu'avait mis en musique Destouches donna lieu lors des premières représentations en 1699 à une longue chanson satirique adressée au poète et dont voici la fin :

Tu nous donnes pour vers nouveaux
Un amas de cent vieux ouvrages,
En mettant Quinault en lambeaux,
Tu veux mériter nos suffrages;
Mais puisque les clercs les moins fins
Refusent de mordre à la grappe,
Crois-moi, pour pleurer tes larcins,
La Motte retourne à la Trappe.

L'année suivante, lorsqu'on donna *Le Triomphe des arts* de Michel de La Barre, Henry Guichard, connu pour avoir écrit des livrets d'opéras, devait à son tour s'en prendre avec violence à La Motte. Dans un pamphlet intitulé *Lettre d'un Lanterniste de Thoulouze à l'Autheur du Ballet des Arts représenté sur le Théâtre de l'Opéra*, il trouva la « conduite de la pièce » des plus « déréglées », les vers privés de « tendresse » et d'« énergie », enfin « beaucoup de paroles sans aucune pensée ».

Une critique qu'on peut opposer à une chanson divulguée à la même époque sur *Omphale*. La Motte y est comparé à Quinault et il y est même qualifié de « génie ». Au milieu du XVIIIe siècle, soit bien après sa mort survenue en 1731, d'autres éloges allaient lui être adressés, notamment par Trublet en 1759 : « C'est peut-être dans ses opéras que M. de La Motte est le plus poète et surtout plus versificateur, que sa poésie a plus d'images et de sentiment, et sa versification plus de douceur et d'harmonie. »

Plusieurs de ses livrets furent tant appréciés qu'on devait les réutiliser en partie ou en entier, comme ceux de Quinault, pour de nouvelles partitions d'opéras : *Pygmalion* de Rameau, *Canente* et *La Vénitienne* de Dauvergne, *Omphale* de Cardonne. Aujourd'hui, la poésie lyrique de La Motte est jugée bien inférieure à celle de Quinault et l'on peut y déplorer, comme chez d'autres auteurs dramatiques de l'époque, une manière trop schématique de bâtir les intrigues. Il faut néanmoins y reconnaître des situations susceptibles de favoriser la tâche du compositeur par les images, les conventions musicales qu'elles suscitent.

La distribution de la création

Quelques renseignements ont été recueillis sur les conditions dans lesquelles fut créée *Alcyone.* Aucun document n'a toutefois été retrouvé concernant les répétitions; les responsabilités qu'exerçait alors Marais à l'Opéra permettent de supposer qu'elles furent soignées. Le livret imprimé pour les premières représentations nous donne les noms de tous les interprètes du chant et de la danse :

Prologue
Tmole : Charles Hardouin
Apollon : Jacques Cochereau
Pan : Jean Dun
Une bergère : Marie-Catherine Poussin

Tragédie
Céyx : M. Boutelou fils
Alcyone : Marie-Louise Desmatins
Pélée : Gabriel-Vincent Thévenard
Phorbas : Jean Dun
Ismène : Mlle Dupeyré
Doris : Marie-Catherine Poussin
Céphise : Mlle Loignon
Le Grand Prêtre de l'Hymen : Charles Hardouin
Chef des matelots : Charles Hardouin
Un matelot : Louis Mantienne
Une matelote : Mlle Aubert
La Prêtresse de Junon : Françoise Dujardin
Le Sommeil : Pierre Choplet
Phosphore : Robert Lebel
Neptune : Charles Hardouin
Un suivant de Céyx : M. Boutelou

Les chœurs du prologue et de la tragédie furent confiés à trente-deux interprètes, dont plusieurs, Boutelou fils, Mantienne, Lebel, Mlles Dupeyré, Poussin, Loignon, Aubert, étaient déjà chargés d'assurer des rôles. Pour les divertissements, vingt-trois danseurs et ballerines furent également appelés à exercer leurs talents, avec comme vedettes Claude Balon, Michel Blondy et Dangeville l'aîné.

L'accueil du public et les nombreuses reprises

Dès sa création, le jeudi 18 février 1706, *Alcyone* fut bien accueillie du public. Comme devaient plus tard le rapporter les frères Parfaict, « lorsque cet opéra parut, il fut très applaudi ». Pour le seul mois de février, les recettes de l'Académie royale de musique montèrent en effet à plus de 25 000 livres, alors qu'elles s'élevaient en moyenne à 15 000 livres. La Motte et Marais « eurent part à ces suffrages ». On trouva en général « le poème très bien écrit, rempli d'esprit et de sentiments qui en font presque oublier les défauts ». Quant à la musique, elle fut appréciée pour ses « très beaux morceaux et surtout cette fameuse tempête du IVe acte si connue et si admirée ». Un jugement confirmé par cette chanson divulguée lors des premières représentations :

De cet opéra
En dise qui voudra
Ceci cela.
Je le veux voir autant qu'on le jouera.
Malgré la satire
La pièce m'inspire
De la pitié dans les vers
De la fureur dans les airs.

Après plusieurs airs
Chantés tout de travers,
Vient à propos
Une belle troupe de matelots,
L'agréable fête.
Mais sans la tempête
Cet opéra nouveau
Aurait le sort du vaisseau.

La tempête, qui permettait au spectateur d'assister à un naufrage, fut tant prisée « par tous les connaisseurs » qu'on devait, dès l'année suivante, la rejouer à l'Opéra, lors d'une reprise d'*Alceste*. D'après le *Mercure galant*, elle fut « jointe à ce divertissement », c'est-à-dire vraisemblablement introduite dans la partition de Lully à la scène 8 du premier acte, au moment où, selon le livret de Quinault, des Aquilons « excitent une tempête ». Cette célèbre pièce descriptive ne fit pas seulement l'admiration du public. En 1710, Campra ne put résister au plaisir d'en citer plusieurs mesures dans l'une des entrées de son opéra-ballet, *Les Fêtes vénitiennes*, et, le 17 février 1711, Louis XIV, mélomane toujours averti, voulut l'écouter dans sa résidence de Marly, après son souper pour l'ouverture du bal. Le souverain en effet ne l'avait pas encore entendue, ayant renoncé depuis déjà près de dix ans aux spectacles lyriques. Après avoir séduit la Cour, elle devait en 1715 enchanter le public populaire de la foire Saint-Germain, où elle fut adoptée dans une parodie de l'opéra de Destouches, *Télémaque*. Cette pièce en un acte de Lesage remporta, d'après les frères Parfaict, « un succès prodigieux » et l'on y voyait au début deux vaisseaux dans une mer agitée pendant qu'était exécutée à l'orchestre l'impressionnante tempête.

La réputation d'une telle page instrumentale allait bientôt contribuer à la reprise d'*Alcyone*. Le lundi 17 avril 1719, l'ouvrage fut en effet remis à la scène, mais ne répondit pas cette fois, d'après le *Mercure de France*, « aux espérances qu'on en avait conçues dans sa naissance », et cela en dépit d'une assez bonne distribution : Françoise Journet incarna Alcyone, Murayre Céyx, Le Mire Pélée, Dubourg Phorbas. Marie Antier se chargea du personnage de la magicienne Ismène, Mlle Lagarde de celui de la confidente Doris, et les ballets bénéficièrent du concours de Dupré, Dangeville, Blondy, Javilliers et de Françoise Prevost.

Une deuxième reprise d'*Alcyone*, le mardi 9 mai

1730, devait être plus soignée encore. D'après le *Mercure de France*, aucun opéra ne fut « jamais si bien exécuté » : les premiers rôles d'Alcyone et de Céyx furent « rendus d'une manière très pathétique » par Mlle Pelissier et Tribou ; Chassé, chargé d'interpréter celui de Pélée, y prêta « tout l'intérêt dont il est susceptible ». Mlle Eermans assura celui d'Ismène et Dun celui de Phorbas. Au premier acte, Laval dansa un pas de deux avec Marie Sallé, laquelle exécuta plus loin une entrée seule. La non moins célèbre Camargo se produisit également au cours du spectacle, vêtue en matelotte et en néréide. En dépit de talents aussi reconnus, l'opéra n'eut pas alors, selon les frères Parfaict, « un succès trop brillant » et vers la fin de juin, l'Académie royale de musique aurait été « obligée » de reprendre *Thésée* de Lully. Mais, d'après le *Mercure de France* du mois de juillet 1730, il y eut seulement quelques représentations de *Thésée* et le théâtre lyrique continua jusqu'au mardi 11 juillet « inclusivement » à en donner plusieurs d'*Alcyone*, où la tempête faisait « toujours un effet admirable », servie cette fois par une machinerie due au grand décorateur Jean-Nicolas Servandoni. L'accueil dut être assez chaleureux car, dès le 28 septembre de la même année, le journal signale une nouvelle reprise de l'opéra. Le prologue fut néanmoins supprimé, le 8 octobre suivant, et l'on donna à la place, à la fin de la pièce, un divertissement en un acte intitulé *Le Caprice d'Erato*, lequel avait été composé l'année précédente à l'occasion de la naissance du dauphin. Exécutée plusieurs fois à la Cour avec succès, cette œuvre de circonstance avait pour auteurs le poète Fuselier et le compositeur Colin de Blamont.

Lorsqu'en 1741, le jeudi 21 septembre, *Alcyone* fut remontée à l'Opéra, elle ne fut plus associée à un autre spectacle et retrouva son prologue, comme l'atteste le livret imprimé à cette occasion. Toutefois, au bout d'un mois, le 31 octobre, la noble introduction à la tragédie fut encore retranchée et l'on donna cette fois après le cinquième acte un nouvel ouvrage, *Le Temple de Gnide*, brève pastorale mise en musique par Jean-Joseph Mouret sur des paroles de Bellis et Roy. Cette manière de varier les représentations ne doit pas minimiser le « très grand succès » remporté par *Alcyone* en 1741. D'après le *Mercure de France*, elle fut « parfaitement bien remise et d'une manière très brillante ». La Pelissier, déjà sollicitée en 1730 pour camper le personnage principal, s'attira « tous les jours de nouveaux applaudissements » et les autres rôles furent « aussi très bien remplis par les acteurs de l'Académie » : le fameux Jelyotte interprétait Céyx et Morphée, Pélée fut confié à Le Page, Phorbas à Albert, Ismène revint à Mlle Eermans et la prêtresse de Junon à Marie Fel. Mlle Le Breton, Dupré et David Dumoulin se distinguèrent dans les ballets.

Le spectacle fut si réussi qu'il fut vite parodié, le 26 octobre 1741, par les Comédiens italiens dans une pièce en un acte composée de vaudevilles, portant le même titre que l'opéra. Les vers de cette œuvre satirique étaient de Romagnesi et la musique de Blaise.

Même tournée en dérision, la tragédie en musique de Marais continuait à jouir d'une grande popularité et le mardi 19 octobre 1756, *Alcyone* reparut à l'affiche de l'Académie royale de musique. Dans la presse, l'œuvre fut annoncée comme étant celle d'un « célèbre joueur de viole »; on y rappelait aussi l'importance de la tempête, connue de « tout le monde », et « qui est seule un chef-d'œuvre de l'art », bien qu'il y eût dans la partition « d'autres beaux morceaux de musique » capables d'assurer le succès de cette reprise. Les nouvelles représentations furent en effet très appréciées, puisqu'elles se prolongèrent, semble-t-il, jusqu'à la fin de l'année et qu'elles recommencèrent en 1757 après quelques mois, dès le vendredi 6 mai. D'après le *Mercure de France*, l'exécution en fut « aussi parfaite » que celle d'*Issé* de Destouches, redonnée peu de temps auparavant, à partir du 4 janvier 1757. Elle bénéficiait presque de la même distribution qu'en 1756. Mlle Chevalier, appelée dans ce spectacle à incarner Alcyone, fut très louée : ce fut son « triomphe » et l'expression qu'elle y mettait donnait à l'opéra « un prix » qu'il n'avait pas eu dans sa nouveauté ni dans ses autres reprises. Mlle Davaux fut également « justement applaudie dans le rôle de la grande prêtresse » : elle plaisait par son jeu sur la scène et joignait à « cet avantage le plus bel organe ». Le livret imprimé en 1756 fournit d'autres précisions sur l'interprétation : M. Poirier était à la fois Céyx et Morphée, M. Gelin Pélée, M. Person Phorbas, M. Larrivée le grand prêtre de l'Hymen et Neptune. Dans les divertissements brillèrent M. Laval, Mlle Puvignée, le couple Lany et, au dernier acte, M. Lyonnois et Gaëtan Vestris. En 1757 parut également, d'après le *Mercure de France*, Mlle Le Mière, probablement sous les traits d'une matelote, dans la fête marine du troisième acte. Elle y chanta un air « détaché du *Temple de Gnide*, avec un goût, une grâce et une précision » qui réunirent « tous les suffrages ».

Lors des représentations de 1756, l'Académie royale de musique avait déjà pris « la précaution » d'introduire dans la partition « de jolies ariettes et des ballets charmants » tirés d'autres opéras. Cette pratique peut aujourd'hui surprendre, voire choquer. Elle était cependant devenue courante au milieu du XVIIIe siècle au théâtre lyrique parisien, où l'on se plaisait à « rajeunir » ainsi les vieux ouvrages du règne de Louis XIV pour les mettre au goût du jour. N'étant plus d'actualité, les prologues furent supprimés. Dès 1756, *Alcyone* fut privée définitivement du sien et lors de son ultime reprise à l'Opéra, le mardi 30 avril 1771, elle devait subir encore de nouveaux « changements ». Même si l'on considérait toujours la tempête comme « un des chefs-d'œuvre de la musique imitative », la partition de Marais paraissait bien démodée. Pour le *Mercure de France*, elle « se ressent du peu d'exécution des artistes dans le temps » où elle fut composée, et était proportionnée au genre simple qui plaisait alors. Dans les *Annales, Affiches et avis divers* du mercredi 8 mai 1771, elle fut également critiquée, et tout en déplorant « la vétusté du canevas musical », on se permettait d'écrire :

> Comme le fond du récitatif est toujours à peu près le même et qu'en un mot c'est de la vieille musique, dont le goût des pièces à ariettes, abandonnées aux Italiens, fait encore plus remarquer la faiblesse, cet opéra vraisemblablement n'ira pas loin.

Les représentations bénéficièrent pourtant d'excellents interprètes dont les mérites étaient reconnus : la Beaumesnil dans le rôle d'Alcyone, Legros dans celui de Céyx, Larrivée dans celui de Pélée, Gelin dans celui de Phorbas et Mlle Duplant dans celui d'Ismène reçurent, d'après le *Mercure de France*, « les applaudissements dus à leurs talents, à leur chant et à leur jeu ». Ce furent néanmoins « les agréments de la danse, toujours fraîche et plus attrayante de jour en jour », qui retinrent davantage l'attention des spectateurs. Les ballets des deux premiers actes étaient de Gardel et ceux des trois derniers de Vestris. Et si l'on se souvenait encore de la Camargo et de la Lyonnois capables dans la fête marine de « disputer à la mobilité de l'archet la rapidité des mouvemens et des inflexions », on vantait à présent les qualités de Mlle Allard, « gaie, vive, élastique », comme l'avaient été ses illustres devancières. En 1771, la célèbre Guimard, immortalisée par Fragonard, se fit également remarquer dans *Alcyone*, lorsqu'elle représenta la grande Prêtresse de Junon « avec les grâces et la noblesse qui caractérisèrent sa danse ». Enfin, pour terminer l'opéra, une chaconne fut « supérieurement » interprétée par Vestris.

En dépit d'emprunts à des opéras plus récents, la partition d'*Alcyone* ne fut jamais rejouée après 1771 à l'Académie royale de musique. Le livret de La Motte, comme d'autres de Quinault ou de Fontenelle, devait par la suite être remis en musique. Pourtant en 1771, il avait été considéré comme « une assez faible composition » susceptible de faire « beaucoup plus d'honneur au musicien qu'au poète ». Dix ans plus tard, il sut inspirer un autre compositeur, le Strasbourgeois Jean-Frédéric Edelmann, et subit à cette occasion d'importants remaniements dus à Caron du Chanset, d'après une indication portée sur un exemplaire manuscrit. Le dernier acte fut notamment modifié : ce n'est plus Neptune qui vient dénouer la situation mais un autre dieu, dont l'apparition cherche à être plus spectaculaire encore. Un nuage doit en effet tout à coup occuper le fond de la scène, puis s'ouvrir et laisser voir Apollon environné de toute sa cour. Cette apothéose n'eut cependant jamais lieu, car on renonça à monter la nouvelle version d'*Alcyone*. Seul, le livret remis en 1781 à Edelmann a été retrouvé, sa partition étant, semble-t-il, définitivement perdue.

Les avatars d'une partition

Plusieurs sources musicales conservées permettent en revanche de suivre l'évolution de l'œuvre qu'on donna au public entre 1706 et 1771. La première d'entre elles fut diffusée à Paris chez l'auteur, Marais, rue Bertin-Poirée, « derrière la Monnaie », et chez deux marchands, Jean Hurel, rue Saint-Martin, et le non moins fameux Henry Foucault, à la Règle d'or, rue Saint-Honoré. Destinée au commerce, elle présente une réduction des parties instrumentales et vocales, et fut achevée d'imprimer le 20 janvier 1706, soit près d'un mois avant la première représentation, afin de pouvoir satisfaire les amateurs les plus impatients. Elle avait été gravée par Henri de Baussen, appelé à entreprendre, deux ans plus tard, la seconde édition des opéras de Lully, dont il devait encore assurer la vente avec son collaborateur Foucault.

Cette première publication peut être considérée comme la meilleure version de l'œuvre : c'est celle qu'avait désirée Marais, avant qu'il ne fût procédé à d'inévitables « changements » auxquels devait se plier tout compositeur exerçant ses talents pour l'Opéra. Souvent, on commençait dès les premières répétitions à retirer quelques pièces vocales ou instrumentales, à raccourcir des récitatifs, à rayer des mesures ici et là, d'une manière parfois peu cohérente sur le plan musical, afin de présenter au public un spectacle dont la durée était, semble-t-il, limitée à moins de trois heures. Il fallait tenir compte des contraintes imposées par la mise en scène et des exigences des interprètes : ceux du ballet qui préféraient briller dans certaines danses, ceux du chant, capables de faire changer la musique de tout un air pour convenance personnelle. Les paroles enfin pouvaient ête modifiées, obligeant encore le compositeur à de nouvelles retouches. Une activité qu'on perçoit très bien à la lecture des sources conservées d'*Alcyone* datant des premières représentations.

Le livret publié lors de la création révèle en effet des différences avec la partition qu'avait fait graver Marais. Des mots ont été remplacés par d'autres, un long récitatif de plus de trente mesures a été supprimé à la fin du premier acte, et quelques vers ont été ajoutés au prologue et aux actes II et V. Des corrections qu'on observe pour la plupart dans une version manuscrite de l'œuvre musicale, retrouvée à la bibliothèque de l'Opéra de Paris, et où figurent les parties intermédiaires des chœurs et de l'orchestre. A cette source capitale il manque malheureusement, outre les dernières pages, une danse, toute une partie de la cérémonie magique, deux préludes dont un majestueux pour Neptune, et plusieurs récitatifs accompagnés, dont les paroles sont pourtant mentionnées dans le livret. Cette copie est-elle alors conforme à certaines représentations données en 1706 et au cours desquelles de nouvelles modifications auraient été apportées ? L'adjonction d'une bourrée au prologue et d'une gigue au premier acte permet de le supposer.

Toutefois, lorsque, en 1711, Marais entreprit une seconde édition de sa partition, il se garda de publier tous ces changements et se contenta de livrer le même texte musical qu'il avait déjà diffusé quelques années auparavant. Seules quelques pages ont été regravées pour en faciliter, semble-t-il, la lecture, la disposition des figures de notes pouvant être améliorée, notamment pour la tempête. C'est juste après l'audition à la Cour de cette fameuse pièce descriptive que le compositeur divulgua le deuxième tirage d'*Alcyone*. Avait-il pris une telle décision en raison de l'accueil probablement très favorable réservé à son œuvre par Louis XIV ? Espérait-il après cet honneur une rapide remise à la scène de son opéra, susceptible de relancer la vente de sa partition ?

Il fallut, on le sait, attendre 1719 pour assister à une nouvelle reprise et, à cette occasion, Marais ne manqua pas de faire graver un supplément de vingt-six pages, qui précisait cette fois les derniers remaniements auxquels on se livra pour les représentations. Outre le duo entre Ismène et Phorbas au début du deuxième acte, le rôle de Pélée fut reconsidéré : pour l'interprète Le Mire, Marais composa sur de nouvelles paroles plusieurs airs destinés à être insérés aux actes un, trois et cinq.

Des corrections qui subsistent dans les versions posthumes, notamment celle de 1741, connue par une partition générale diffusée à cette date, lors de la reprise, par Jean-Baptiste-Christophe Ballard. Malgré une page de titre imprimée, il s'agit d'une source manuscrite où les passages réservés à l'ensemble des cordes ne sont plus écrits à cinq parties mais à quatre, sans quintes de violon. Cette suppression, conforme à l'évolution de l'orchestre de l'Opéra, y avait été pratiquée vers 1720. Dans *Alcyone*, elle entraînait, à côté d'une perte en sonorités, la disparition d'une entrée et d'une voix dans le second mouvement de l'ouverture à la française, modifiant ainsi la structure d'une pièce instrumentale susceptible de révéler les qualités d'un style intrigué. La version de 1741 s'écarte également du caractère de la musique de Marais en introduisant des danses qui ne sont vraisemblablement pas de lui : une polonaise, puis un passepied tiré de *Pyrrhus* de Royer, opéra de 1730, enfin deux tambourins en guise de conclusion.

La disparition du compositeur devait susciter davantage d'emprunts à d'autres œuvres, comme l'attestent trois partitions conservées à la bibliothèque de l'Opéra ayant servi de « conducteurs » à des chefs, lors des répétitions et des représentations de 1741, 1756, 1757 et 1771. Documents exceptionnels constitués à partir d'exemplaires des premières sources publiées par Marais, qu'on couvrit pour les exécutions d'annotations, de corrections manuscrites de plus en plus nombreuses.

Dans les deux volumes où furent consignées les premières recommandations, on relève au premier acte deux gavottes des *Fêtes grecques et romaines*, ballet héroïque de Colin de Blamont qu'avait remanié Pierre Montan Berton. L'exemplaire qui servit à la reprise de 1771 réserve bien d'autres surprises : l'ouverture n'était d'abord plus de Marais mais de Dauvergne, puis sont mentionnés successivement une ritournelle de Royer, un chœur de Rameau, une ariette de Campra, un air de danse « accommodé avec les bassons » par François Rebel. Pour les divertissements des actes deux, trois et quatre, on introduisit des extraits de *Scylla et Glaucus* de Leclair, du *Carnaval et la Folie* de Destouches, de *Médée et Jason* de Salomon, mais aussi des arrangements qu'avaient écrits Rebel et Berton pour *Amadis* de Lully et *Iphigénie* de Desmarest et Campra. Enfin, au dernier acte, la musique de Marais fut remplacée, après l'intervention de Neptune, par celle de Berton, Granier, Rebel et Francœur. Après avoir subi un tel traitement, *Alcyone* devait offrir l'image d'un curieux pot-pourri bien éloigné de l'œuvre créée en 1706.

Une ouverture dramatique

La version originale est pourtant d'une remarquable cohérence. Dès l'ouverture, l'auditeur est plongé dans une atmosphère pathétique. Dans la tonalité sombre de *ré* mineur, qu'avait déjà adoptée Marais au début d'*Ariane et Bacchus*, les dessus, après un saut mélodique impressionnant d'une octave, font entendre avec les autres parties, à la deuxième mesure, un accord très dissonant de seconde d'une grande intensité dramatique. Une puissance qu'on retrouve dans le troisième mouvement également lent, où le rythme devient haletant, haché d'abord de longs silences entre les interventions graves de l'orchestre, avant que cette masse sonore ne progresse dans un registre de plus en plus aigu sur une basse qui accélère jusqu'à la cadence finale. Entre des pages aussi théâtrales, Marais avait su déployer dans la seconde partie rapide de l'ouverture toute sa science de compositeur de musique instrumentale, conduisant avec panache chacune des cinq voix écrites dans un style intrigué et appelées dans le développement à participer à de dynamiques marches d'harmonie.

Prologue : de la pastorale aux thèmes d'inspiration populaire

Après l'ouverture, le prologue débute sur un tableau allégorique : des fleuves et des naïades, appuyés sur leurs urnes, occupent en Lydie le mont Tmole et forment, d'après le livret, « une espèce de cascade ». Un dessin de l'atelier de Berain, retrouvé à l'Académie des Beaux-Arts de Stockholm, permet d'imaginer la mise en scène suggérée par une telle description. Une montagne rocheuse laisse apercevoir dans une large cavité les divinités des eaux assises sur des blocs de pierre et environnées de cascades qu'elles contribuent à alimenter de leurs urnes. Au milieu, des nappes liquides s'échappent du haut de cette sorte de caverne et servent d'ornement à un trône monumental où prend place un dieu Fleuve entouré de deux Naïades. Le décorateur n'a donc pas hésité à interpréter les indications fournies par le poète, de manière à offrir au spectateur une vision plus majestueuse.

Dans un cadre aussi poétique, conçu uniquement avec des éléments qu'on trouverait dans la nature, le roi légendaire Tmole, fils de Mars, auquel le mont lydien devait son nom, paraît et déclare qu'Apollon et Pan vont venir s'affronter. Le premier défendra la paix. Il triomphera du second qui exalte la guerre, allusion à celle de Succession d'Espagne engagée depuis déjà quelques années. Le futur « vainqueur », Louis XIV, ne s'arme en effet que pour « rendre à l'univers » une nouvelle période de bonheur, propice à l'amour. Un vœu qu'exprime encore le dieu des arts en comparant le calme qu'il souhaiterait voir régner sur la terre à celui que les alcyons, oiseaux fabuleux, pourraient rétablir sur la mer en faisant cesser la fureur des flots. Le sujet, traité dans les cinq actes de la tragédie, est ainsi annoncé et s'associe aux traditionnelles louanges au roi, avec le concours de fleuves, de naïades, mais aussi de muses et de troupes de faunes, de dryades, de bergers et de pâtres.

Pour accompagner l'apparition de tels personnages, le caractère de la musique se devait d'être souvent pastoral. Dès l'intervention de Tmole, après l'ouverture, l'orchestre se plaît à l'aide des flûtes à créer des effets d'échos. Procédé courant à l'époque, mais utilisé ici avec délicatesse et raffinement en plusieurs endroits du prologue, dans le premier chœur, et lorsque Apollon, puis les Muses, les Fleuves et les Naïades rendent hommage à la paix et à Louis XIV. Pour mieux différencier Pan du dieu des arts dans la dispute qui les oppose, Marais recourt à une autre instrumentation également bien lullyste avec, pour soutenir la voix du premier, un trio d'anches. Un ensemble dont il ne manque pas d'user pour la « fête champêtre », au cours de laquelle « une troupe de bergers et de bergères témoignent leur joie de ce que leur prédit Apollon ». Hautbois et bassons jouent en effet avec la basse continue dans la marche et dans le second passepied qui composent ce divertissement. Dans la première danse, on remarque une poétique imitation de la musette avec de savoureuses dissonances sur une pédale de tonique et un joli passage du mineur au majeur, au cours duquel l'orchestre semble devenir fragile, hésitant. Une telle page appartient bien à l'univers des fêtes galantes du XVIIIe siècle et annonce Jean-Philippe Rameau.

Il y a enfin dans ce tableau pastoral deux menuets chantés par une bergère, puis par le chœur, « Le doux printemps ne paraît pas sans Flore », et « Pour nos hameaux quitte Cythère », airs dont les mélodies pourraient être empruntées à des timbres en raison de leur caractère populaire et qu'un soliste entonnait pour permettre probablement au public de les reprendre avec les autres interprètes. Une pratique qu'a décrite à la même époque un Anglais, Joseph Addison, après avoir assisté à un spectacle d'opéra donné à Paris par l'Académie royale de musique :

> Le chœur, qui revient à diverses reprises sur la scène, donne de fréquentes occasions au parterre de joindre leurs voix avec celles du théâtre. Cette envie de chanter de concert avec les acteurs est si dominante en France que, dans une chanson connue, j'ai vu quelquefois le musicien de la scène jouer à peu près le même personnage que le chantre d'une de nos paroisses, qui ne sert qu'à entonner le psaume, et dont la voix est ensuite absorbée par celle de tout l'auditoire.

A la lecture de ce témoignage, on comprend comment on pouvait séduire le public et lui transmettre la propagande royale en lui faisant chanter dans les prologues des paroles à la gloire du monarque.

La tragédie et les *Métamorphoses* d'Ovide

Le sujet de la tragédie d'*Alcyone* nous entraîne dans le onzième livre des *Métamorphoses* d'Ovide. La Motte, connu pour avoir par la suite, en 1714, ranimé la querelle des Anciens et des Modernes avec sa traduction de *L'Iliade*, devait cependant en 1730 se voir reprocher de s'être « un peu trop scrupuleusement attaché à la manière » dont le poète de l'Antiquité conduit son récit. Et l'on déclara même à propos du nouveau chef du parti moderne qu'il n'avait « jamais tant signalé son respect pour les Anciens que dans cet ouvrage ». Il est vrai qu'il y a dans son *Alcyone* des épisodes fidèlement retranscrits pour la scène lyrique, notamment au quatrième acte, lorsque, au temple de Junon, le Sommeil laisse entrevoir dans un songe affreux le naufrage de Céyx, c'est-à-dire le moment le plus fort et le plus pathétique de l'opéra. Pour satisfaire aux conventions de la tragédie en musique, La Motte a néanmoins introduit tout un acte infernal, une magicienne, Ismène et un *deus ex machina*, Neptune. Il a également imaginé un rival à Céyx, Pélée, réputé pourtant pour être le vertueux époux de Thétis et auquel on reprocha également d'avoir un comportement trop indécis : on eût préféré voir en lui « plus de crimes que de remords » !

Personnage important, Pélée paraît dès la première scène de l'acte un. Dans une galerie du palais de Céyx, roi de Trachines, il apprend avec tristesse qu'on s'apprête à y célébrer les noces de ce souverain dont il est l'ami, avec la fille d'Éole, Alcyone. Tout en étant épris de la future épouse, il ne désire pas nuire au bonheur de celui qui lui a sauvé la vie et dont l'amour est sincèrement partagé. Lorsqu'il voit le couple s'avancer pour être uni, il dissimule cependant mal sa douleur et l'odieux magicien Phorbas, dont les aïeux régnaient autrefois à Trachines, profite de cette situation pour troubler la cérémonie présidée par le grand prêtre de l'Hymen et sa suite : dans un grondement de tonnerre, des Furies sortent des Enfers, saisissent des flambeaux des mains des officiants et embrasent tout le palais.

Au deuxième acte, cette atmosphère dramatique se prolonge. Dans une solitude affreuse, à l'entrée de l'antre où Phorbas accomplit ses maléfices, Céyx, désespéré, vient trouver le magicien et lui demande, ainsi qu'à Ismène douée des mêmes pouvoirs, de consulter les Enfers pour « adoucir la rigueur de son sort ». Après avoir refusé de renoncer à Alcyone, il assiste à une terrible cérémonie, au cours de laquelle il aperçoit Pluton et Proserpine assis sur leur trône, entourés des Parques et des Fleuves des Enfers. Phorbas, « dans l'enthousiasme », lui annonce qu'il perdra celle qu'il aime et qu'il périra, à moins qu'il ne se rende à Claros consulter Apollon. Mais ce conseil ne vise en fait qu'à « hâter les malheurs qu'il croit éviter ».

Le troisième acte conduit le spectateur au port de Trachines, où le vaisseau qui doit mener Céyx à Claros est prêt à prendre le large. Avant que des matelots ne viennent accompagner leur souverain, prétexte à une fête pittoresque, Phorbas informe Pélée qu'il a éloigné son rival pour lui permettre de mieux conquérir Alcyone. Mais Pélée ne peut être à la fois heureux et coupable, et souffrira encore davantage lorsque, après le départ de Céyx, il verra celle qu'il aime s'évanouir.

Alcyone, ne parvenant pas à se consoler d'être séparée de son « cher époux », se rend au début du quatrième acte au temple de Junon, où elle fait offrir un sacrifice, afin d'obtenir le secours du ciel. Lors d'une cérémonie célébrée par une prêtresse et sa suite, elle succombe au charme du Sommeil qui paraît, accompagné des Songes, « sur un lit de pavots, environné de vapeurs ». Un dessin exécuté dans l'atelier de Berain montre ce dieu : comme dans *Atys*, où il avait déjà été représenté par l'artiste, il est coiffé d'un voile surmonté d'une chauve-souris, symbole de la nuit, et tient une corne d'abondance remplie de Songes. Mais ici, et conformément à la description laissée par Ovide dans ses *Métamorphoses*, il repose dans un lit, appuyé sur son coude. Autour de lui, sur une draperie ornée de lambrequins et dans un nuage, des êtres singuliers, monstrueux semblent lui inspirer quelque mauvais rêve. Ce qu'il fait voir à Alcyone par l'intermédiaire des Songes est en effet bien terrible : le fond de la scène « se change en une mer orageuse, où un vaisseau fait naufrage ». Parmi les matelots « qui périssent ou qui pour se sauver s'attachent à des débris ou à des rochers », Morphée sous la figure de Céyx apparaît à la malheureuse épouse et lui adresse un appel pathétique. Un autre dessin imaginé également pour les premières représentations donne une idée du spectacle offert au public pendant cet instant capital de l'opéra : entre deux grandes falaises rocheuses, un navire à la voile déchirée sombre dans les flots agités sous les foudres du ciel, tandis que des naufragés tentent de gagner le rivage, se raccrochant à des planches ou à un tonneau.

On ignore quelle machinerie venait en 1706 animer ce tableau dramatique. Lors de la reprise de 1730, Servandoni se servit « de quantité de roues échancrées hétéroclitement avec leurs poulies », capables de tourner grâce à « des cordes sans fin, avec beaucoup de facilité, malgré l'inconvénient » de la scène, et de produire « par leurs mouvements des ondes qui imitent très bien le naturel par le moyen de gazes d'argent dont elles sont couvertes ». Deux vaisseaux « battus de la tourmente et prêts à être submergés » sont « par leurs bascules et leurs cordages, vivement agités, suivant le courant des ondes ». L'un d'eux « disparaît ensuite et l'autre fait naufrage après avoir soutenu quelque temps la fureur des flots ». Ses mâts se brisent avant qu'il ne « coule à fond », avec l'interprète de Morphée sous les traits de Céyx, comme semble également le supposer le projet de Berain. La mise en scène de Servandoni, aussi ingénieuse qu'elle fût, devait cependant provoquer quelque frayeur auprès des spectateurs, lorsqu'elle fut réutilisée plus tard, en 1758 dans *Les Fêtes de Paphos* de Mondonville. A la deuxième représentation de cet opéra-ballet, Mlle Arnoud dans le rôle de Psyché fut en effet victime d'un « accident dans le mouvement des machines », heureusement « très peu dangereux en soi », quand elle parut dans un navire « roulant sur des flots agités » avec la Furie dont elle subit les persécutions. D'après le *Mercure de France*, « le feu de l'action précipita les deux acteurs en même temps sur le devant du vaisseau : un mouvement forcé le fit sortir des coulisses qui le contenaient; il se renversa, son poids apparent semblait accabler l'actrice; il n'y avait aucun risque réel : la même cause, qui contribue dans ce spectacle à l'illusion agréable, contribua dans ce moment à craindre un danger qui n'existait pas. Telle est souvent l'erreur du public dans les petits dérangements dont le jeu des machines est susceptible ».

L'effet créé par la tempête dans *Alcyone* réveille la fille d'Éole en sursaut. L'affreux cauchemar où elle a vu Céyx « englouti sous les flots » la plonge dans un tel désespoir qu'elle ne songe qu'à le rejoindre dans la mort.

Au début de l'acte suivant, elle se montre tout aussi tourmentée, exprimant cette fois sa douleur dans « un endroit des jardins de Céyx terminés par la mer » et « couverts des ombres de la nuit ». Dans cette atmosphère lourde Pélée lui avoue son amour et, toujours assailli par le remords, lui demande de le tuer. Elle saisit son épée mais, au lieu de le frapper, veut s'en servir pour se suicider. Heureusement, sa suivante, Céphise, la désarme et Phosphore, père de Céyx, vient dans son étoile lui annoncer le retour de son fils. A l'obscurité succède alors la lumière du jour, et celui qu'elle pensait à jamais perdu paraît sur un gazon, inanimé. Le croyant mort, elle se transperce du glaive de Céyx, mais Neptune sort de l'onde avec toute sa cour et redonne la vie au couple d'amants, leur confiant le rôle de calmer ses flots. Les dieux de la mer célèbrent leur apothéose dans le divertissement final.

Ce dernier acte ne fut guère apprécié sur le plan dramatique. Après une belle progression de l'action capable de préparer la scène puissante de la tempête, il pouvait en effet décevoir et paraître bien faible. Et dès les représentations de 1706, on ne se priva pas d'écrire :

D'Alcyone et de son amant
La noce était certaine,
Qu'arrive-t-il conséquemment ?
On voit de scène en scène,
Un prêtre, un tonnerre, un devin,
Un Sommeil, un orage;
Après cette tempête enfin,
L'opéra fait naufrage.

On chercha bien par la suite, lors de la reprise de 1719, à remédier à la fâcheuse impression laissée par les rebondissements malheureux dont l'opéra semble encombré à la fin. La Motte, secondé par Marais, remania tout le début du cinquième acte, s'efforçant de lui accorder plus de cohérence et d'intensité dramatique. Mais ses améliorations furent insuffisantes si l'on en croit la critique, lors de la dernière remise à la scène en 1771 : « Il n'y a proprement dans cet opéra que deux actes, le troisième et le quatrième, qui défrayent pour toute la pièce. »

ESPOIRS ET DÉCEPTIONS

Les défauts relevés dans l'ouvrage sont dus surtout au poète et ne doivent pas minimiser la qualité de la musique. Dans la tonalité sombre de *ré* mineur, celle de l'ouverture rejouée après le prologue, la tragédie débute par un dialogue expressif entre Pélée et Phorbas, où l'harmonie comme la ligne mélodique parviennent à mettre en valeur chaque mot du texte. Cet échange animé, indispensable à l'exposition du drame, est brusquement interrompu par l'un des plus beaux airs de la partition, « trop malheureux Pélée », écrit en *ré* majeur, tout en étant teinté d'une grande mélancolie. Comme la fameuse intervention de Sangaride dans *Atys* de Lully, « Atys est trop heureux », dont Marais aurait pu ici se souvenir, la voix est seulement soutenue par une basse obstinée jouée par le continuo, et des accords de septième parviennent encore, par les dissonances qu'ils procurent, à créer une impression à la fois d'insatisfaction et de douleur contenue. Jamais sans doute peine amoureuse ne fut si bien traduite par des compositeurs d'opéras français sous l'Ancien Régime et l'on peut aujourd'hui être surpris qu'un air aussi empreint d'intériorité que celui de Pélée fût remplacé dès la reprise de 1719 par un autre plus superficiel, « Amour, cède à mes pleurs ». En dehors du fait qu'il pût déplaire à l'interprète, était-il jugé trop lullyste, trop démodé ?

Sa place dans la partition paraît pourtant bien indispensable, car l'action dramatique tombe assez rapidement après, coupée par l'un de ces divertissements galants dont le répertoire lyrique était alors coutumier. Après une brève intervention de Phorbas qui tente de réconforter Pélée dans un air vif accompagné de deux dessus de violon, un chœur d'une étonnante suavité, composé d'une troupe d'Éoliennes et de suivants de Céyx, célèbre en effet l'union de leur roi avec Alcyone et se plaît à répéter, avec la complicité de l'orchestre, « aimez-vous sans alarmes, tendres amants, soyez heureux époux ». Pendant cet ensemble touchant, le couple promis au mariage chante un charmant duo, puis, toujours dans la tonalité de *la* majeur et sur un rythme ternaire optimiste, il fait part dans plusieurs airs de son bonheur. Pélée tente même d'oublier un moment sa peine en participant avec lui à un superbe trio vocal, « Que rien ne trouble plus une flamme si belle », où, à l'aide de longues notes tenues, un amour éternel est souhaité à Céyx et à sa future épouse. Un désir qu'exprime sur les mêmes paroles le chœur suivant, plein de joie et de vivacité, avant que des danses, dont un gracieux menuet, ne viennent avec « un acteur » et « deux actrices de la fête » apporter plus d'éclat aux réjouissances. Comme dans le prologue, un air en rondeau, « Que vos désirs puissent toujours renaître », est entonné par un chanteur soliste avant d'être repris plusieurs fois par le chœur et probablement aussi par le public, en raison de la simplicité de la mélodie. Les spectateurs pouvaient donc participer au premier divertissement de la tragédie.

Mais tout à coup, cette exaltation de l'amour et des plaisirs qu'auraient certainement condamnée les dévots fait place à une scène d'un tout autre caractère. Après quelques mesures plaintives, jouées par l'orchestre, où se succèdent une série de dissonances, Pélée réalise qu'il va assister à l'union de celle qu'il aime avec Céyx et demande à la mort de venir le sauver. Intervention dramatique, interrompue cependant rapidement par l'air du grand prêtre de l'Hymen, « Le flambeau de l'amour », accompagné par un « hautbois seul ». Ce n'était pas la première fois qu'un instrument était appelé dans un opéra à mettre ainsi en relief la beauté de son timbre. Dès 1690, lors des représentations d'*Énée et Lavinie*, Collasse avait usé d'une flûte allemande pour annoncer la descente de Vénus. Se souvenant d'*Alcine* de Campra, donnée en 1705, soit l'année précédente, Marais a recours au hautbois. Il s'en sert dans *Alcyone* pour évoquer la « douce flamme » des flambeaux de l'Hymen et traduire l'atmosphère sacrée de la cérémonie. Après l'air du grand prêtre, le climat devient lourd : deux dessus de violon évoluent lentement sur une longue pédale de tonique, expression d'une puissante tension dramatique, puis, en partie sur la même mélodie, les voix d'Alcyone et de Céyx s'élèvent peu à peu, forment un émouvant duo, au cours duquel on imagine volontiers le couple d'amants confiants, se tenant la main, les yeux tournés vers le ciel. Cet instant grave et solennel est brusquement troublé par des traits joués « très vite » aux violons, dessinant des tourbillons, puis des fusées pendant qu'Alcyone, Céyx et le grand prêtre font part de leur effroi : « Quel bruit, quels terribles éclats. » Comme le précisent les livrets des reprises de 1741, 1756 et 1771, la machinerie devait faire gronder le tonnerre durant ce trio, dont un chœur amplifie ensuite le caractère à la fois pathétique et théâtral. En 1719, Marais ajoutera pour le rôle de Pélée un récitatif accompagné, également très mouvementé, renonçant à la belle sobriété émouvante de la fin de la dernière scène qu'il avait fait graver en 1706.

Le prélude du deuxième acte restitue l'atmosphère infernale qui règne dans l'antre de Phorbas, avec ses accords de septième mineure et son rythme de plus en plus saccadé. Dans ce cadre peu rassurant, Céyx vient chanter l'un des plus beaux airs de la partition, « Dieux cruels, punissez ma rage et mes murmures ». Une page que le comte de Lacépède semble avoir entendue lorsqu'il décrit dans sa *Poétique de la musique* publiée en 1785 la version de 1771. Il remarque, à propos du thème initial donné par la ritournelle instrumentale, qu'il est ensuite repris par la voix, « un peu plus coupé par des silences » pour mieux permettre de proférer les paroles « au milieu des agitations de Céyx et du transport véhément qui le suffoque ». Lacépède est également impressionné par « l'éclat de rage » de Céyx « qui cherche » plus loin « à s'échapper avec effort », lorsqu'il « s'écrie sur des tons appuyés et remarquables, frappez dieux inhumains ». Les basses instrumentales viennent alors davantage soutenir le chant et se font entendre « avec la même force ». Aujourd'hui, plus que la puissance, c'est l'émotion contenue dans la phrase mélodique qu'on retient à l'audition de cet air douloureux où le compositeur a voulu traduire dans la tonalité de *fa* mineur tout le désarroi de Céyx.

La cérémonie magique

Phorbas et Ismène sauront satisfaire les désirs du malheureux souverain dans la terrible cérémonie magique qu'ils acceptent d'organiser pour lui : après un prélude à la fois singulier et inquiétant où l'on entend, entrecoupés de silences, de grands accords joués par l'ensemble des cordes, le sombre duo débute gravement puis devient animé avec, pour les voix, des entrées en imitation. Un style et un rythme qu'on peut rapprocher de ceux d'une autre page réservée encore à deux enchanteurs, Armide et Hidraot, lorsqu'ils s'apprêtent dans l'opéra de Lully à tendre un piège au valeureux Renaud en invoquant les « esprits de haine et de rage ». Dans *Alcyone*, Phorbas et Ismène appellent une troupe de magiciens chargés de faire sortir des démons des Enfers. Le premier chœur de ces suivants est écrit comme celui des démons d'*Ariane et Bacchus*, de manière homophone et sans autre accompagnement qu'une basse continue, mettant ainsi en valeur les paroles, où l'on relève encore d'autres analogies avec celles de la précédente tragédie en musique de Marais : « Nous allons marquer notre zèle » a été remplacé par « nous allons signaler pour vous notre pouvoir et notre zèle ». Ces intentions sont chantées dans les deux cas sur un rythme ternaire mais, dans *Alcyone*, la tonalité de *fa* majeur est devenue *fa* mineur. Il est vrai qu'un spectacle effrayant se prépare et qu'il sera évoqué par l'orchestre. Lorsque apparaît au fond de la scène « une image de l'Enfer avec Pluton et Proserpine assis sur leur trône, un prélude est exécuté avec d'abord toutes les basses effectuant une terrible descente jusqu'au *si* en dessous de la clef de *fa*. Puis, toujours dans un registre grave, les dessus interviennent sur un rythme saccadé, avec parfois des notes répétées et de grands traits rapides. Phorbas et Ismène s'adressent alors à Proserpine et aux Parques puissantes, et évoquent dans un duo les Fleuves des Enfers; la partie supérieure comporte un intervalle mélodique impressionnant de septième mineure sur le mot « affreux » et un autre de quarte diminuée pour exprimer les plaintes des mânes. Effets repris sur les mêmes paroles par le chœur, où se poursuit l'invocation aux « dieux redoutables ». Ce divertissement infernal se devait de comporter au moins une danse, un « air des magiciens », traité comme s'il était conçu pour des démons : une première partie grave et dramatique débute avec panache sur un grand saut d'octave aux dessus, puis une seconde rapide, tout animée de croches.

Cet acte tragique s'achève sur la page la plus remarquable réservée à Phorbas, lorsqu'il entrevoit l'avenir de Céyx :

Dans un récitatif accompagné, le délire du magicien est en effet traduit non seulement par un dessin mélodique tourmenté aux parties supérieures instrumentales, mais aussi par une harmonie recherchée, avec une modulation rapide d'*ut* mineur à *si* bémol majeur, puis un passage immédiat dans le mode mineur obscurci encore par un accord des plus dissonants sur une pédale de tonique.

L'ACTE MARIN

Le troisième acte débute sur un des plus beaux airs qu'ait composés Marais : celui de Pélée, « Ô mer, dont le calme infidèle », où un sentiment de tristesse se mêle à la sérénité qu'inspirent les premières paroles et qu'un magnifique prélude parvient à restituer par des valeurs longues liées parfois entre elles, suscitant de savoureuses dissonances. On ne manque pas également de remarquer sous la superbe partie vocale le choix judicieux de l'harmonie, notamment pour mettre en valeur le mot « hélas », avec d'abord un accord de septième mineure, puis une très sensible modulation à la sous-dominante. Il est dommage qu'un aussi bel air ait été remplacé lors de la reprise de 1719 par un autre de moindre qualité, où Marais conserva cependant, en dépit de nouveaux vers, l'idée de souligner les regrets de l'amoureux infortuné.

La réputation du troisième acte ne repose pas seulement sur cette noble et grave intervention de Pélée, mais aussi sur la pittoresque fête marine, divertissement annoncé dès la deuxième scène par le début de la « marche pour les matelots ». Un air de danse devenu célèbre en raison du caractère populaire de sa mélodie. Cet air à succès, facile à retenir, ne fut pas chanté par le public lors des représentations, comme ceux du prologue ou du premier acte. Il pouvait néanmoins être aisément gravé dans la mémoire des spectateurs, en raison de ses nombreuses répétitions : donné en partie pendant le dialogue entre Phorbas et Pélée, il était ensuite entièrement exécuté avant d'être repris plus loin, deux fois sous sa forme initiale pour orchestre, puis écrit pour voix de dessus et basse continue avec des paroles chantées par une matelote, « Amants malheureux ».

Son succès fut si rapide qu'il devait paraître sous le titre « La Matelotte » dans le *Cinquième recueil de danses de bal pour l'année 1707* « mises au jour » par Raoul Auger Feuillet. Il allait faire également l'objet de diverses transcriptions pour le luth, la guitare et même pour le tympanon. Dans sa version scénique, cette marche était scandée par quatre tambourins joués par des danseurs, dont les livrets fournissent les noms. En 1706, lors de la création de l'opéra, ces percussions furent confiées à messieurs Blondy, Ferrand, Dangeville l'aîné et Dangeville cadet. Bien qu'ayant été déjà utilisées en 1699 dans *Le Carnaval de Venise* de Campra, comme l'atteste une estampe de Bonnard, elles figuraient pour la première fois dans une partition d'opéra français, toute une portée leur étant même réservée dans la source réduite publiée par Marais. Il est vrai qu'elles intervenaient encore dans deux autres « airs des matelots », toujours écrits en *mi* mineur. Une tonalité qu'avait déjà adoptée Marais au deuxième acte d'*Ariane et Bacchus* pour une autre danse, un duo et un chœur auxquels participaient déjà les mêmes personnages. Dans *Alcyone*, le divertissement marin réserve comme au premier acte une place à un hautbois et son timbre concourt cette fois à égayer l'air entraînant d'une matelote : « Pourquoi craignons-nous que l'amour nous engage. »

Cette frivolité contraste avec les scènes suivantes : les adieux émouvants d'Alcyone et de Céyx, avec leur duo, « Ah, deviez-vous troubler de si tendres ardeurs », et l'admirable plainte de la fille d'Éole : « Il fuit, il craint mes pleurs. » Dans cette page bouleversante, la basse instrumentale exprime d'abord par son dessin chromatique descendant toute la douleur de celle qui voit s'éloigner son époux sur la mer. Puis, lorsque Alcyone s'adresse à Neptune ou à son père, sa voix devient déchirante, gagne en ampleur, diminue ensuite tout à coup en intensité, quand le mouvement est lent, avant de s'éteindre doucement sur les mots « je meurs ».

Le calme et la tempête

L'acte le plus pathétique d'*Alcyone* demeure le quatrième avec sa fameuse tempête, dont l'avènement est préparé avec soin. De la cérémonie célébrée par la prêtresse de Junon jusqu'à l'intervention du Sommeil, il règne dans la partition un grand calme, chargé néanmoins d'intensité dramatique et susceptible de tenir le spectateur en haleine avant le déchaînement des éléments naturels. Tout se succède jusque-là sur un rythme généralement lent ou modéré, avec des valeurs longues et des effets de sonorités dans un registre aigu. Le choix des danses n'est du reste pas fortuit, puisqu'on trouve une sarabande, à côté d'un « air » pour deux flûtes et basse continue écrite en clef d'*ut* troisième ligne et doublée par des violons. Le chœur des prêtresses, appelé à se faire entendre à plusieurs reprises, bénéficie d'un soutien instrumental aussi léger et ne comporte que deux dessus vocaux. Un registre qu'on relève également dans la symphonie de sommeil lorsque l'écriture à cinq parties est remplacée par celle à trois.

Cette merveilleuse page onirique est inspirée de celle bien connue de l'*Atys* de Lully : les flûtes, jouant à la tierce, sont mises en valeur ainsi que la basse lorsqu'elle offre un mouvement expressif, doucement accompagnée par les autres cordes. Chez Marais, les contrastes sont cependant plus accusés avec l'opposition de « fort » et de « doux », clairement mentionnés par les lettres « f. » et « d. ». Il est rare de trouver à cette époque des indications de nuances aussi précises pour une seule pièce instrumentale jouée dans un opéra. On remarque enfin dans la symphonie d'*Alcyone* un ton moins dramatique que dans celle de Lully et un caractère plus galant avec l'adoption d'un rythme ternaire et d'ornements gracieux pour les dessus. Le Sommeil, il est vrai, ne vient plus exercer son pouvoir sur le Phrygien Atys, mais sur la belle Alcyone. Après son intervention la tonalité de *mi* mineur va brusquement passer, sans transition, à celle bien éloignée de *si* bémol majeur pour créer un effet de surprise dès le début de la tempête.

Cette célèbre pièce descriptive, écrite pour l'ensemble de l'orchestre, donna lieu à un commentaire enthousiaste de Titon du Tillet dans son *Parnasse français* :

> On ne peut s'empêcher de dire ici un mot de la tempête de cet opéra, tant vantée par tous les connaisseurs, et qui fait un effet si prodigieux. Marais imagina de faire exécuter la basse de sa tempête, non seulement sur les bassons et les basses de violon à l'ordinaire, mais encore sur des tambours peu tendus qui, roulant continuellement, forment un bruit sourd et lugubre, lequel joint à des tons aigus et perçants pris sur le haut de la chanterelle des violons et sur les hautbois font *(sic)* sentir ensemble toute la fureur d'une mer agitée et d'un vent furieux qui gronde et qui siffle, enfin d'une tempête réelle et effective.

A la lecture de cette description, on peut être surpris de voir passer sous silence la contrebasse, instrument pourtant mentionné dans la partition gravée de 1706. C'était même la première fois qu'il figurait dans une source musicale relative à l'opéra français et l'on sait qu'à cette époque il fut introduit et joué dans l'orchestre de l'Académie royale de musique par le fameux compositeur Michel Pignolet de Monteclair. Si Titon du Tillet omet de le citer dans son compte rendu, il fournit en revanche des renseignements qu'on ne trouve nulle part ailleurs concernant l'exécution, notamment le recours à des tambours peu tendus pour créer un grondement « sourd et lugubre ». L'idée n'était pourtant pas nouvelle : dès 1689, Pascal Collasse avait dans *Thétis et Pélée* précisé qu'il fallait se servir « d'un tambour pour imiter le bruit des vents et des flots, en frappant doucement quand le dessus est bas et fort quand il est haut ». Et c'était également pour une tempête, la première à inaugurer véritablement ce genre descriptif. Dans *Alceste* de Lully, l'air des Aquilons et des Zéphirs avait déjà su suggérer par son dessin mélodique l'ondulation des vagues agitées par les vents. Mais il ne s'agissait pas encore de musique imitative, comme dans *Thétis et Pélée* ou plus tard dans *Alcyone*, avec ces traits en triples croches d'une grande virtuosité restituant la violence des bourrasques. Effets naturalistes si réussis qu'on ne manqua pas bientôt de rapprocher ces fresques sonores des chefs-d'œuvre de la peinture et de la littérature :

Tout tableau se compare en peinture, en musique.
En prose comme en vers, sérieux ou comique;
Tempête de Rubens, tempête de Rabelais;
Même du poète tragique
L'on pourrait comparer la tempête héroïque
A la tempête de Marais.

Ces éloges publiés en août 1711 par le *Mercure galant*, soit plus de cinq ans après la première audition de la tempête d'*Alcyone*, Marais les devait d'abord à Collasse. Il y eut bien entre 1689 et 1706 d'autres compositeurs appelés à écrire dans ce genre décoratif pour les spectacles de l'Académie royale de musique : Campra en 1700 au quatrième acte d'*Hésione*, Desmarest dans une autre tragédie en musique, *Iphigénie en Tauride*, représentée en 1704. Mais il est évident, à la lecture des partitions, que Marais se référa à *Thétis et Pélée*, un modèle qu'il ne pouvait ignorer, ayant certainement participé à son interprétation à l'Opéra, lors de la création et des reprises de 1697 et de 1699. Dans *Alcyone*, on relève en effet, à côté d'une même percussion et de formules rythmiques semblables, d'autres analogies. La tempête n'est d'abord pas limitée à la pièce instrumentale qui porte son nom, mais se poursuit également après dans un chœur et pour l'intervention d'un chanteur. Dans ce dernier cas, la voix n'est plus accompagnée par tout l'orchestre pour ne pas être étouffée et bénéficie seulement du soutien de la basse agitée le plus souvent de notes répétées. Le soliste, chargé dans *Alcyone* d'interpréter le rôle de Morphée sous les traits de Céyx, lance cependant son appel déchirant plusieurs fois au milieu et à la fin du chœur. L'agencement des parties instrumentales diffère également de ce qu'avait préconisé Collasse dans *Thétis et Pélée* : se souvenant peut-être de l'effet produit en 1701 par Theobaldo de Gatti dans l'intervention magique de sa tragédie en musique *Scylla*, Marais écrit la basse sur deux portées, afin de distinguer les basses de violon de la basse continue doublée par des bassons et la contrebasse. Il en résultait une plus grande densité dans les sonorités graves, susceptible d'augmenter le caractère dramatique du cauchemar présenté à Alcyone.

Du désespoir au bonheur retrouvé

A son réveil, la malheureuse épouse de Céyx livre son désespoir dans un long monologue, au cours duquel on entend deux récitatifs accompagnés. Le dernier d'entre eux qui finit l'acte est admirable par la manière dont la ligne mélodique du chant est conduite, épousant parfaitement les mots du livret :

après avoir fait participer à la descente prochaine d'Alcyone « sur le rivage sombre », elle s'élève peu à peu pour mieux exprimer la douleur d'un personnage privé de l'objet de son amour, puis elle revient lentement dans le grave, toujours soutenue par une harmonie recherchée avec à la fin, précédant la dernière cadence, une succession savoureuse d'accords de septième. Ici encore, on s'explique mal comment une aussi belle déclamation lyrique put être supprimée lors des représentations de 1719.

La ritournelle sur laquelle débute le dernier acte devait subir le même sort, en dépit d'évidentes qualités. Il est vrai qu'elle apparaît davantage comme une pièce de musique de chambre écrite en trio, tant est grande l'impression d'intimité qu'elle procure. C'est une œuvre méditative tout empreinte d'intériorité avec un thème unique développé aux trois parties et dont le dessin mélodique semble interroger l'auditeur sur quelque grave question. Expression de la solitude d'Alcyone ? La suppression de cette ritournelle en 1719 fut compensée par l'introduction de deux beaux airs accompagnés par l'ensemble des cordes d'un caractère cette fois bien théâtral. Le premier, « Ô nuit, redouble tes ténèbres », conçu pour le rôle de Pélée et placé au commencement de l'acte, fait participer le public aux remords du personnage, tout en évoquant l'obscurité de la nuit. Écrit également dans la tonalité sombre d'*ut* mineur, le second, « Ombre de mon époux », destiné à Alcyone, rappelle la fidélité de son amour envers son mari défunt. A ces interventions funèbres, hantées par la mort de Céyx, s'opposent deux pages optimistes, chargées de créer dans toutes les versions de l'opéra un effet de contraste saisissant. C'est d'abord l'apparition de Phosphore, dont la voix de haute-contre est accompagnée du timbre des flûtes et d'une basse continue écrite en clef d'*ut* troisième ligne, c'est-à-dire dans un registre aigu. Puis, à la suite de la bonne nouvelle annoncée par ce dieu, Alcyone chante un air galant composé sur un rythme ternaire avec de gracieuses vocalises auxquelles se mêle la ligne mélodique délicatement ornée des « flûtes allemandes ». Bref instant d'espoir, répit qui permet ensuite au drame de redoubler d'intensité jusqu'à l'agonie d'Alcyone. On entend alors un pathétique récitatif, suivi dans la partition d'origine d'un autre qui est accompagné, où notre héroïne, troublée, croit descendre sur les rives du Ténare, entraînée par un orchestre tantôt déchaîné, tantôt inquiétant, faisant entendre sur une basse obsédante des accents plaintifs dus à des dissonances subtiles, glissées dans l'harmonie.

L'arrivée de Neptune viendra interrompre ce climat dramatique et tout sera divertissement, avec notamment un trio vocal où respire le bonheur du couple d'amants réunis, puis un chœur joyeux au rythme parfois bondissant, enfin une grandiose chaconne où Marais se plut encore à exceller. Dans cette dernière danse, on ne peut en effet qu'admirer la manière dont le compositeur fait progresser sa pensée musicale, créant d'ingénieuses variations tant sur le plan rythmique que mélodique. Des épisodes qu'il ne manqua pas d'écrire à cinq ou à trois parties, jouant sur les registres ou sur les modes, il découle tantôt une grande sérénité, tantôt un débordement pétillant, tantôt une douce mélancolie, tantôt encore une surprenante poésie. Et aujourd'hui, lorsqu'on écoute cette magnifique chaconne, il est difficile de croire qu'elle fut remplacée par celle du *Prince de Noisi* de Rebel et Francœur lors de la dernière reprise d'*Alcyone* en 1771.

En dépit des avatars qu'elle eut à subir durant les différentes remises à la scéne, la partition d'*Alcyone* peut être considérée comme l'une des plus belles de tout le répertoire lyrique français. Sa tempête fit, il est vrai, sa réputation et devait servir de modèle à bien des compositeurs d'opéras, perpétuant même l'usage du tambour pendant les exécutions, comme l'atteste l'ancien matériel d'orchestre de *Télégone*, tragédie en musique de La

Coste créée en 1725. Dans *Alcyone*, on sait à présent qu'il y a d'autres pages aussi remarquables, capables de faire progresser l'action dramatique, tout en offrant une grande variété de ton : ouverture tragique, marche joyeuse des matelots à l'allure populaire, poétique symphonie de sommeil, récitatifs accompagnés d'Alcyone aux accents pathétiques. Il y a également les airs émouvants de Céyx et de Pélée, dont Rameau s'inspirera plus tard pour ceux d'Hippolyte et de Thésée, lorsqu'il fera représenter en 1733 sa première tragédie en musique, *Hippolyte et Aricie*. Et pour ses autres opéras, il se souviendra de la somptueuse chaconne, et peut-être même des effets de musette qu'avait imaginés Marais au prologue.

Sémélé, chef-d'œuvre de musique décorative

L'excellent accueil réservé à *Alcyone* dès les représentations de 1706 encouragea certainement Marais à entreprendre très vite un nouvel opéra sur d'autres paroles d'Houdar de La Motte. Ce fut la tragédie en musique *Sémélé*.

Les interprètes

L'ouvrage fut créé, le mardi 9 avril 1709, dans la salle du Palais-Royal, et, grâce au livret imprimé à cette occasion, on en connaît la distribution :

Prologue
Le grand prêtre : Charles Hardouin
La prêtresse : Mlle Dun
Apollon : M. Beaufort

Tragédie
Cadmus, roi de Thèbes : Charles Hardouin
Sémélé, fille de Cadmus : Françoise Journet
Jupiter, sous le nom d'Idas : Gabriel-Vincent Thevenard
Adraste, prince thébain : Jacques Cochereau
Junon : Françoise Dujardin
Dorine, confidente de Sémélé : Marie-Catherine Poussin

Mercure, sous le nom d'Arbate : Jean Dun
Une bergère : Mlle Aubert
Deux bergères : Mlles Daulin et Boisé

Pour les chœurs, trente et un chanteurs et chanteuses, soit presque autant que pour *Alcyone*, furent sollicités, alors qu'on compte bien davantage d'interprètes pour la danse, ceux-ci étant au nombre de trente-deux. Les mêmes vedettes furent néanmoins appelées à briller dans les ballets : Claude Balon, Michel Blondy, Dangeville l'aîné. Parmi ceux qui furent chargés de se produire en soliste, on remarque également Françoise Prevost, David Dumoulin et son frère François sous les traits d'un paysan. Il s'agissait d'un rôle dont ce dernier danseur était devenu depuis déjà plusieurs années le spécialiste, comme l'attestent les distributions recueillies dans les livrets et une estampe le représentant, exécutée d'après un dessin de Berain et diffusée à l'époque, rue Saint-Jacques, chez le fameux marchand graveur Jean Mariette.

ÉCHEC, DÉCOURAGEMENT DES AUTEURS ET SOURCE MUSICALE DÉFAILLANTE

Malgré toutes ces précautions pour satisfaire le public, *Sémélé* fut un échec. L'année pendant laquelle on la donna n'était pas, il est vrai, favorable aux spectacles lyriques, même si Boileau déclara dans une de ses lettres, adressée le 5 août 1709 à Brossette, qu'en dépit de la cherté du pain, il n'y avait pas de semaine où l'on ne jouât « trois fois l'opéra avec une fort grande abondance de monde ». L'hiver, on le sait, avait été des plus rigoureux, provoquant une terrible famine et, dès le mois de janvier, la fermeture des théâtres parisiens. Lorsque, après la réouverture de l'Académie royale de musique, *Sémélé* parut en avril à l'affiche, les spectateurs les moins fortunés, ceux du parterre réputés pour décider du sort d'un opéra, étaient-ils prêts à accueillir une nouvelle œuvre de Marais ?

Depuis le succès d'*Alcyone,* la tragédie en musique ne connaissait plus également la même faveur auprès du public : *Bradamante* de La Coste créé en 1707 ne réussit pas et *Hippodamie* de Campra, représentée l'année suivante, fut qualifiée par un chansonnier d'« ennuyeuse tragédie ». En mai 1709, soit un mois après *Sémélé, Méléagre* de Baptistin Stück ne remporta, selon les frères Parfaict, « aucun succès » et il fallut attendre 1710 pour assister sur la scène lyrique au triomphe d'un nouvel ouvrage, *Les Fêtes vénitiennes* de Campra. Il ne s'agissait plus cette fois d'une tragédie en musique, mais d'un opéra-ballet tout empreint de couleur locale.

Ce contexte permet d'expliquer l'échec de *Sémélé* que ses auteurs ne purent, semble-t-il, endurer. Marais ne composa plus jamais pour l'Académie royale de musique et le poète ne devait guère réagir, selon les frères Parfaict, d'une manière plus positive :

> On peut croire aisément que si La Motte avait prévu le peu de réussite de cette pièce, il n'en aurait jamais souffert la représentation. Mais il se fiait peut-être sur l'auteur de la musique d'Alcyone. Quoi qu'il en soit, cette chute le dégoûta tellement du théâtre de l'Opéra que, ne voulant plus travailler que pour celui des Français, on ne put jamais l'engager à achever son poème lyrique de Scanderbeg qu'il laissa imparfait.

Après sa mort, ce livret allait cependant être utilisé pour une tragédie mise en musique par Rebel et Francœur créée en 1735. Un intérêt posthume qui ne doit pas minimiser la déception de La Motte, dont les détracteurs s'étaient permis en 1709 de le comparer à l'auteur des paroles de *Méléagre,* François-Antoine Jolly :

> J'ai vu Méléagre et Sémélé;
> Mais trêve ici de parallèle
> Contre ces rivaux de Lully.
> Je dis sans parler de la note

Que l'un est digne de Joly
Et l'autre indigne de La Motte.

Le sort réservé à *Sémélé* n'avait pu heureusement empêcher Marais de faire graver une partition réduite par Baussen, puisqu'elle fut « achevée d'imprimer » le 15 février 1709, soit près de deux mois avant les premières représentations. Les exemplaires étaient vendus, comme ceux d'*Alcyone*, chez le compositeur et les marchands Hurel et Foucault. C'est la seule source qui ait été retrouvée pour cet opéra et l'on peut regretter qu'aucune autre plus complète ne soit connue, car l'absence de parties intermédiaires interdit pratiquement aujourd'hui une résurrection satisfaisante de l'œuvre.

Un prologue raffiné

Après une ouverture à la française obéissant à des modèles laissés par Lully, avec seulement deux mouvements, l'un grave, animé de rythmes pointés, l'autre plus rapide écrit dans un style intrigué, la toile se lève et permet de découvrir le décor du prologue intitulé *Les Bacchanales.* D'après le livret, on aperçoit « dans le fond un sacrifice à Bacchus et sur le devant des berceaux, où des sylvains, des aegypans et des bacchantes sont placés, un vase et une coupe à la main », tandis qu' « au-dessus, entre les feuillages, paraissent des satyres jouant du hautbois ». Dans ce cadre pastoral et mythologique, un prêtre et une prêtresse rendent hommage au dieu auquel le lieu est consacré. Ils rappellent qu'il est le fils de Jupiter et engagent leurs suivants à chanter « ses glorieux exploits, sa jeunesse et ses charmes ». Puis, au cours d'une cérémonie où un « nectar charmant » commence à provoquer son effet enivrant et où dansent ménades, aegypans et bacchantes « en fureur », une « symphonie tendre » se fait entendre. Apollon descend alors, se réjouit de voir qu'on célèbre Bacchus, et annonce le sujet de la tragédie en demandant aux muses de retracer « le grand événement qui donna le jour » à ce dieu. Comme dans bien d'autres prologues d'opéras, le public est ainsi informé du spectacle auquel il va assister, mais dans celui de *Sémélé* aucun éloge au roi ne semble avoir été prévu. Une tendance qu'on remarque déjà en 1703 dans *Le Carnaval et la Folie,* aux vers fournis encore par La Motte, et plus tard en 1708 dans *Hippodamie,* écrite sur un livret de Pierre-Charles Roy. Était-ce un signe du déclin de l'image du monarque ou bien plutôt l'abandon d'un usage devenu inutile depuis que Louis XIV s'était définitivement détourné des spectacles lyriques ?

Pour le prologue de *Sémélé*, Marais s'inspira de ce qu'avait fait en 1705 Campra au début de sa tragédie en musique *Alcine.* Comme lui, il recourut en effet à une « trompette seule » pour accompagner une partie vocale, ici celle du grand prêtre, lorsqu'elle retentit pour célébrer « les glorieux exploits » de Bacchus. Une instrumentation que le compositeur oppose dans sa palette sonore à celle de « deux flûtes allemandes » soutenues par une basse continue, écrite en clef d'*ut* troisième ligne dans un registre aigu et doublée par quatre violons, formation destinée cette fois à souligner sur un rythme ternaire les paroles chantées par la prêtresse, où l'accent est mis sur la « jeunesse » et les « charmes » du dieu. Le vocabulaire descriptif préconisé par Marais ne cessait, on le voit, de gagner en raffinement et en efficacité dramatique, capable dans un dialogue, puis dans un duo, de passer avec souplesse d'un caractère héroïque et viril à un autre galant et féminin. Une telle démarche suscitait une plus grande diversité des timbres, comme l'atteste plus loin l'air de la prêtresse, « goûtons ici les plus doux charmes », où interviennent encore deux flûtes traversières, des violons, une trompette, et en plus des hautbois.

Cette richesse ne doit pas minimiser le rôle expressif de la mélodie, du rythme et de l'harmonie. L'ivresse du grand prêtre est notamment suggérée dans un récitatif accompagné par des traits rapides en triples croches, brusquement interrompus sans cohérence apparente par des notes répétées, suivies parfois d'une valeur longue, une ronde, avec de fréquents changements de mesure. Une complexité susceptible de traduire le désordre, le trouble, dans lesquels se trouve le personnage. Des recherches plus raffinées ont été menées dans la « symphonie tendre » chargée d'annoncer la descente d'Apollon dans son char : deux dessus de flûtes et violons, et une basse continue située dans un registre aigu semblent à la fin de la pièce décrire le lent trajet de la machine céleste dont les contours vaporeux pourraient être suggérés par la série de retards dont s'ornent délicatement les parties supérieures :

La tragédie de La Motte et les pièces de Boyer et de Le Brun

Pour la tragédie qui succède au prologue, La Motte s'est inspiré d'une œuvre théâtrale antérieure, *Les Amours de Jupiter et de Sémélé*, une pièce à machines qu'avait créée le Théâtre du Marais à Paris, le premier janvier 1666. Cette autre tragédie de l'abbé Claude Boyer, auquel on doit également le livret de *Méduse* de Gervais, avait déjà servi de modèle à un poète, Antoine-Louis Le Brun, auteur d'une autre *Sémélé* qu'il avait destinée à l'Opéra, mais qui ne fut jamais mise en musique. Dans la préface de son *Théâtre lyrique* publié en 1712, Le Brun accuse même, sans le citer nommément, La Motte d'être « de mauvaise foi », de lui avoir « dérobé quelques-unes » de ses idées et d'avoir « travaillé sur les mêmes sujets » qu'il lui a communiqués. Lorsqu'on compare les deux livrets, on remarque en effet parmi les analogies celle qui consiste à annoncer au prologue le thème abordé dans les cinq actes, avec le concours de divinités champêtres dans un lieu consacré à Bacchus, orné de « berceaux de pampres et de vignes ». Un procédé et une situation absents, il faut bien l'avouer, de l'ouvrage de Boyer. Même s'il prétend dans un « avertissement » avoir accommodé ce qu'a fait son prédécesseur « au style d'à présent et au goût du Théâtre de l'Opéra », Le Brun s'est cependant beaucoup plus attaché que La Motte à suivre le plan fourni par *Les Amours de Jupiter et de Sémélé*. On y retrouve pratiquement le même agencement des scènes avec des indications souvent identiques pour le jeu des personnages et les décors appelés à figurer à chaque acte.

Dès le début de sa tragédie, La Motte a su s'écarter du schéma proposé par ses devanciers : au lieu d'entraîner le public dans une « chambre magnifique » à alcôve où doit paraître Sémélé sur son lit, il préfère exposer plus rapidement dans le temple de Jupiter ce qui sera l'objet du drame. Le roi de Thèbes, Cadmus, destine en effet sa fille Sémélé au prince Adraste ; mais celle-ci aime Jupiter (qu'elle connaît sous le nom d'Idas) et ce sentiment est partagé. Faut-il alors obéir à son père ou suivre les inclinations de son cœur ? En dépit des conseils donnés par sa confidente Dorine, la princesse accepte de renoncer à son amour, car elle ne sait pas encore qu'elle est éprise d'un dieu, alors que dans les ouvrages de Boyer et Le Brun, elle est déjà avertie et refuse cette éventualité. Dans son livret, La Motte a également introduit au premier acte une cérémonie où l'on célèbre les exploits militaires remportés par Adraste, prétexte à un divertissement dans le goût héroïque. Mais, quand le prince victorieux s'apprête à offrir à Jupiter les armes prises à l'ennemi, le « temple se ferme et des Furies viennent enlever les trophées ». Le chœur des guerriers et Cadmus s'écrient :

> Sous nos pas s'ébranle la terre,
> L'Enfer est déchaîné! quels éclats de tonnerre!
> Fuyons, fuyons la colère des Dieux.

Cette situation rappelle évidemment celle de la fin du premier acte d'*Alcyone*, où des puissances infernales, des Furies, viennent déjà désapprouver de manière spectaculaire l'union de deux mortels.

Au deuxième acte de *Sémélé*, La Motte se distingue encore de Boyer et de Le Brun en faisant précéder l'entrevue entre Sémélé et Jupiter d'un dialogue, puis d'un duo, hymne à l'amour chanté par Dorine et Mercure « sous le nom d'Arbate ». Au lieu d'un « parc » ou d'un « bocage agréable », le décor représente « un bois coupé de rochers », lieu plus propice à être embelli, à la fin de la scène deux, d'un « palais orné de cascades », qu'on ne s'est pas privé d'ajouter pour l'opéra de Marais. Dans cet ouvrage, Jupiter est en effet contraint de découvrir sa véritable identité à Sémélé et, pour mieux la séduire, il ordonne aux dieux des eaux et des forêts d'organiser dans cet édifice une « aimable fête » en l'honneur de sa conquête. Adraste survient et, indigné par le spectacle qu'il voit, interroge celle qu'il désire épouser. Lorsqu'elle lui avoue qu'elle est aimée d'un dieu, il refuse de la croire et veut frapper Jupiter. Sémélé l'arrête, un nuage s'élève devant lui et emporte le couple d'amants. Adraste seul demeure et, désespéré, demande à son rival de le « réduire en poudre ».

Dans les jardins de Cadmus, décor de l'acte trois, il appelle la jalouse Junon à son secours. Celle-ci descend du ciel et consent à le venger, s'associant à sa rage. Dissimulée sous les traits de « Beroé nourrice », elle parvient à semer le doute dans le cœur de Sémélé et, pour mieux l'impressionner, lui fait voir le « spectacle affreux » des Enfers, alors qu'elle se contente dans la pièce de Boyer de changer le décor et de la transporter ainsi d'un « jardin enchanté » en un « parc ». Convaincue par la force persuasive de son interlocutrice, Sémélé accepte d'exiger de Jupiter qu'il se montre « armé de son tonnerre » et qu'il descende

Avec tout l'appareil du souverain des Dieux
Tel qu'aux yeux de Junon il paraît dans les cieux.

L'acte quatre est très différent de ce qu'avaient écrit Boyer et Le Brun. La Motte ne retient pas en effet la cérémonie interrompue brutalement par Jupiter et au cours de laquelle Sémélé doit être unie à l'époux désigné par son père. Une suppression aisément compréhensible, car cette scène comme aussi la représentation pour le décor du temple de l'Hymen auraient trop rappelé le premier acte. Dans l'opéra de Marais, l'action se passe successivement dans une grotte, puis dans un hameau. Après un nouvel entretien entre Dorine et Mercure qui lui dévoile son identité, occasion de mettre en doute la fidélité des amours des dieux avec les mortels, on assiste en effet à un divertissement champêtre donné par des bergers et des bergères. Au cours de cette fête, Jupiter demande à Sémélé d'oublier sa grandeur pour ne songer qu'à sa tendresse. Mais la princesse, gagnée par le soupçon, ne peut dissimuler son inquiétude et force le dieu à paraître dans toute sa gloire, provoquant ainsi sa condamnation à mort.

Au dernier acte, Sémélé mourra en effet dans le palais de son père avec Adraste qui osera braver Jupiter. Auparavant, le peuple de Thèbes a imploré la protection du dieu et son souverain, Cadmus, lui a demandé, avec sa fille, de faire régner dans son royaume la victoire et la paix. Mais pendant qu'est célébrée la venue de Jupiter auprès des mortels, la terre a tremblé, puis le tonnerre et les éclairs ont embrasé toute la scène, faisant fuir ses occupants. Seuls, Sémélé et Adraste sont restés et ont péri dévorés par le feu. Jupiter va néanmoins sauver celle qu'il aime : il lui redonne la vie et lui permet, comme à Io dans le final d'*Isis* de Lully, de siéger dans les cieux et d'y partager « aux yeux de Junon même l'éternelle gloire des Dieux ». Il est ensuite enlevé avec Sémélé dans une machine, « tandis qu'une pluie de feu achève de détruire le palais de Cadmus ».

En dépit de l'ascension du couple d'amants, cette destruction, qui n'est pas sans rappeler celle du palais d'Armide, termine l'opéra sur une note dramatique. Dans *Les Amours de Jupiter et de Sémélé*, Boyer a placé l'anéantissement de l'édifice au milieu du dernier acte, de manière à finir sa pièce par l'apothéose de son héroïne. Et Le Brun, dans son livret, fait accomplir à Jupiter un geste réparateur, puisqu'un « temple magnifique » s'élève pour Cadmus sur les cendres de son palais. La conclusion de la tragédie en musique de Marais est donc due à La Motte ou lui fut imposée avec son consentement. Fut-elle dictée par le goût de l'époque ? Depuis quelques années, certains opéras, *Philomèle* de La Coste, *Hippodamie* de Campra, mais aussi le théâtre français avec *Atrée* de Crébillon représenté en 1707 s'orientaient en effet vers plus de pathétique. Par son final et sa scène infernale introduite au troisième acte, *Sémélé* de La Motte aurait très bien pu subir cette influence.

Recherches instrumentales

Dans sa partition, Marais a poursuivi avec efficacité pour la tragédie certaines expériences menées dans le prologue. L'air d'Adraste, « Maître des héros et des rois », se pare en effet au premier acte d'une « trompette seule », chargée d'exprimer la « gloire nouvelle » dont est auréolé le prince victorieux. Un choix judicieux pour souligner les mots chantés par le personnage, mais aussi pour apporter plus d'unité au divertissement où prend place son intervention. Un « bruit de trompettes » accompagnées de violons et de timbales avait déjà annoncé la venue des vainqueurs et d'une « troupe de guerriers portant les dépouilles des rebelles », avant d'être repris plusieurs fois dans une marche appelée à animer ce défilé militaire. Et c'est la même instrumentation qui est utilisée pour le second air de danse destiné aux soldats. Les pages pour l'orchestre seul sont cependant écrites d'une manière beaucoup plus traditionnelle avec des formules rythmiques répétitives et n'offrent pas la même subtilité que l'air d'Adraste où l'on observe pour son introduction des entrées en imitations confiées successivement aux violons, à la trompette et à la basse continue.

Après ce divertissement héroïque, Marais réserve bien évidemment d'autres effets, lorsque interviennent les Furies dans le Temple de Jupiter. Leur intrusion s'accompagne d'une pièce instrumentale exécutée « vite », avec des traits en triples croches évoquant par leur dessin mélodique pratiquement ininterrompu tout le tumulte provoqué par les divinités infernales. Cette agitation se poursuit et s'amplifie même dans le chœur qui suit, où l'orchestre commente les paroles prononcées par Cadmus et les guerriers. Les « éclats de tonnerre » sont créés par des gammes rapides couvrant quatre octaves des dessus à la basse, que Marais a écrite sur deux portées, distinguant, comme dans la tempête d'*Alcyone*, une partie pour les basses de violon capables de plus d'agilité et une autre pour la contrebasse et les bassons. Mais, contrairement à ce qu'avait indiqué le compositeur dans son précédent opéra, le continuo ne double pas ces derniers instruments appelés à faire entendre les sonorités les plus graves et préfère participer au jeu des basses d'archet les plus dynamiques. Cet ensemble dense sert à décrire plus loin, avec des notes répétées à toutes les parties, la terre « qui s'ébranle sous les pas » des acteurs et « la colère des dieux ».

Au deuxième acte, Marais a laissé dans l'accompagnement instrumental d'un autre chœur, celui des divinités des eaux et des forêts, une peinture musicale d'un tout autre caractère. Pour illustrer les paroles, « Secondez-nous, oiseaux de ces bocages, joignez à nos concerts la douceur de vos sons », l'orchestre joue :

Marais dans *Ariane et Bacchus* et bien d'autres compositeurs d'opéras français ne s'étaient pas privés d'user de flûtes pour suggérer le chant des oiseaux. Mais ce n'était encore qu'une simple évocation, alors qu'il s'agit ici d'une véritable imitation d'un délicieux gazouillis obtenu par des trilles joués à la tierce dans un registre aigu. Il est curieux d'observer qu'en 1709, un mois après les représentations de *Sémélé*, Stück essaiera de rivaliser avec Marais dans ce domaine, au troisième acte de *Méléagre*, en accordant à deux dessus de flûtes un semblable rôle descriptif. Il ira même cette fois jusqu'à les faire intervenir seules, sans le soutien des violons. Mais le dessin mélodique qu'il leur confiera n'offrira plus, tout en étant délicatement orné, un rythme aussi complexe et paraîtra moins proche de la réalité.

Dans *Sémélé*, Marais ne s'est pas seulement plu à composer de la musique descriptive. Il a imaginé d'autres pages remarquables, notamment au deuxième acte une prodigieuse chaconne, où il semble avoir livré ses recherches. On est surpris au début par le dessin chromatique descendant de la basse, puis on ne peut s'empêcher d'admirer comment tout s'anime peu à peu : les croches sont bientôt omniprésentes aux parties extrêmes, le rythme devient ensuite plus dramatique avec des valeurs pointées et des traits rapides écrits en triples croches. L'introduction de notes répétées marque le changement rapide de la mesure, du caractère aussi : le mouvement est qualifié de « gay ». A ce dynamisme en succède un autre plus puissant avec des lignes mélodiques dessinant d'amples ondulations. Un formidable élan interrompu brièvement par des hautbois et des bassons qui évoluent sur un rythme plus lent à 6/8. Survient ensuite un épisode en mineur, où l'on entend seulement des dessus de flûtes au jeu très orné et des violons appelés à les soutenir doucement. L'orchestre retrouve vite sa vigueur avec une succession de traits descendants pleins de fougue puis, à l'intérieur de chaque mesure, l'écriture à cinq parties alterne avec celle à trois. Plus loin, d'autres effets sont créés par des silences qui donnent l'impression de disloquer la mélodie, la rejetant dans un échange singulier d'une partie extrême à l'autre. Cette démarche est entrecoupée d'incursions dans les sonorités graves, avec tantôt deux basses seules, l'une confiée aux cordes, l'autre aux bassons, tantôt une distinction entre ces instruments à vent et le continuo, auxquels peuvent se joindre des violons. Dans un souci de contraste et d'équilibre, une place est alors réservée à l'expression du registre aigu, avec soit trois dessus, soit seulement deux accompagnés d'une basse continue écrite en clef d'*ut* troisième ligne. Quelle variété, quelle ingéniosité, mais aussi quelle maîtrise dans le traitement de l'orchestre !

Vers de nouveaux procédés dramatiques

L'acte suivant où intervient Junon est de caractère infernal et le compositeur n'a pas manqué d'user de recettes devenues traditionnelles : « airs pour les Furies » particulièrement animés réclamant une exécution « très vite », basse continue agitée (chargée comme dans *Isis* de Lully d'exprimer toute la colère de Junon), mais aussi accords de triton judicieusement placés sous les mots « terrible » ou « effrayer ». Sur le plan harmonique, Marais introduit même sous la seconde syllabe d'« horreur » une dissonance composée d'une quinte diminuée, d'une septième et d'une neuvième, et qu'il chiffre ainsi : 9 7 × 5.

Il fait preuve également d'originalité lorsqu'il cherche à traduire à la fois le « bruit souterrain » que l'on entend à la scène quatre et l'inquiétude que celui-ci suscite. Dans la « symphonie », un motif est donné, joué « pesamment » avec des notes « égales » et détachées, d'abord à la basse seule, avant d'être repris aux dessus. Le rythme change ensuite progressivement, devient saccadé avec des valeurs pointées, puis des traits rapides en triples croches entrecoupés de silences rendant de plus en plus présent l'effroi qui s'empare des acteurs. Pour le chœur des Furies et des démons chanté ensuite, Marais, se souvenant peut-être du succès qu'avait remporté celui d'*Alcide*, « Divinités des sombres bords », accorde un soin particulier à la composition des voix, recourant à des parties de haute-contre, de taille, de basse-taille et de basse, c'est-à-dire à un ensemble riche en sonorités graves.

D'autres effets dramatiques ont été ménagés au quatrième acte. On relève encore quelques dissonances placées à propos sous certains mots : un accord de septième majeure sous celui de « tristesse » parvient à lui seul à traduire le sentiment qu'éprouve Jupiter contrarié par l'attitude soupçonneuse de Sémélé. Plus loin, dans un magnifique air accompagné par l'ensemble des cordes, « suspends pour m'écouter », où l'on retrouve la noblesse de ceux de Pélée dans *Alcyone*, c'est une septième diminuée sur une pédale de tonique qui sert à souligner l'aspect « redoutable » des ondes du Styx aux Enfers.

Le divertissement champêtre et la musette

Dans cet acte, le poétique divertissement donné par des bergers et des bergères retient davantage encore l'attention. Pour une marche et quatre autres airs de danse, dont deux menuets et un passepied, Marais fait appel au timbre des musettes. Ce n'était pas la première fois qu'on avait recours à un tel instrument pour des représentations d'opéras. Dès les premiers spectacles donnés à Paris et à la Cour, il est mentionné dans les livrets : celui des *Fêtes de l'Amour et de Bacchus* en 1672, celui d'*Alceste* en 1678 et, plus tard, celui de *Roland* en 1685. Mais dans les partitions de ces ouvrages de Lully, ses interventions ne furent jamais clairement indiquées, laissant ainsi supposer qu'il se contentait de doubler des parties de flûtes ou de hautbois. Ce n'est qu'au début du XVIIIe siècle, à la faveur d'une nouvelle vogue pour la bergerie, qu'il apparut dans une source musicale du répertoire lyrique français. Dans *Les Muses*, opéra-ballet de Campra créé en 1703 à Paris, on trouve en effet, pour le divertissement de l'acte intitulé *La Pastorale*, un menuet et deux couplets d'un chœur en rondeau chantés par une bergère où figurent des musettes, sans qu'il en soit toutefois précisé le nombre. *Sémélé* fut la deuxième œuvre donnée par l'Académie royale de musique où la participation de l'instrument fut exigée. Marais en fit même un usage plus varié que Campra. Pour un menuet et la « marche pour les bergers », il en réclame deux, doublés soit par des hautbois, soit par des violons, alors qu'il n'en demande qu'un seul pour les deux autres danses. Il apporte également à la ligne mélodique qu'il confie aux musettes un accompagnement plus raffiné, puisqu'il distingue deux parties de basse : l'une animée pour le continuo et les basses de violon, l'autre statique entièrement écrite en valeurs longues et réservée à des « bassons imitant la cornemuse ».

Dans ce divertissement champêtre, tout était réuni pour flatter le goût du public de l'époque. On y remarque un de ces airs à l'allure populaire, « Ici, chacun s'engage pour ne jamais changer », chanté alternativement par le chœur et une bergère, et qu'aurait très bien pu reprendre la foule des spectateurs. Il y a enfin deux entrées de ballet interprétées par David Dumoulin et Marie-Catherine Guyot lors des représentations. Elles ne figurent pas dans la partition diffusée par Marais avant la création de l'opéra, mais ont dû par la suite être ajoutées, car on les trouve mentionnées dans le *Nouveau recueil de dance* de Pecour, publié à Paris en 1712. Preuve qu'elles surent retenir l'attention, même si elles ne parvinrent pas à assurer le succès de *Sémélé*.

Une fin impressionnante

Pour le dernier acte, Marais n'avait pourtant pas ménagé ses efforts. Espérant remporter tous les suffrages par une grande page instrumentale descriptive, comparable à sa tempête d'*Alcyone*, il imagina un impressionnant tremblement de terre pour annoncer l'arrivée de Jupiter. Comme il l'avait préconisé au premier acte pour l'intervention des Furies, il distingua encore ici deux parties de basse, l'une confiée au continuo et aux basses de violon, et l'autre à la contrebasse et aux bassons. Elles font d'abord entendre seules leurs sonorités graves sur un motif donné par trois noires entrecoupées de silences, puis le rythme s'accélère avec des croches qui gagnent bientôt la partie supérieure des violons, écrite en clef d'*ut* première ligne dans la tessiture des hautes-contre. Quelques fusées viennent comme des éclairs augmenter l'intensité dramatique, avant que des notes répétées rapides n'envahissent toutes les portées, formant parfois des dissonances hardies avec des quintes et des septièmes diminuées. Tout à coup, le mouvement s'accélère et l'on assiste à un incroyable déferlement de traits en triples croches dessinant de puissantes ondulations. Le chœur qui suit, « Quels éclairs menaçants », bénéficie du dynamisme de cet orchestre et d'une écriture contrapuntique savante pour les parties vocales, une qualité dont Marais a déjà fait preuve au troisième acte d'*Alcyone*.

Pour la fin de *Sémélé*, le compositeur se souviendra des procédés qu'il a utilisés dans ses premières tragédies en musique. Il use d'abord avec habileté des modes pour opposer les mortels aux divinités de l'Olympe. Dans le dialogue entre Sémélé et Jupiter, le premier personnage s'exprime avant de prendre place au ciel dans la tonalité de *fa* mineur, alors que le second a droit à celle plus lumineuse de *fa* majeur. Il y a ensuite, pendant qu'ils sont l'un et l'autre enlevés dans une machine et qu'une pluie de feu s'abat sur le palais de Cadmus, un « prélude » exécuté rapidement qu'il faut rapprocher de la « symphonie pour le tonnerre » sur laquelle s'était terminé *Alcide*. On y retrouve en effet, après des entrées en imitations aux parties extrêmes, un bouillonnement comparable à la basse, susceptible de préparer avec plus de puissance la cadence finale.

Les analogies observées avec des opéras antérieurs ne doivent pas diminuer l'importance de *Sémélé* dans l'œuvre dramatique de Marais. Une tragédie en musique certes moins variée qu'*Alcyone* qui bénéficiait pour son maintien à l'affiche de plusieurs airs à succès d'inspiration populaire. *Sémélé* révèle néanmoins une partition plus savante et raffinée, et c'est encore dans le traitement de l'orchestre qu'elle fait preuve de la plus grande invention : outre le rôle réservé à la trompette ou à la musette, une attention particulière a été accordée en maints endroits à l'écriture des basses pour différencier avec subtilité le timbre et le jeu des bassons, des instruments du continuo, des basses de violon et de la contrebasse. Une démarche qu'avaient déjà entreprise d'autres compositeurs, notamment Campra et Theobaldo de Gatti lors de la création en 1701 de leurs opéras, *Aréthuse* et *Scylla*. Dans *Sémélé*, le violiste Marais se montra plus ingénieux encore que ses prédécesseurs, allant jusqu'à faire jouer seules deux de ces parties dans sa monumentale chaconne. Des expériences qu'il mit surtout au service de la musique descriptive pour imiter le son de la cornemuse ou évoquer le grondement d'un tremblement de terre, phénomène dont il gratifia le public à deux reprises au cours des représentations. L'importance des recherches qu'il mena dans ce domaine tend malheureusement à reléguer au second plan les grandes interventions des personnages principaux, et ce malgré quelques grands airs confiés à Sémélé. Il n'y a plus dans la tragédie que trois récitatifs accompagnés, alors qu'on en relève le double dans *Alcyone* qui s'achève pourtant de manière moins dramatique. En dépit d'effets spectaculaires, *Sémélé* apparaît donc davantage comme une merveilleuse œuvre chatoyante, décorative.

Les tragédies en musique de Marais connurent une évolution. Les emprunts à l'œuvre du grand Lully furent de moins en moins fréquents et cédèrent la place à d'autres influences : celle d'un des auteurs d'*Alcide*, Louis Lully, celle de Collasse connu pour avoir été longtemps batteur de mesure à l'Opéra, celle de Theobaldo de Gatti appelé pendant plus de cinquante ans à doubler la basse continue dans la fosse d'orchestre, mais aussi celle de Desmarest, Charpentier, Campra. Comme ces compositeurs qu'il côtoya au théâtre lyrique parisien, Marais s'attacha à décrire les livrets qu'il fut conduit à mettre en musique. Une démarche justifiée par Lecerf de La Viéville : « Maintenant quelle est la beauté de la musique des opéras ? C'est d'achever de rendre la poésie de ces opéras une peinture vraiment parlante : c'est pour ainsi dire, de la retoucher, de lui donner les dernières couleurs. Or comment la musique repeindra-t-elle la poésie, comment s'entreserviront-elles, à moins qu'on ne les lie avec une extrême justesse, à moins qu'elles ne se mêlent ensemble par l'accord le plus parfait ? »

Pour « peindre en musique », pour parvenir à cette union intime avec les mots du poème lyrique, pour satisfaire enfin aux tendances philosophiques du temps, à cette « imitation de la nature » préconisée dès la fin du XVIIe siècle, Marais sut, comme ses contemporains, jouer sur les tessitures, sur les modes majeur et mineur, utiliser les accords les plus suggestifs, recourant aux dissonances les plus subtiles, voire les plus hardies. A la suite de Collasse et de Louis Lully, il usa aussi de bonne heure des récitatifs accompagnés pour souligner le caractère et les sentiments des principaux personnages. Mais bientôt, jugeant probablement le soutien des cordes et du continuo trop limité pour ces grandes déclamations, il les diminua peu à peu au profit de pages réservées à l'orchestre, où il pouvait disposer plus librement de sa palette instrumentale. C'est en effet dans ses danses, notamment ses impressionnantes chaconnes, mais aussi dans ses fresques sonores où il se plaisait à décrire des phénomènes naturels, qu'il trouva le cadre approprié pour l'emploi des bassons, de la musette, des tambourins ou de la contrebasse. Dans des airs vocaux, il se soucia également de mettre en valeur le timbre d'un hautbois ou d'une trompette qu'il fut le premier après Campra à faire intervenir seuls dans une partition d'opéra français. Un formidable développement instrumental qui eut pour conséquence de restreindre le rôle assigné aux simples récitatifs. Dans *Alcyone*, ne sont-ils pas réduits de moitié par rapport à ceux d'une tragédie en musique de Lully ? Une tendance susceptible de nuire aux qualités littéraires d'un livret et de déplaire ainsi à tout un public. Mais pour un mélomane ou pour un spectateur avide de merveilleuses fictions renforcées par la musique, que d'avantages ! L'orchestre ne se contente plus d'évoquer, de donner une idée plus ou moins vague de l'action. Désormais, avec Marais, il en commente avec plus de précision les différentes péripéties et parvient à imiter une tempête, un tremblement de terre ou le frais gazouillis des oiseaux. Son caractère descriptif n'est certes pleinement apprécié que s'il y a représentation avec ces décors et ces machines dont on nous prive aujourd'hui trop souvent. En 1719, l'abbé Dubos rappelle déjà dans ses *Réflexions critiques sur la poésie et la peinture* :

Ces morceaux de symphonies, qui nous émeuvent sensiblement quand ils font partie de l'action théâtrale, plairaient même médiocrement si on les faisait entendre, comme des sonates ou des morceaux de symphonies détachés, à une personne qui ne les aurait jamais entendus à l'Opéra et qui jugerait par conséquent sans connaître leur plus grand mérite, c'est-à-dire le rapport qu'elles ont avec l'action où, pour parler ainsi, elles jouent un rôle.

La tempête d'*Alcyone* donnée en concert à la Cour en 1711 mérite-t-elle ces remarques ? Il est certain qu'on associa les qualités des opéras de Marais à leurs spectacles, notamment lorsqu'ils étaient dirigés avec maîtrise par leur auteur à l'Académie royale de musique :

Marais de qui la main toujours égale et sûre
Fut des vrais mouvements la plus juste mesure,
Sur la scène trois fois, malgré ses envieux,
Mérita des savants l'aveu judicieux.
De son charme infernal la sombre symphonie
Répandit dans *Alcide* une riche harmonie.
D'Alcyone troublant l'hymen et le repos,
Sur les pas de Collasse il souleva les flots;
Les sens furent émus du bruit de sa tempête.
Enfin dans *Sémélé* la quatrième fête,
Les ballets, la chaconne et les magiques jeux,
D'un travail obstiné furent les fruits heureux.

Conclusion

De Marin Marais, de sa vie, de son œuvre, que retenir à présent ? Un bel exemple d'ascension sociale d'abord, permettant à une famille de passer en trois ou quatre générations de l'état de laboureur en Normandie à celui de la noblesse de robe parisienne. Une réussite favorisée de bonne heure par un oncle intelligent, un prêtre docteur en théologie, capable de lui procurer une solide formation musicale à Saint-Germain-l'Auxerrois. Là, il connut celui qui lui ouvrit probablement les portes de l'Académie royale de musique : le compositeur Jean-François Lallouette. Il y a ensuite, entre seize et dix-neuf ans, les rencontres successives et si essentielles de Sainte Colombe et de Lully. Deux personnalités auxquelles il dut les principaux choix de toute sa carrière. L'un orienté vers la viole et la musique de chambre, l'autre vers l'opéra. Deux mondes bien différents, voire opposés, avec, pour le premier, des pièces empreintes d'intimité, réservées à des amateurs, des élèves, mais aussi à un souverain mélomane, Louis XIV, et, pour le second, des ouvrages destinés au public turbulent de la ville, susceptibles de créer les effets les plus spectaculaires, une tempête ou un tremblement de terre.

Dans ces deux univers où Marais excelle, quelle place occupe-t-il parmi les musiciens de son temps ? Sans conteste, le gambiste compte parmi les plus brillants de notre pays. Ce n'est pas là mince compliment si l'on se souvient que la viole, à peine éclose en Italie où le violon la supplante très vite, fleurit en Angleterre mais surtout en ensembles, et connaît en France son apothéose comme soliste. Ce dernier stade est le fruit d'un long travail que chaque artiste a jalonné à sa manière. Au jeu aventureux d'un pionnier, Maugars, a succédé la technique des bâtisseurs que furent Hotman et Sainte Colombe. Mais ces derniers ont su aussi communiquer à la gambe une simplicité et une grâce qui feront d'elle désormais « la douce viole ». Cette science était si durement acquise que certains théoriciens étaient tentés de la réserver au milieu professionnel. Telle était la position de Machy. Marais arrive au terme de cette longue évolution. Il donne une qualité encore supérieure à ce charme, à cette virtuosité, tout en transmettant les secrets autour de lui, aussi bien en France qu'à l'étranger.

Cependant un sommet est aussi une impasse. Ou bien on s'y établit, au risque de piétiner, ou bien il faut le quitter pour évoluer vers un renouvellement. En œuvrant toujours dans la même direction, dans la même esthétique, celle de la France, Marais a choisi la première solution. Il a su pourtant en éviter les écueils, car il restait encore certains perfectionnements à trouver, comme l'atteste son quatrième livre écrit à l'âge de soixante-deux ans. Caix d'Hervelois, son disciple, marche sur sa lancée. Sans aller aussi loin du point de vue technique, il évolue vers un style plus fin, plus délicat. Mais le genre de la miniature a aussi ses limites.

Restait la seconde solution : faire un détour par l'esthétique et la virtuosité italienne pour les adapter à la viole. C'est celle qu'a choisie Antoine Forqueray. Boucher d'Argis résume à merveille la situation : « Peut-être Marais aurait-il été plus loin lui-même s'il avait pu goûter le bon de la musique italienne. Il était trop tard pour lui quand ce goût est venu en France, et il en a laissé l'honneur à Forcroy. Celui-ci était né avec un génie heureux et il entra dans le monde au moment que cet essaim d'Italiens excita une émulation étonnante en France en 1698. Il voulut faire sur la viole tout ce qu'ils faisaient sur le violon. » Et il commente les résultats de cette divergence entre les deux hommes : « Dans toutes ses pièces, il y a un certain sel, un certain piquant qui ne se trouve point dans les pièces de Marais, même les plus travaillées; celui-ci s'en tenait aux grâces naturelles, et l'autre en a de plus piquantes, de plus recherchées. On peut les regarder tous deux comme deux excellents hommes dans un genre tout différent. »

Sans en avoir conscience, Forqueray renoue avec certains courants de notre école nationale. Il revit en France, dans le milieu italianisant du Régent, l'expérience faite outre-monts par Maugars et les audaces techniques qu'elle a enfantées. De plus, il éprouve les mêmes sentiments que Machy, visant la seule performance et en gardant jalousement le secret. Un seul artiste pouvait jouer ce rôle de diffuseur; son fils et héritier spirituel, Jean-Baptiste-Antoine. Il ne l'a pas fait; peut-être parce que cette technique de pointe était réservée à une élite; mais surtout parce que, là aussi, la route était coupée par des limites inhérentes à l'instrument, cette fois-ci. Lancé à la poursuite d'un idéal, Forqueray le père ne s'est pas aperçu que, s'il pouvait rivaliser en virtuosité avec les violonistes, il ne pouvait demander à la viole d'avoir autant de puissance, de rondeur, d'homogénéité que le violon. C'était l'obliger à changer de nature.

Il disparaît en 1745, au moment où la querelle entre les deux instruments ne fait que commencer; sans doute la considère-t-il avec mépris, du haut de sa superbe. Hubert Le Blanc vient tout juste de publier, en 1740, son pamphlet au titre évocateur : *Défense de la basse de viole contre les entreprises du violon et les prétentions du violoncelle*. Un an plus tard, Michel Corrette y répond dans sa *Méthode de violoncelle* : il atteste que ce dernier « fait des progrès de jour en jour », et affirme que la viole doit « se retirer dans un petit sentier des chams élisées », pour y faire « sa cinquantaine ... dans un silence perpétuel ! ». Ce sont là les premières escarmouches d'une lutte qui allait se terminer par la disparition de la viole à la fin du siècle et, plus encore, par un véritable bouleversement artistique et esthétique.

Mais à l'époque où vit Marais, la question d'un choix ne se pose pas. Le musicien peut demeurer fidèle à son idéal. Là réside probablement une bonne partie du charme de ses pièces. Actuellement, avec la réapparition de l'instrument, elles refleurissent peu à peu, au gré d'enregistrements de plus en plus nombreux. Dans un ensemble aussi important, une « intégrale » n'est pas nécessaire, et les artistes ont la voie largement ouverte devant eux pour sélectionner des programmes séduisants.

Le gambiste ne doit cependant pas faire oublier le compositeur d'opéras. Dans le monde de la tragédie en musique, il se situe entre Lully et Rameau. Formé par le premier et fidèle au genre qu'avait élaboré le Florentin avec Quinault, il ne se priva pas de se référer aux chefs-d'œuvre de son maître, *Alceste, Atys, Amadis, Roland* ou *Armide*. Dans ce cadre qui lui était transmis, il se plut cependant à introduire plus de complexité. Ses chœurs témoignent d'une écriture contrapuntique plus savante et l'harmonie choisie est infiniment plus recherchée, révélant des accords et des enchaînements plus audacieux. Musicien d'orchestre aux talents reconnus, c'est néanmoins sur le plan instrumental qu'il fut le plus soucieux d'apporter davantage de raffinement à l'opéra français de son époque. Comme Collasse, il s'intéressa de près aux différents timbres et aux tessitures, capables de créer des nuances et des couleurs subtiles. Afin de développer encore les possibilités expressives des exécutants, il leur demanda une plus grande virtuosité, et, au milieu du XVIIIe siècle, on ne manqua pas de rappeler qu'en raison de ses difficultés, « tout l'acte de la tempête d'*Alcyone* » n'aurait pu être joué « du temps de Lully ».

Autant de qualités nouvelles dont bénéficia la tragédie lullyste et qu'allait reprendre à son compte Jean-Philippe Rameau. Mais, contrairement à cet illustre successeur, Marais ne se consacra jamais à l'opéra-ballet qu'avaient pourtant réussi à implanter avec succès Collasse, puis Campra dans le répertoire de l'Académie royale de musique. Comme pour ses pièces de viole, il n'adhéra jamais à ce courant italianisant, dont la vogue, même au théâtre lyrique parisien, fut grande dès les dernières années du XVIIe siècle. Aussi renonça-t-il aux airs *da capo* privilégiant la virtuosité vocale et au genre ultramontain par excellence de la cantate qu'introduisit Campra à plusieurs reprises dans *Les Fêtes vénitiennes*. Avec le critique du *Mercure galant* il pensa, probablement pour y souscrire, qu'il y avait des « ornements trop fréquents et déplacés » susceptibles d'étouffer l'expression et qu'en conséquence tout risquait d'être « peint avec les mêmes traits et du même caractère ».

Trop attaché au goût français, au rôle descriptif de la musique pour adopter les dernières modes venues d'au-delà des Alpes, il fut cependant attentif à toutes les innovations techniques glissées dans les partitions des autres compositeurs exécutées à l'Opéra. Pendant plus de trente ans dans la fosse d'orchestre, il put relever toutes les trouvailles d'un Theobaldo de Gatti, d'un Collasse, d'un Desmarest, d'un Charpentier et même d'un Campra pour enrichir ses ouvrages lyriques. Jusqu'à son ultime tragédie en musique, il ne cessa ainsi de se perfectionner, acquérant une remarquable maîtrise d'écriture que bien peu d'auteurs dramatiques de l'époque peuvent revendiquer. Plus tard, en 1752, au moment où éclata la fameuse querelle des Bouffons, Boucher d'Argis, tout en évoquant ses autres œuvres, notamment ses « motets à grands chœurs » aujourd'hui perdus, ne déclarait-il pas « qu'il possédait à fond la science musicale » ?

C'est pourquoi Marais ne peut être maintenant considéré comme un simple compositeur de transition permettant d'expliquer l'évolution de l'opéra français entre Lully et Rameau. L'excellence de son métier, mais aussi la sensibilité dont fait preuve sa création artistique le placent au rang de François Couperin et de Michel-Richard de Lalande, c'est-à-dire des plus grandes figures de son temps. Ce n'est pas un hasard si, pendant le XVIIIe siècle, deux de ses quatre tragédies en musique, *Alcide* et *Alcyone*, connurent plusieurs reprises et si la seconde qu'il signa seul resta à l'affiche jusqu'en 1771, ayant été remise non moins de cinq fois à la scène. Après, il y eut certes une longue période de silence. Mais ne fut-ce pas également le sort des opéras de Lully et de Rameau ?

A présent, ceux de Marais commencent seulement à être redécouverts. Seule, *Alcyone* a attiré l'attention des interprètes. Malheureusement, elle n'a toujours pas suscité de spectacle. *Alcide*, avec son superbe chœur, « Divinités des sombres bords », comme *Ariane et Bacchus* mériteraient également d'être redonnés, ne serait-ce qu'en concert pour goûter les plus beaux morceaux tant appréciés des « connaisseurs » de l'Ancien Régime. Reste *Sémélé*, dont il faudrait restituer les parties intermédiaires, et qui nous livrerait ainsi l'une des œuvres les plus surprenantes du répertoire lyrique du Grand Siècle.

Principales sources et bibliographie

I. SOURCES MUSICALES

a) Partitions manuscrites

1) Bibliothèque nationale, département de la Musique

Alcide, tragédie mise en musique par M. Louis de Lully et Marais, partition générale manuscrite avec un titre imprimé en 1693 par Christophe Ballard, Vm² 118.

Ariane et Bacchus, tragédie, partition générale manuscrite, copie Philidor, Rés. F. 1715.

Ariane et Bacchus, tragédie mise en musique par M. Marais, neuf parties séparées manuscrites (vocales : premier et second dessus, second dessus, haute-contre, taille, basse; instrumentales : premier dessus de violon, second dessus de violon, deux parties de basse continue), copie Philidor, 1703, Rés. F. 1717.

Alcione, tragédie mise en musique par Monsieur Marais, partition générale manuscrite avec un titre imprimé en 1741 par Jean-Baptiste-Christophe Ballard, Vm² 205.

Recueil d'airs de guitar [*sic*], Cons. Rés. 844.

Airs propres pour le Timpanon, Cons. Rés. 845.

2) Bibliothèque de l'Opéra

Alcide, tragédie, partition générale manuscrite ayant servi aux exécutions, A 31.

Alcione, tragédie, partition générale manuscrite, A 69 a.

Le Triomphe des Arts (de Michel de La Barre), ancien matériel d'orchestre, MAT. 18/25 (1-42).

b) PARTITIONS IMPRIMÉES

1) Éditions des XVIIe *et XVIII*[e] *siècles*

André Campra, *Aréthuse, ballet mis en musique,* Paris, Christophe Ballard, 1701.

André Campra, *Les Muses, ballet mis en musique,* Paris, Christophe Ballard, 1703.

André Campra, *Alcine, tragédie mise en musique,* Paris, Christophe Ballard, 1705.

Marc-Antoine Charpentier, *Médée, tragédie mise en musique,* Paris, Christophe Ballard, 1693.

Pascal Collasse, *Thétis et Pélée, tragédie mise en musique,* Paris, Christophe Ballard, 1689.

Pascal Collasse, *Énée et Lavinie, tragédie mise en musique,* Paris, Christophe Ballard, 1690.

Arcangelo Corelli, *12 sonate per violino e violone o cembalo,* Rome, Pietrasanta, 1700.

Henry Desmarest, *Circé, tragédie mise en musique,* Paris, Christophe Ballard, 1694.

Theobaldo de Gatti, *Scylla, tragédie en musique,* Paris, l'Autheur, 1701.

Michel de La Barre, *Pièces pour la flûte traversière avec la basse continue,* Paris, Christophe Ballard, 1703.

Jean-Baptiste Lully, *Persée, tragédie mise en musique,* Paris, Christophe Ballard, 1682.

Jean-Baptiste Lully, *Roland, tragédie mise en musique,* Paris, Christophe Ballard, 1685.

Jean-Baptiste Lully, *Armide, tragédie mise en musique,* Paris, Christophe Ballard, 1686.

Jean-Baptiste Lully, *Atys, tragédie mise en musique,* Paris, Christophe Ballard, 1689.

Louis Lully, *Orphée, tragédie mise en musique,* Paris, Christophe Ballard, 1690.

De Machy, *Pièces de viole en musique et en tablatures différentes les unes des autres,* Paris, l'Auteur, 1685.

Marin Marais, *Pièces à une et à deux violes,* Paris, l'Auteur, 1686.

Marin Marais, *Basses continues des pièces à une et à deux violes avec une augmentation de plusieurs pièces particulières en partition,* Paris, l'Auteur, 1689.

Marin Marais, *Pièces en trio pour les flûtes, violons et dessus de viole avec basse continue,* Paris, l'Auteur, 1692.

Marin Marais, *Ariane et Bacchus, tragédie mise en musique,* Paris, Christophe Ballard, 1696.

Marin Marais, *Pièces de viole, Deuxième livre,* Paris, l'Auteur, 1701.

Marin Marais, *Alcione, tragédie mise en musique,* Paris, l'auteur, 1) 1706, 2) 1711 (trois exemplaires avec corrections et annotations manuscrites ayant servi aux reprises de 1741, 1756 et de 1771, bibliothèque de l'Opéra, A 69 b, c et d).

Marin Marais, *Sémélé, tragédie mise en musique,* Paris, l'Auteur, 1709.

Marin Marais, *Pièces de viole, Troisième livre,* Paris, l'Auteur, 1711.

Marin Marais, *Pièces à une et à trois violes, Quatrième livre,* Paris, 1717.

Marin Marais, *Supplément de l'Opéra d'Alcione,* Paris, l'Auteur, 1719.

Marin Marais, *La Gamme et autres morceaux de Symphonie pour le violon, la viole et le clavecin,* Paris, l'Auteur, 1723.

Marin Marais, *Pièces de viole, Cinquième livre,* Paris, l'Auteur, 1725.

Roland Marais, *Livre de Pièces de viole avec la basse chiffrée en partition,* Paris, l'Auteur, 1735.

Roland Marais, *Deuxième livre de Pièces de viole avec la basse chiffrée en partition,* Paris, l'Auteur, 1738.

2) Éditions du XXe siècle

Jean-Baptiste Lully, *Alceste,* publication sous la direction d'Henry Prunières, Paris, Éditions de la *Revue musicale,* 1932.

Jean-Baptiste Lully, *Amadis,* publication sous la direction d'Henry Prunières, Paris, Éditions Lully, 1936.

Jean-Baptiste Lully et Marin Marais, *Trios pour le coucher du roy,* édités par Herbert Schneider, Paris, Heugel, 1987.

Sainte Colombe, *Concerts à deux violes égales,* transcrits et édités par Paul Hooreman, Paris, Heugel, 1973.

II. SOURCES MANUSCRITES

a) ARCHIVES NATIONALES

1) Séries

E 1771 (arrêt du 14 août 1673).

LL 412, 413, 430 et 431 (registres de Saint-Germain-l'Auxerrois).

O*[1] 23, 51, 52, 91, 365, et O[1] 2984 (Maison du roi).

Y 343, 353, 354 (insinuations du Châtelet de Paris), et Y 13077, 13087, 15597 (scellés après les décès de Catherine Damicourt, Marie-Madeleine et Nicolas Marais).

2) Minutier central

Études

III, liasses 827, 3 mars 1715 (mariage de Roland Marais); 872, 14 septembre 1728 (inventaire après décès de Marin Marais); 25 octobre 1728 (inventaire après décès de la femme de Roland Marais).

X, liasses 378, 20 septembre 1727 (mariage d'Élisabeth-Louise Marais); 472, 15 octobre 1745 (inventaire après décès d'Anne-Marc Marais); 480, 1er juillet 1735 (constitution avec extrait baptistaire d'Anne-Marc Marais).

XXVII, liasses 188, 15 mai 1735 (convention entre Vincent Marais et Alexandre Sallentin); 265, 15 février 1753 (inventaire après décès de Nestor-Marin Marais).

XXIX, liasse 387, 1er octobre 1727 (extrait mortuaire de Marie-Catherine Marais).

XXXIV, liasse 466, 30 septembre 1733 (convention entre François de Visée et Jean-Louis Marais).

XXXIX, liasses 354, 5 février 1737 (inventaire après décès de Marie-Madeleine Marais).

L, liasses 233, 12 janvier 1705 (mariage de Radegonde-Angélique Marais), 17 avril 1705 (donation à Marie-Catherine Marais); 243, 8 juin 1709 (testament de Marin Marais); 248, 25 juillet 1711 (testament de Catherine Damicourt); 252, 20 juin 1712 (mariage de Nicolas Bernier avec Marie-Catherine Marais).

LIII, liasse 244, 9 mars 1728 (mariage de Marie-Madeleine Marais).

LXV, liasses 36, 29 juin 1655 (mariage de Nicolas Damicourt); 94, 21 septembre 1676 (mariage de Marin Marais).

LXVI, liasse 190, 19 mai 1667 (mariage de Simon Marais).

LXVIII, liasses 277, 18 novembre 1705 (mariage d'Anne-Marc Marais); 351, 9 avril 1722 (mariage de Marguerite-Pélagie Marais).

LXXV, liasses 542, 31 mars 1690 (constitution avec extrait baptistaire de Marin Marais); 543, 7 juin 1690 (constitution avec extrait baptistaire de Catherine Damicourt), 9 juin 1690 (constitution avec extrait baptistaire de Marie-Catherine Marais).

LXXVII, liasses 43, 20 juin 1692 (testament de Catherine Marais); 46, 2 juin 1694 (inventaire après décès de Catherine Marais).

XCI, liasse 798, 16 octobre 1742 (mariage de Nestor-Marin Marais).

C, liasse 743, 8 juin 1762 (constitution avec extrait baptistaire de Marie-Anne Marais).

CXV, liasses 348, 22 juillet 1712 (licitation); 369, 8 janvier 1717 (notoriété); 385, 6 décembre 1719 (vente).

CXVII, liasses 371, 20 janvier 1730 (inventaire après décès de Catherine Damicourt); 428, 3 septembre 1739 (inventaire après décès de Nicolas Marais).

b) Archives de la Seine

DC[6] 225, 227 et 243 (testaments de Marie-Madeleine Marais, de Nicolas Marais et de Françoise Duhamel, veuve de Nestor-Marin Marais).

c) Bibliothèque nationale

1) Département des Manuscrits

Manuscrits français 9334 (parodie d'*Alcyone*), 12 622, 12 641 à 12 644 (Chansonnier Maurepas), 12 689 à 12 691, 12 722 (Chansonnier Clairambault).

Manuscrits français, nouvelles acquisitions; 6532 (Histoire de l'Académie royale de musique par les frères Parfaict); 12 149 et 12 160 (fichier Laborde).

Généalogies : Pièces originales 1833 et Nouveau d'Hozier 223.

2) Département de la Musique

Rés. L.A. Marais (autographe).

Rés. Vm^8 22 (catalogue de Boisgelou).

Th^B 2009 (parodie d'*Alcyone*), 2010 (livret mis en musique par Edelmann).

d) Bibliothèque Mazarine

Manuscrit 2199 (recueil de chansons).

III. BIBLIOGRAPHIE

a) Publications antérieures à 1800

Joseph Addison, *Le Spectateur ou le Socrate moderne*, Amsterdam, 1714.

Annonces, affiches et avis divers, 26 décembre 1753, 27 octobre 1756, 8 mai 1771.

Antoine-Gaspard Boucher d'Argis, *Variétés historiques, physiques et littéraires*, Paris, 1752.

Claude Boyer, *Les Amours de Jupiter et de Sémélé*, Paris, 1666.

Sébastien de Brossard, *Dictionnaire de musique*, Paris, 1703.

Jean Galbert de Campistron, *Alcide, tragédie en musique, représentée par l'Académie royale de musique*, Paris, Christophe Ballard, 1693.

Jean Galbert de Campistron, *La Mort d'Hercule, tragédie représentée pour la première fois par l'Académie royale de musique sous le titre d'Alcide, le... d'avril 1693, remise au théâtre le 23 juin 1705*, Paris, Christophe Ballard, 1705.

Jean Galbert de Campistron, *La Mort d'Alcide, tragédie remise au théatre par l'académie royale de musique, le vendredy vingt et un août 1716*, Pierre Ribou, 1716.

Jean Galbert de Campistron,*Alcide, Tragédie représentée par l'Académie royale de musique. Pour la première fois, le... d'avril 1693. Pour la seconde, le 23 juin 1705. Pour la troisième, le 21 août 1716. Remise au théâtre le jeudi 15 d'octobre 1744*, Paris, Jean-Baptiste-Christophe Ballard, 1744.

Danoville, *L'art de toucher le dessus et la basse de viole*, Paris, 1687 (réimpression : Genève, Minkoff, 1972).

Pierre-Louis Daquin, *Siècle littéraire de Louis XV ou lettres sur les hommes célèbres*, Amsterdam, 1753.

Jean Donneau de Visé, *Sujet des Amours de Bacchus et d'Ariane, Comédie héroïque qui doit être représentée sur le Théâtre royal du Marais, le 7 janvier, et les lundis et jeudis suivants*, Paris, 1672.

Jean-Baptiste Dubos, *Réflexions critiques sur la poésie et la peinture*, Paris, 1719.

Jean-Bernard Durey de Noinville, *Histoire du Théâtre de l'Académie royale de musique en France*, Paris, 1757 (réimpression : Genève, Minkoff, 1972).

Raoul Auger Feuillet, *Cinquième recueil de danses de bal pour l'année 1707*, Paris, 1706.

Louis-Abel de Bonafous, abbé de Fontenai, *Dictionnaire des artistes*, Paris, 1776 (réimpression : Genève, Minkoff, 1972).

Gazette d'Amsterdam, 5 avril 1696.

Henriques Guiscardi (Henry Guichard), *Lettre d'un lanterniste de Thoulouze à l'Autheur du Ballet des Arts représenté sur le théâtre de l'Opéra*, s.l. (1700).

Antoine Houdar de La Motte, *Alcione, tragédie représentée pour la première fois par l'Académie royale de musique, le jeudy dix-huitième février 1706*, Paris, Christophe Ballard, 1706.

Antoine Houdar de La Motte, *Sémélé, tragédie représentée pour la première fois par l'Académie royale de musique, le mardy neuvième jour d'avril mil sept cent neuf*, Paris, Christophe Ballard, 1709.

Antoine Houdar de La Motte, *Alcione, tragédie représentée pour la première fois par l'Académie royale de musique, le 18 février 1706. Remise au Théâtre le lundy 17 avril 1719*, Paris, Pierre Ribou, 1719.

Antoine Houdar de La Motte, *Alcione, tragédie représentée par l'Académie royale de musique. Pour la première fois, le jeudy dix-huit février 1706. Pour la seconde, le lundy dix-sept avril 1719. Et pour la troisième, le mardy neuf may 1730*, Paris, Jean-Baptiste-Christophe Ballard, 1730.

Antoine Houdar de La Motte, *Alcione, tragédie... remise au Théâtre, le jeudi 21 septembre 1741*, Paris, Jean-Baptiste-Christophe Ballard, 1741.

Antoine Houdar de La Motte, *Alcione, tragédie,... remise au théâtre, le mardi dix-neuf octobre 1756*, Paris, Delormel, 1756.

Antoine Houdar de La Motte, *Alcione, tragédie,... remise au théâtre, le mardi 30 avril 1771*, Paris, Delormel, 1771.

Bernard-Germain-Étienne de La Ville, comte de Lacépède, *La Poétique de la musique*, Paris, 1785.

Louis-César de La Beaume Le Blanc, duc de La Vallière, *Ballets, opéra et autres ouvrages lyriques*, Paris, 1760 (réimpression : Londres, Hertford, 1967).

Hubert Le Blanc, *Défense de la basse de viole contre des entreprises du violon et les prétentions du violoncelle*, Amsterdam, 1740.

Antoine-Louis Le Brun, *Théâtre lyrique*, Paris, Pierre Ribou, 1712.

Jean-Laurent Lecerf de La Vieville de Fresneuse, *Comparaison de la Musique italienne et de la Musique française*, Bruxelles, 1705-1706 (réimpression : Genève, Minkoff, 1972).

Alain-René Lesage, *Parodie de l'opéra de Télémaque, pièce d'un acte représentée à la Foire S. Germain 1715 avec La ceinture de Vénus*, s.l. (1715).

Louis Marais, *Discours de la hiérarchie et des mœurs de l'Église*, Paris, 1665.

Louis Marais, *Discours de la défense de la vérité*, Paris, 1666.

Mercure galant.

Mercure de France.

François et Claude Parfaict, *Dictionnaire des théâtres de Paris*, Paris, 1767, 7 volumes.

Guillaume-Louis Pecour, *Nouveau recueil de dance de bal et de celle de ballet*, Paris (1712).

Abraham du Pradel, *Les adresses de la ville de Paris*, Paris, 1691.

Abraham du Pradel, *Le livre commode contenant les adresses de la ville de Paris*, Paris, 1692.

Philippe Quinault, *Atys, tragédie en musique,... représentée devant Sa Majesté à Saint-Germain-en-Laye, le dixième jour de janvier 1676*, Paris, Christophe Ballard, 1676.

Philippe Quinault, *Atys, tragédie en musique,... représentée devant Sa Majesté à Saint-Germain-en-Laye, le 7e jour de janvier 1682*, Paris, Christophe Ballard, 1682.

Jean Rousseau, *Traité de la viole*, Paris, 1687 (réimpression : Genève, Minkoff, 1975).

Saint-Jean, *Ariane et Bacchus, tragédie représentée par l'Académie royale de musique*, Paris, Christophe Ballard, 1696.

Jean Serré de Rieux, *Les Dons des Enfants de Latone*, Paris, 1734.

Evrard Titon du Tillet, *Le Parnasse françois*, Paris, 1732 (réimpression : Genève, Slatkine, 1971).

b) ARTICLES ET OUVRAGES DES XIXe ET XXe SIÈCLES

James R. Anthony, *La musique en France à l'époque baroque*, Paris, Flammarion, 1981.

Michel Antoine, *Henry Desmarest*, Paris, Picard, 1965.

Maurice Barthélémy, « Les opéras de Marin Marais », *Revue belge de musicologie*, 1953, vol. VII, pp. 136 à 143.

Maurice Barthélémy, *André Campra*, Paris, Picard, 1957.

Maurice Barthélémy, « Theobaldo di Gatti et la tragédie en musique *Scylla* », *Recherches sur la musique française classique*, IX, 1969, pp. 56 à 66.

Marcelle Benoit, *Versailles et les musiciens du roi*, Paris, Picard, 1971.

Marcelle Benoit, *Musique de Cour, Chapelle, Chambre, Écurie (1661-1733)*, Paris, Picard, 1971.

Johan Hendrik Bol, *La basse de viole du temps de Marin*

Marais et d'A. Forqueray, Bilthoven, Creyghton, 1973.

Laurence Boulay, « La musique instrumentale de Marin Marais », *La Revue musicale*, 1955, n° 226, pp. 61 à 75.

Michel Brenet, « Les Tombeaux en musique », *La Revue musicale*, 15 octobre 1903, pp. 568 à 575.

Michel Brenet, « Le Tombeau de Mr de Sainte Colombe », *La Revue Musicale*, 15 novembre 1903, pp. 631 à 639.

Michel Brenet, *Les Musiciens de la Sainte-Chapelle*, Paris Alphonse Picard et fils, 1910 (réimpression : Genève, Minkoff, 1973).

Alice Brin Renken, *Marin Marais's Alcione : an edition with commentary*, Washington University, 1981.

Yolande de Brossard, *Musiciens de Paris (1535-1792)*, Paris, Picard, 1965.

Yolande de Brossard, « La vie musicale en France d'après Loret et ses continuateurs (1650-1688), *Recherches sur la musique française classique*, X, 1970, pp. 117 à 193.

Catherine Cessac, *M.-A. Charpentier*, Paris, Fayard, 1988.

Norbert Dufourcq, *La musique à la cour de Louis XIV et de Louis XV, d'après les Mémoires de Sourches et Luynes*, Paris, Picard, 1970.

Norbert Dufourcq et Marcelle Benoit, « A propos de Nicolas Bernier », *Revue de musicologie,* vol. 39, juillet 1957, pp. 78-91.

Norbert Dufourcq et Marcelle Benoit, « Documents du Minutier central : 1718-1733 », *Recherches sur la musique française classique*, X, 1970, pp. 197 à 220.

Jules Écorcheville, *De Lulli à Rameau 1690-1730, l'esthétique musicale*, Paris, Impressions artistiques, 1906 (réimpression : Genève, Slatkine, 1970).

Jules Écorcheville, « Lully gentilhomme et sa descendance : les fils de Lully », *S.I.M.*, n° 5, 15 mai 1911, pp. 1 à 19, et n° 6, 15 juin 1911, pp. 1 à 27.

Robert Fajon, *L'opéra à Paris du Roi Soleil à Louis le Bien-Aimé*, Genève, Slatkine, 1984.

Robert Fajon, introduction pour *Issé, pastorale héroïque* de Destouches, New York, Pendragon Press, 1984.

Cuthbert Girdlestone, *La Tragédie en musique (1673-1750)*, Genève, Droz, 1972.

John Huskinson, « Les ordinaires de la Musique du roi, Michel de La Barre, Marin Marais et les Hotteterre, d'après un tableau du XVIIIe siècle », *Recherches sur la musique française classique*, XVII, 1977, pp. 15 à 28.

Catherine Kintzler, *Poétique de l'opéra français de Corneille à Rousseau*, Paris, Minerve, 1991.

Jérôme de La Gorce, *L'Opéra sous le règne de Louis XIV : le merveilleux ou les puissances surnaturelles (1671-1715)*, université de Paris-Sorbonne, 1978, 3 volumes.

Jérôme de La Gorce, « L'Académie royale de musique en 1704, d'après des documents inédits conservés dans les archives notariales », *Revue de musicologie*, 1979, t. 65, pp. 160 à 191.

Jérôme de La Gorce, « L'Opéra et son public au temps de Louis XIV », *Bulletin de la Société de l'histoire de Paris et de l'Ile-de-France*, 1981, pp. 27 à 46.

Jérôme de La Gorce, « L'opéra français à la cour de Louis XIV », *Revue d'histoire du théâtre*, 1983-1984, pp. 387 à 401.

Jérôme de La Gorce, *Berain, dessinateur du Roi Soleil*, Paris, Herscher, 1986.

Jérôme de La Gorce, « Some notes on Lully's orchestra », *Jean-Baptiste Lully and the Music of the French Baroque*, Essays in honor of James R. Anthony, édités par John Hajdu Heyer, Cambridge, Cambridge University Press, 1989, pp. 99 à 112.

Jérôme de La Gorce, « Vie et mœurs des chanteuses de l'Opéra à Paris sous le règne de Louis XIV », *Littératures classiques*, 12, janvier 1990, pp. 323 à 336.

Jérôme de La Gorce, « L'orchestre de l'Opéra et son évolution de Campra à Rameau », *Revue de musicologie*, 1990, t. 76, pp. 23 à 43.

Théodore de Lajarte, « Les transformations d'un opéra au dix-huitième siècle », *La Chronique musicale*, t. IV, n° 20, 15 avril 1874, pp. 61 à 65.

Lionel de La Laurencie, « La musique française de Lulli à Gluck », Encyclopédie de la musique et Dictionnaire du Conservatoire, Paris, Delagrave, 1914, t. III, pp. 1362 à 1562.

Denise Launay, « A propos d'une messe de Charles d'Helfer », *Le « baroque » musical*, université de Liège, 1964, pp. 177 à 199.

Edmond Lemaître, « Le premier opéra-ballet et la première tempête, deux originalités de l'œuvre de Pascal Colasse », *XVIIe siècle*, 1983, n° 139, pp. 243 à 255.

François Lesure, « Marin Marais, sa carrière, sa famille », *Revue belge de musicologie*, 1953, vol. VII, pp. 129 à 146.

François Lesure, « Une querelle sur le jeu de la viole en 1688 : Jean Rousseau contre De Machy », *Revue de musicologie*, décembre 1960, pp. 181 à 199.

Jean-Baptiste Lully, actes du colloque international, réunis par Jérôme de La Gorce et Herbert Schneider, Laaber, Laaber-Verlag, 1990 (voir notamment les articles de Bruce Gustafson, Hélène Himelfarb et Neal Zaslaw).

Bonney McDowell, *Marais and Forqueray : a historical and analytical study of their music for solo Basse de viole*, Columbia University, 1974.

Catherine Massip, « La collection musicale Toulouse-Philidor à la Bibliothèque nationale », *Bulletin de la Bibliothèque nationale*, n° 4, décembre 1979, pp. 147 à 157.

Pierre Mélèse, *Le Théâtre et le public à Paris sous Louis XIV*, Paris, Droz, 1934.

Pierre Mélèse, *Répertoire analytique des documents contemporains d'information et de critique concernant le théâtre à Paris sous Louis XIV (1639-1715)*, Paris, Droz, 1934.

Sylvette Milliot, « Réflexions et recherches à propos de la viole de gambe et du violoncelle », *Recherches sur la musique française classique*, IV, 1964, pp. 181 à 238.

Albert Pomme de Mirimonde, *L'Iconographie musicale sous les Rois Bourbons*, Paris, Picard, 1977.

François Moureau, « Nicolas Hotman, bourgeois de Paris et musicien (avant 1614-1663) », *Recherches sur la musique française classique*, XIII, 1973, pp. 1 à 22.

François Moureau, « Un parallèle d'Homère et de Rabelais à l'aube du XVIIIe siècle ou le brut et le poli », *La Littérature et ses avatars*, Paris, Klincksieck, 1991, pp. 151 à 163.

Richard Newton, « Hommage à Marin Marais », *The Consort*, juin 1952.

Richard Newton, « More about Marin Marais », *The Consort*, juillet 1953.

Celia Pond, « Ornemental style and the virtuoso solo Bass viol music in France, 1680-1740 », *Early Music*, 1978, pp. 512 à 518.

Jacques-Gabriel Prod'homme, *Écrits de musiciens*, Paris, Mercure de France, 1912.

Mireille Rambaud, *Documents du Minutier central concernant l'histoire de l'art (1700-1750)*, Paris, S.E.V.P.E.N., 1964.

Hugo Riemann, *Dictionnaire de musique*, Paris, Payot, 1931.

Martial Teneo, « Miettes historiques », *Le Mercure musical*,

1er décembre 1905, pp. 576 à 583; 15 décembre 1905, pp. 620 à 627; 1er janvier 1906, pp. 21 à 28; 15 janvier 1906, pp. 71 à 78.

André Tessier, « Un document sur les répétitions du *Triomphe de l'Amour* », *Actes du Congrès d'histoire de l'art organisé par la Société de l'histoire de l'art français*, Paris, 1924, pp. 874 à 893.

André Tessier, « L'œuvre de Marin Marais », *Bulletin de la société de l'histoire de l'art français*, 1924, pp. 76 à 80.

Ernest Thoinan, *Maugars (vers 1580-vers 1645)*, Paris, 1865.

Clyde Henderson Thompson, *Marin Marais, 1656-1728*, University of Michigan, 1957, 2 volumes.

Clyde Henderson Thompson, « Instrumental style in Marin Marais's pièces de viole », *Recherche sur la musique française classique*, III, 1963, p. 73.

M. Urquhart, *Style and technique in the « Pièces de viole » of Marin Marais*, University of Edinburgh, 1970.

Julie Anne Vertrees, *The Bass Viol in French Baroque Chamber Music*, Cornell University, 1978.

Julie Anne Vertrees Sadie, « Marin Marais and his Contemporaries », *The Musical Times*, août 1978, pp. 672 à 674.

c) Catalogues d'expositions

Lully, Musicien Soleil, Versailles-Wiesbaden, 1987.

Instrumentistes et luthiers parisiens, XVIIe-XIXe siècles, Paris, 1988.

Louis XIV à Saint-Germain, Saint-Germain-en-Laye, 1988.

Divertissements à Marly au temps de Louis XIV, Musée-promenade de Marly-le-Roi-Louveciennes, 1990.

Discographie

Le premier enregistrement des œuvres de Marin Marais remonte à l'année 1956 où Jean-François Paillard réunissait dans une suite instrumentale plusieurs extraits d'*Alcyone*, dans une réalisation d'Alexandre Cellier.

Puis, en 1960, au milieu d'un florilège d'airs d'opéras empruntés à *Armide* de Lully, *Callirhoé* de Destouches, *Circé* de Desmarest, on relève l'air du quatrième acte *d'Alcyone*. Le tout est chanté par Ettel Sussman, accompagnée par un orchestre sous la direction de Louis de Froment. Mais cette initiative reste isolée.

Cinq ans plus tard, en 1965, paraissent quelques suites instrumentales extraites d'œuvres lyriques : Ainsi celles d'*Alcyone* et de *Sémélé* sont-elles enregistrées à la fois dans une version moderne par l'ensemble de Jean-Louis Petit et, dans une restitution plus soucieuse d'authenticité, par le Concentus musicus de Vienne avec des instruments anciens.

Il en va de même pour les premières anthologies de pièces glanées çà et là dans les suites pour violes. Elles peuvent être transcrites pour des instruments modernes variés : clavecin (Pauline Aubert), alto (Robert Boulay, Helga Wente), violoncelle (Étienne Pasquier), mais aussi être données dans leur forme originale. En effet, les premiers spécialistes de musique baroque se mettent à l'œuvre et publient des groupes plus importants de pièces pour viole de gambe. Les disques d'Auguste Wenzinger et Hannelore Müller, des ensembles Alarius de Bruxelles, Musica antiqua de Cologne, illustrent bien cette démarche.

La tendance s'accuse entre 1970 et 1980 : peu d'enregistrements, mais une disparition presque totale des airs d'opéras au profit des pièces de viole. Cette période correspond au renouveau des instruments anciens, à la redécouverte de leur répertoire et de leur technique à travers les textes du temps.

A partir de 1980, artistes et historiens sont prêts. C'est une éclosion d'enregistrements. Jean-Claude Malgoire, avec la Grande Écurie et la Chambre du Roy, reprend des extraits d'*Alcyone.* Plus nombreux sont les disques reproduisant de larges extraits des Livres, qui, de ce fait, sont presque tous représentés. Citons, sans exclusive, ceux de Jordi Savall et Ton Koopman, de Nikolaus Harnoncourt, des frères Kuijken et de Gustav Leonhardt, de l'ensemble Euthia, sous la direction d'Antoine Geoffroy-Dechaume, de l'Academy of Ancient Music, avec Christopher Hogwood, etc.

Les succès remportés par ces disques donnent lieu, pour beaucoup d'entre eux, à des rééditions en compacts, dont on trouvera la liste ci-après. Pour un même compact, deux dates sont parfois indiquées. La première correspond au disque initial 33 tours qui a disparu des magasins; la seconde, à l'édition récente, seule disponible.

MUSIQUE INSTRUMENTALE

1987 1990	Livre I Tombeau de Monsieur de Méliton, Suites en *sol* maj. et *ré* min.	Smithsonian Chamber Players	Deutsche Harmonia Mundi
1978 1989	Livre I Chaconne, Suites en *ré* min. et *sol* maj.	Jordi Savall, Ton Koopman, Christophe Coin	Astrée
1976 1989	Livre II Folies d'Espagne, Voix humaines, Suite en *si* min.	Jordi Savall, Anne Gallet, Hopkinson Smith	Astrée-Auvidis
1989	Livre II Pièces de viole	Franklin Brian, Rudolph Scheidegger	Musicaphon
1989	Livre II Pièces de viole extraites des Livres II – III – IV	Sarah Cunningham, Ariane Maurette, Mitzi Meyerson	A S V
1990	Folies d'Espagne et Pièces en trio	Quatuor Purcell	Hyperion
1991	Pièces en trio	Ensemble Fitzwilliam	Valois-Auvidis
1991	Trois Suites en trio	Ensemble Amalia	Erato-Musifrance
1973 1989	Livre III 4e Suite en *ré* maj., Sonnerie de Sainte-Geneviève-du-Mont, Pièces en trio, Ire Suite en *do* maj.	Nikolaus Harnoncourt, Alice Harnoncourt, Leopold Stastny, Herbert Tachezi	Harmonia Mundi
1977 1988	Livre IV Suite d'un goût étranger	Jordi Savall, Ton Koopman, Hopkinson Smith	Astrée-Auvidis
1983 1989	Livre IV La Gamme et Sonate à la Marésienne	London Baroque Instruments	Harmonia Mundi
1983 1987	Livre V Suites en *sol* min., en *mi* min. maj.	Jordi Savall, Ton Koopman, Hopkinson Smith	Astrée-Auvidis
1987	Livre IV Suites en *sol* min. et *la* min. Chaconne et pièces diverses	Wieland Kuijken, Kaori Uemura, Robert Kohnen	Accent

PIÈCES DE MARIN MARAIS FIGURANT DANS DES DISQUES NON CONSACRÉS À CET AUTEUR

1989	Variations sur les Folies d'Espagne	Peter Lukas (arrangement pour flûte seule)	Claves
1988	-	Hansjorg Schellenberger (arrangement pour hautbois), Johannès Fink (viole), Rolf Koenon (clavecin)	Denon
1971 1978	Sonnerie de Sainte-Geneviève-du-Mont Tombeau de M. de Sainte-Colombe in « Musique à Versailles »	S. Kuijken (violon), W. Kuijken (viole), G. Leonhardt (clavecin)	Recital Deutsche Harmonia Mundi
1981	La Provençale et la Rêveuse (4e Livre) La Feste champêtre (5e Livre)	Raphael Perulli (viole), Lina Fantin, (clavecin)	Récital : l'Art de la viole de gambe
1990	Sonate à la Marésienne (extraits)	Jaap Schroeder (violon), Philippe Foulon (viole), Kettel Hangsand (clavecin)	Adda
1990	Tableau de l'opération de la taille, Sujet diversifié	Jean-Louis Charbonnier, Claire Giardelli (violes), Mirella Giardelli (clavecin)	Adda

ŒUVRES LYRIQUES

1990	Alcyone : version intégrale restituée par Jérôme de La Gorce	Les Musiciens du Louvre, dir. Marc Minkowski, Jennifer Smith, Gilles Ragon, Philippe Huttenlocher, Vincent Le Texier, Sophie Boulin, Bernard Delettré, J.-Paul Fouchecourt, Véronique Gens.	Erato-Musi-France

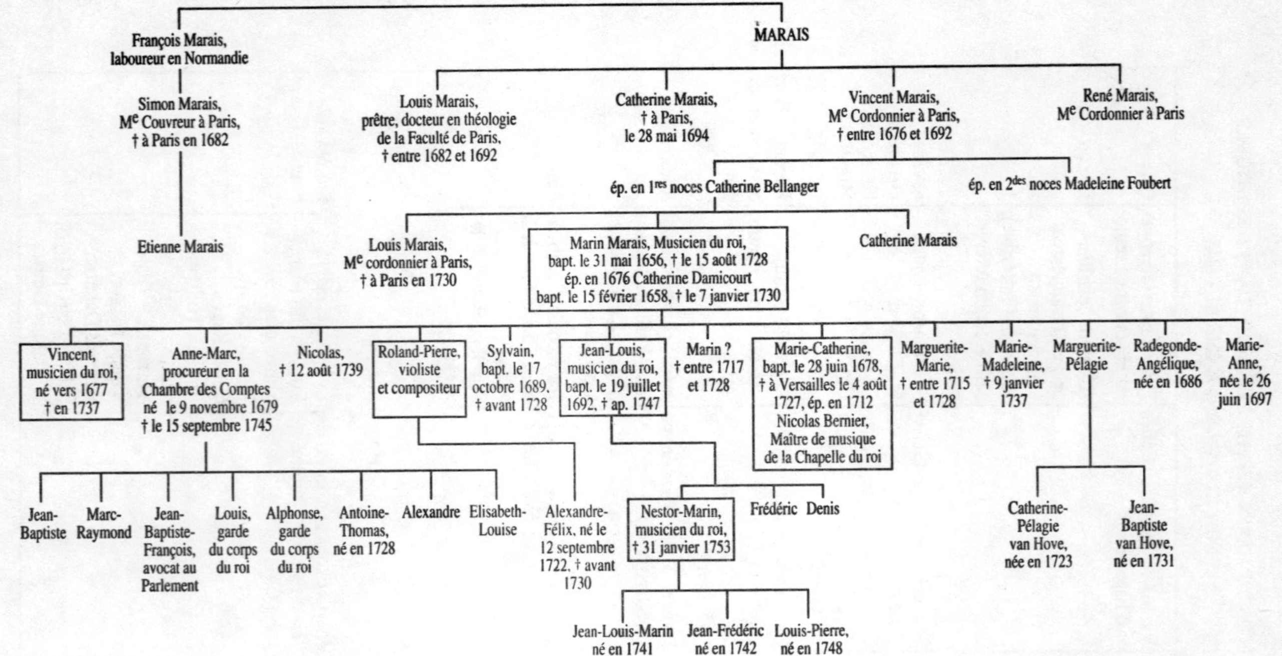

Afin de souligner l'importance des musiciens professionnels, ils ont été encadrés dans ce tableau. Les dates de naissance des enfants de Marin Marais n'étant pas toujours connues, ceux-ci ont été placés dans l'ordre où ils figurent généralement dans les actes notariés, notamment dans les inventaires après décès, avec d'abord les garçons, puis les filles.

Index des noms

La Fontaine, Jean de : 25, 28, 153.

Table des matières

Troisième partie

LES TRAGÉDIES EN MUSIQUE

Imprimé en France, par la Société Nouvelle Firmin-Didot
Dépôt légal : janvier 1992
N° d'édition : 6774 – N° d'impression : 19810
ISBN : 2-213-02777-3
35-56-8548-02/6

35.8548.6